国际政治语言学丛书

隐喻、叙事与对手的威胁建构

Metaphors, Narratives and Threat Framing of Rivals

傅　强◎著

世界知识出版社

北京·2024

图书在版编目（CIP）数据

隐喻、叙事与对手的威胁建构 / 傅强著. --北京：世界知识出版社，2024.4

ISBN 978-7-5012-6654-8

Ⅰ.①隐… Ⅱ.①傅… Ⅲ.①国际政治—话语语言学—研究 Ⅳ.①D5 ②H0

中国国家版本馆CIP数据核字（2023）第074325号

书　　名	**隐喻、叙事与对手的威胁建构** Yinyu, Xushi yu Duishou de Weixie Jiangou
作　　者	傅　强
责任编辑	刘　喆
责任出版	赵　玥
责任校对	陈可望
封面设计	小　月
出版发行	世界知识出版社
地址邮编	北京市东城区干面胡同51号（100010）
网　　址	www.ishizhi.cn
电　　话	010-65233645（市场部）
经　　销	新华书店
印　　刷	北京虎彩文化传播有限公司
开本印张	980mm×680mm　1/16　19⅞印张
字　　数	306千字
版次印次	2024年4月第一版　2024年4月第一次印刷
标准书号	ISBN 978-7-5012-6654-8
定　　价	85.00元

本书获中央财经大学中央高校基本科研业务费专项资金资助

丛书总序

　　国际关系自英国威尔士大学设立了世界上第一个国际关系讲席开始作为一门学科得以创立。之后，作为一门年轻的学科开始迅速发展起来。在过去近百年中，国际关系理论作为国际关系研究的重要组成部分在不断争论中演进，从20世纪四五十年代以卡尔等人为代表的现实主义和威尔逊理想主义的思想辩论，60年代美国科学行为主义和传统理论的思想与方法之争，到70年代新现实主义和新自由主义之间的"新—新融合"和建构主义兴起，21世纪初的反思主义与理性主义之争，再到国际关系研究的"实践转向"，国际关系理论的发展对世界现实提供了越来越多的理解和诠释路径。

　　当然，国际关系理论的发展在很大程度上由欧美主导。近年来这种态势也在渐渐发生变化，非西方学者的主体意识逐渐增强，他们越来越多地基于本国的历史、文化、传统和经验提出一些新概念和新理论，使国际关系理论向着更加多样的方向发展。但是，不管怎样，无论是对于欧美学者，还是对于非西方学者，对于国际关系理论的发展而言，来自经验层面的主要动力是国际关系本身的变化，这些变化为理论研究提供了诸多经验困惑和研究动力。而各理论内部的纵深发展和理论之间的学理争论也是推动理论发展的内在动力。此外，另一个重要推动因素是国际关系理论本身的开放性和包容性，学者们不断向其他学科借鉴，汲取影响，拓宽研究思路，推动理论的多元发展，不断为国际关系的诸多变化和现象提供新的描述、解释和预测。

　　值得一提的是，在这个过程中，随着20世纪80年代美苏之间关系的缓和以及冷战的悄然结束，人们对当时所谓的主流理论新现实主义和新自由主义的质疑日益增多，质疑这些理论对国际关系变化的解释力和预测力。因此，许多之前不被学界关注的文化、身份、认同、情感等概念以及女性主义、后现代主义等思想流派开始进入人们的研究视野，学者们开始努力从这些新的视角来重新阐释国际关系。而语言作为一个重要的社会因素也随着国际关系学界出现的"语言转向"在这一时期进入国际关系学者的研究议程。国际关系研究为何要关注语言？实际上，语言不仅是一个表达信息、呈现事实的镜像工具，同时也具有建构功能，能够建构社会现实，建构社会存在。行为体在语言面前具有自身施动性，既可以有目的地使用语言建构不同的社会现实，同时不同的行为体对同样的语言也会产生不同的理解。语言使用以及对语言的理解本身就是一种特殊的实践，语言的使用会形成特定的话语，话语本身也会产生一种结构，进而产生约束力。语言与权力之间也具有密不可分的联系。而由语言所衍生的话语权、图像等研究对当前的国际政治而言也是十分重要的。语言的以上这些特点在时刻影响国际关系的过程与结果。无论是国外还是国内学术界，针对国际关系中的语言研究都取得了诸多研究成果，这些成果大大丰富了国际关系多元研究的图景，使人们以语言为切入点对国际关系有了更多新的解读。

外交学院一直重视对国际关系理论的研究，重视学科交叉创新。鉴于语言对国际关系研究的重要性，外交学院于2010年在国际政治专业下正式设立了国际政治语言学（International Political Linguistics）这一博士研究方向，这也是国内设立的首个国际政治与语言学之间的跨学科博士研究方向。该博士点在2012年正式招生，以期对国际政治中的语言以及语言中的国际政治进行深入系统的探讨，同时也希望产生一系列的前沿研究成果。为此，笔者专门设计了"国际政治语言学丛书"，陆续推出相关研究。

丛书主编　孙吉胜

2017年5月29日

目　录

绪　论

早在80年代，日本就被描绘成美国最大的经济威胁，而窃取知识产权的指控只是美国人诋毁日本的一部分。30年后，美国人把中国塑造成了这个恶棍，而他们应该做的就和30年前应该做的一样，应该先好好照照镜子看看自己。[①]

——斯蒂芬·罗奇（Stephen Roach）

比较棘手的情况是，当美国不得不与一个专制政权结盟，或者不得不与一个它认为是进步型的国家开战时，现实主义逻辑会指向一个方向，而理想主义逻辑会指向另外一个方向。在这类情况下，美国所做的就是弄来一堆舆论导向专家，向美国人民讲述一个故事，让人们认为美国目前所做的看上去完全符合它的理想。[②]

——约翰·米尔斯海默（John Mearsheimer）

[①]　Stephen Roach, "Japan Then, China Now," Project Syndicate, May 27, 2019, accessed October 1, 2022, https://www.project-syndicate.org/commentary/for-america-china-is-the-new-japan-by-stephen-s-roach-2019-05.

[②]　John Mearsheimer, "Through the Realist Lens: Conversation with John Mearsheimer," April 8, 2002, accessed January 10, 2015, http://globetrotter.berkeley.edu/people2/Mearsheimer/mearsheimer-con4.html.

一、威胁话语建构问题的缘起

研究常常始于困惑（puzzle），本研究也不例外。[①] 近些年，中美关系严重偏离了正确的轨道，美国对华政策中冲突和对抗的因素急剧增加。2017年，特朗普政府发布的《美国国家安全战略报告》称，大国竞争时代已经回归，中国为"修正主义国家"，欲"塑造一个与美国价值和利益相对立的世界"；2022年10月，拜登政府发布的《美国国家安全战略报告》继承了大国竞争时代的看法，并视中国为"唯一一个既有重塑国际秩序意图，又越来越有经济、外交、军事和科技实力来达成这一目标的竞争对手"。[②] 然而，一直跟踪中美关系发展的学者会发现，美国的所谓"中国威胁"共识形成过程要远远早于上述美国官方表述。冷战结束后，美国就一直存在"中国威胁论"，特别是2008年金融危机之后，中美在贸易、汇率、人权、网络攻击和中国领土完整等问题上就抵牾不断。"中国威胁论"很有市场，大行其道。例如，2012年，美国皮尤研究中心联合卡耐基和平基金会等5家智库进行了《中美安全认知项目》调查，发现美国有52%的民众认为作为世界崛起性力量的中国是美国的最大威胁，在对美国构成最大威胁（danger）的国家排名中，中国高居榜首（26%），远高于排名第二的伊朗（16%）；2014年，盖勒普的民意测验也显示了类似的结果，有88%的美国民众认为中国的经济力量将在接下来的10年对美国核心利益构成严重或重要威胁，87%的美国民众认为中国的军事力量将在接下来的10年对美

---

① K. M. Fierke, *Changing Games, Changing Strategies: Critical Investigations in Security* (New York: Manchester University Press, 1998), p.1.

② The White House, "National Security Strategy of the United States of America," December 18, 2017, pp.25-27, accessed January 6, 2023, https://trumpwhitehouse.archives.gov/wp-content/uploads/2017/12/NSS-Final-12-18-2017-0905.pdf; The White House, "National Security Strategy of the United States of America," October 2022, pp.6-8, accessed January 6, 2023, https://www.whitehouse.gov/wp-content/uploads/2022/10/Biden-Harris-Administrations-National-Security-Strategy-10.2022.pdf.

国核心利益构成严重或重要威胁。[①] 但是，美国是世界上唯一的超级大国，从经济、科技与军事等客观指标方面来看都要比中国强大得多。从意愿上看，中国自中美建交以来奉行的都是对美合作战略，中国领导人多次表示中美要建立新型大国关系，不对抗，不冲突，相互尊重，合作共赢。即使在中美关系非常困难的当前，中国也反对以"竞争"定义中美关系，希望中美关系重新回到正确的轨道上。因此，美国所谓的"中国威胁""并不现实，至少也是言过其实"，是美国人的"自我想象"，甚至从另一方面看，美国对中国构成威胁似乎更有道理。[②]

当回顾二战之后美国的"威胁"话语谱系，笔者发现，中国并不孤单，苏联和日本当年也曾面临类似的情况。1946年2月，美国驻苏联大使馆临时代办乔治·凯南（George Kennan）从莫斯科发回"长电报"，美苏关系开始迅速从美国二战盟友蜕变为敌对状态，"苏联威胁"贯穿了40多年的东西方冷战。在冷战史的研究中，正统派认为，苏联的扩张主义对美国的安全和世界秩序构成了威胁，而之后的修正派则认为，美国误解了苏联，并不存在苏联扩张威胁。[③] 更有学者甚至指出，"苏联威胁"不过是美国希望坚持的"神话"。[④] 同样，自20世纪80年代初开始，美国的"日本威胁论"，即"敲打日本"（Japan-bashing）话语，开始发酵和流行。到1990年，芝加哥对外关系委员会进行的调查发现，60%的美国民众和63%的美国精英认为日本的经济力量将对美国构成严重威胁，而只有33%的民众和20%的精英认为这种威胁来

---

① Pew Research, "U.S.-China Security Perceptions Project 2012 General Public Survey Data," May 13, 2012, accessed January 10, 2015, http://www.pewglobal.org/2012/05/13/u-s-china-security-perceptions-project-general-public-survey-data/; Andrew Dugan, "Americans View China Mostly Unfavorably," Gallup, February 20, 2014, accessed January 10, 2015, http://www.gallup.com/poll/167498/americans-view-china-mostly-unfavorably.aspx.

② 赵汀阳、李亚丽：《新游戏需要新体系》，《国际安全研究》2015年第1期，第5—6页；Chengxin Pan, "The 'China Threat' in American Self-Imagination: The Discursive Construction of Other as Power Politics," *Alternatives: Global, Local, Political* 29, no. 3 (2004): 305-331。

③ 王帆：《关于冷战起源的几种解释》，《外交学院学报》2000年第2期，第37页。

④ Melodie Brandon and Claudio Violato, "The Soviet Threat: How Much Is Myth?" *Peace Research* 20, no. 2 (1988): 61; Andrew Alexander, "The Soviet Threat Was a Myth," The Guardian, April 18, 2002, accessed January 10, 2015, http://www.theguardian.com/world/2002/apr/19/russia.comment.

自苏联的军事力量。[①] 然而，"日本经济威胁论"中最核心的两点，即贸易赤字和日本对美直接投资问题，也似乎不足以说明为什么在20世纪80年代中后期日本被单独"挑选"出来成为头号威胁。因为自20世纪70年代以来，美国对日贸易一直是赤字，日本政府也一直在回应美方要求，如采取自愿出口限制和日元升值来减少美日贸易赤字，况且美国与加拿大、拉美、石油输出国组织等国家、地区和国际组织都有大量赤字，即使日本消除所有相关贸易限制，美国依旧还会有很大的贸易赤字。[②] 关于对美直接投资，虽然日本在这一时期的投资规模确实出现大幅增长，但是这与其全球国外资产规模增长一致，其在美资产所占其全球国外资产的比重并没有发生太大变化。而且，就其持有的美国资产规模绝对值来看，日本也在英国和荷兰之后。[③] 因此，有研究者指出，"日本威胁"在很大程度上是媒体宣传的结果。[④]

上述关于美国出现的"苏联威胁""日本威胁"和"中国威胁"的讨论大致是基于这样一种假定，即将威胁视为一种确定性的客观存在，人们可以通过客观事实来证实或证伪。这种假定下的讨论对于对外政策决策者来说是十分必要和有益的，尤其是在某个历史时刻的横断面，身份和利益都是给定的情况下。但是，本书所感兴趣的并不是这些国家是否真的威胁美国。一方面，因为笔者本身并不处于这种"优势地位"（vantage point）；另一方面，也是更为重要的原因，无论这些"威胁论"是真是假，都已经作为一种社会事实存在，并产生了影响。一个可能更为有意思和有意义的问题是这种所谓的"威胁"是如何形成的，即美国是如何建构出对于上述"对手"的威胁共识。因此，本书的兴趣点不是"是什么"（what）和"为什么"（why）的问题，而是"如

---

① John Rielly, "Public Opinion: The Pulse of the 90s," *Foreign Policy*, no. 82 (1991): 86.

② David Campbell, *Writing Security: United States Foreign Policy and the Politics of Identity* (Minneapolis: University of Minnesota Press, 1992), pp.224-225.

③ Ibid.

④ Andrea Chronister, "Japan-Bashing: How Propaganda Shapes Americans' Perception of the Japanese" (Master's thesis, Lehigh University, 1992), pp.8-9.

何"（how）的问题，关注的重点是话语建构威胁的路径和过程。[①] 举例来说，与关注那些"导弹""军舰""贸易赤字"等物质指标相比，笔者更关心的是在美国话语中它们是如何被阐释成"威胁"的。当然，研究"如何"的问题有时也无法避免地涉及"是什么"的问题，因而"是什么"也成为本书研究的一部分。

在主流的理性主义国际关系研究中，特别是现实主义研究中，威胁常常被看作"不言自明的"（self-evident），威胁如何形成是不需要讨论的问题。在他们看来，威胁在很大程度上是物质力量变化的自然结果。例如，在现实主义的开山之作《伯罗奔尼撒战争史》中，古希腊历史学家修昔底德指出，"使战争不可避免的真正原因是雅典势力的增长和因而引起斯巴达的恐惧"，新现实主义更是将其简化为以军事力量为代表的物质分配。[②] 因此，威胁研究主要集中在讨论有哪些威胁、威胁程度大小，以及应对威胁的方式，如创建联盟。但是，本书尝试挑战这种物质主义的威胁观点，从话语建构的角度去解释威胁的形成，即话语是如何建构出威胁"共识"（consensus）的。具体而言，美国的"苏联威胁"话语、"日本威胁"话语和"中国威胁"话语是通过何种路径将它们塑造成威胁而排除其他可能的意义建构的，以及这三大"威胁"话语建构有何异同。

本书主要受后结构主义国际关系研究启发，承认纯粹客观世界的存在，但认为它只有通过语言才能赋予其意义，从而具有社会意义。正如美国哲学家理查德·罗蒂（Richard Rorty）所言，"真理（truth）不是常在的（out there），不能独立于人的心智而存在"，"世界是常在的，但是对世界的描述不是的，只有描述的世界才存在真与假"。[③] 实际上，所谓"真实性"（concept of facticity）其实是"文化建构出的，

---

① 关于"如何的问题"（how-questions），可参见：Charles Cross, "Explanation and the Theory of Questions," *Erkenntnis* 34, no. 2 (1991): 237-260。

② 修昔底德：《伯罗奔尼撒战争史》，谢德风译，商务印书馆，2009，第21页；Kenneth Waltz, *Theory of International Politics* (London: Addison-Wesley Publishing Company, 1979)。

③ Richard Rorty, *Contingency, Irony, and Solidarity* (Cambridge: Cambridge University Press, 1989), p.5.

而不是从物质中被发现的","意义是一个动态过程"。[1] 对于国家威胁更是如此,威胁不是"一种客观状态",需要经过话语阐释才能从某种可能变成存在。[2] 同一事实可以有多种甚至相反的阐释可能。因此,当人们从话语视角研究威胁的形成时,实际上已经从理性主义国际关系研究中"为什么"问题的"解释性逻辑"(logic of explanation)转变到话语"如何建构"问题的"阐释性逻辑"(logic of interpretation)。[3] 本书认为,二战后在美国先后出现的"苏联威胁""日本威胁"和"中国威胁"都是通过话语建构的产物,是话语建构的与"自我"(self)对立的"他者"(other)。

这里有几点需要作出说明。一是从话语视角研究威胁并不是不关心事实或者物质因素,而是将着眼点放在客观世界如何通过话语被表征(representation)出来,"是真正地触及真实世界"。[4] 二是本书强调的话语建构性并不是任意编造,而是指人们通过话语的意义建构获得对客观世界连贯性的理解,而理性主义中的逻辑与推演是以这种意义建构为基础的。例如,人们通过叙事理解"自我"和"他者"的身份、彼此的利益以及事物之间的因果联系,从而在这个话语认知框架之内作出理性选择。[5] 三是本书并不是要颠覆理性主义的物质因素解释,而是要补充这种视角下有时不能充分解释或者忽视的方面。这种后结构主义的解释与现实主义的解释之间的关系就如同建构主义对现实主义的补充一样,两者在很大程度上不是相互否定,而是如同将一盏灯放在之前没有照亮的黑暗角落。

---

[1] Donna Gregory, "Foreword," in James Der Derian and Michael J. Shapiro, eds., *International/Intertextual Relations: Postmodern Readings of World Politics* (New York: Lexington Books, 1989), pp. xiv, xvi.

[2] D. Campbell, *Writing Security: United States Foreign Policy and the Politics of Identity*, p.1.

[3] Ibid., p.4.

[4] 潘成鑫:《国际政治中的知识、欲望与权力:中国崛起的西方叙事》,张旗译,社会科学文献出版社,2016,第2页。

[5] Ronald Krebs, *Narrative and the Making of US National Security* (Cambridge: Cambridge University Press, 2015), p.10.

二、威胁话语建构研究的意义

加里·金（Gary King）等人在《社会科学中的研究设计》一书中指出，理想的社会科学研究应该满足两个标准："第一，研究项目应该提出对现实世界真正重要的问题"；"第二，一个研究项目应该通过提高研究者作出科学解释能力的方式对文献作出具体贡献"。[①] 本书尝试从话语建构的视角重新审视国际安全研究中的核心议题——威胁问题。这不仅有助于从学理上拓展人们对于话语建构性和威胁形成的认识，而且对于破除当前中国崛起和民族伟大复兴过程中面临的"中国威胁论"和提升话语权具有重要参考价值。下面，笔者将从四个方面对此加以简要说明。

第一，研究话语建构性具有重要的理论意义。自20世纪80年代中后期，话语开始登上国际关系研究的舞台，为研究国际关系提供了一个新的视角，人们越来越认识到话语对于国际关系的建构性和生产性。例如，尼古拉斯·奥努弗（Nicholas Onuf）的言语行为与规则，弗里德里克·克拉托克维尔（Friedrich Kratochwil）的言语行为与规范，巴瑞·布赞（Barry Buzan）和奥利·维夫（Ole Waever）等人的言语行为与安全化，贾尼丝·比亚里·马特恩（Janice Bially Mattern）的语言表象力与身份，戴维·坎贝尔（David Campbell）和莱娜·汉森（Lene Hansen）等人的话语、身份与外交政策，伊娃·赫什哥尔德（Eva Herschinger）的霸权和威胁，罗纳德·克雷布斯（Ronald Krebs）的叙事与对外政策等研究，都为人们从理论上认识话语建构性提供了新的

---

① 加里·金、罗伯特·基欧汉、悉尼·维巴：《社会科学中的研究设计》，陈硕译，格致出版社、上海人民出版社，2014，第13页。

认识。[①] 但是，目前大部分话语建构性研究更多关注的是话语建构了什么，通过话语"谱系"梳理或者比较方式体现话语的建构性，而对语言建构性的内在机制关注较少。这也是很多理性实证主义者，特别是现实主义者，对后结构主义研究不感兴趣的原因。在他们眼中，后结构主义者所说的语言建构之物本身就是事实或者语言对事实的镜像反映。

第二，研究威胁话语建构对于人们理解威胁形成具有重要的理论价值。威胁问题涉及国家的生死存亡，是国际政治高度关注的核心议题。但是，由于长期以来传统"镜式"语言观和理性主义国际关系研究的主导地位，威胁研究主要集中在威胁是什么和如何应对（如联盟理论、威慑理论等），以及心理因素（如错误知觉在威胁认知中的作用），而很少关注话语对威胁的建构作用。即使很多后结构主义研究也将关注点集中在话语建构了怎样不同的身份或威胁，却很少关注话语通过何种方式或路径建构出威胁。从话语视角研究威胁如何形成，有利于关注到之前研究中未关注到的"盲区"。

第三，研究威胁话语建构对于破解"中国威胁论"，解决中国从过去"挨打"到现在"挨骂"的困境，进而构建有利于中国的话语环境具有重要的现实意义。自20世纪70年代末改革开放以来，特别是21世纪初加入世界贸易组织之后，中国经济不仅呈现高速发展状态，而且在世界经济政治格局中扮演着举足轻重的角色。但同时，"崛起的烦恼"也伴随着中国，"中国威胁论"甚嚣尘上。近年来，中美两国战略互疑不断加深，"修昔底德陷阱"话语笼罩着中美两国话语空间。美国不仅利用自己的霸权优势对中国经济、科技进行打压，而且利用自己的全球话

---

① Nicholas Onuf, *World of Our Making: Rules and Rule in Social Theory and International Relations* (Columbia: University of South Carolina Press, 1989); Friedrich Kratochwil, *Rules, Norms, and Decisions: On the Conditions of Practical and Legal Reasoning in International Relations and Domestic Affairs* (New York: Cambridge University Press, 1989); Janice Bially Mattern, *Ordering International Politics: Identity, Crisis, and Representational Force* (New York: Routledge, 2005); D. Campbell, *Writing Security: United States Foreign Policy and the Politics of Identity*; Lene Hansen, *Security as Practice: Discourse Analysis and the Bosnian War* (London: Routledge, 2006); Eva Herschinger, *Constructing Global Enemies: Hegemony and Identity in International Discourses on Terrorism and Drug Prohibition* (New York: Routledge, 2011); Ronald Krebs, *Narrative and the Making of US National Security*; 巴瑞·布赞、奥利·维夫、迪·怀尔德:《新安全论》，朱宁译，浙江人民出版社，2003。

语霸权塑造以"中国威胁论"为代表的反华话语体系。如何解决这些问题是中国面临的重要而紧迫的现实问题。但是,目前中国大部分关于西方"中国威胁论"的研究主要将焦点放在威胁论的内容和批驳这些威胁论不符合事实、不正确等方面。本书认为,要破除这些威胁论仅停留于此是不够的,这就如同老师在学生做错了题时除了指出错误,还要让学生知道为什么做错。因此,反思这些威胁论是如何建构出看似合理和不言自明的威胁,尤其是美国的威胁论者如何建构出这套威胁话语并被受众接受,显得尤为必要。

第四,研究威胁话语建构对于中国话语权建设,特别是对"讲好中国故事"和构建中美新型大国关系具有重要借鉴和启发意义。话语建构具有相通之处,建构威胁实际上是建构朋友的逆过程。话语权是国内学界研究的热点,也是中国国家建设的重要方面。习近平总书记提出要"讲好中国故事"、构建中美新型大国关系,该如何做好这些工作是中国迫切需要解决的理论和实践问题。本书对于美国如何建构三大"威胁"的研究本身就是一种关于话语权建构的研究,解构美国的威胁话语建构路径,将对构建中国自身话语权具有借鉴和启发意义。

三、现有研究与不足

安全问题是国际关系研究的核心问题。回顾国际政治学的发展脉络可以清晰地发现,"冲突与合作"或曰"战争与和平"始终是这一学科的研究主题。[①] 无论是"冲突"还是"合作",都不可避免地涉及"威胁问题",对于"威胁问题"的关注也催生了很多大理论和中层理论,如防御性现实主义、进攻性现实主义、威慑理论和联盟理论等。就威胁形成问题,肯尼思·华尔兹(Kenneth Waltz)、米尔斯海默、肯尼思·奥根斯基(A. F. Kenneth Organski)等现实主义者从无政府主义状态和物质力量对比与权力转移,斯蒂芬·沃尔特(Stephen Walt)的"威胁平衡理论"从综合实力、地理位置、进攻能力和侵略意图,"民

---

① 秦亚青:《西方国际关系学:知识谱系与理论发展》,《外交学院学报》2003年第3期,第10页。

主和平论"等自由主义者从国家类型，亚历山大·温特（Alexander Wendt）等社会建构主义者从共有知识与社会身份互动，罗伯特·杰维斯（Robert Jervis）等认知心理学者从"错误知觉"，塞缪尔·亨廷顿（Samuel Huntington）的"文明冲突论"从文化单元，伊曼纽尔·沃勒斯坦（Immanuel Wallerstein）等新马克思主义者从全球资本主义生产和阶级斗争等视角分别对威胁与国际冲突作出了解释。[1] 虽然论证角度不同，但是这些研究一般都认为威胁是客观的和本质主义的，独立于思维，并能接受科学方法的检验。即使是温特的强调社会互动建构的温和建构主义，也认为"自我"身份具有"自生的"（autogenetic）性质。[2] 同时，更为重要的是，话语的建构作用被排除在威胁形成研究的主要研究议程之外。

但是，随着20世纪哲学的"语言转向"[3]，人们越来越认识到"语言是我们生活的社会世界的创造者"，而不应该仅仅被看作"描述客

---

① 可参见：Kenneth Waltz, *Theory of International Politics* (London: Addison-Wesley Publishing Company, 1979); John Mearsheimer, *The Tragedy of Great Power Politics* (New York: W. W. Norton & Company, 2001); A. F. Organski and Jacek Kugler, *The War Ledger* (Chicago: The University of Chicago Press, 1980); Stephen Walt, *The Origins of Alliances* (Ithaca: Cornell University Press, 1987); Immanuel Kant, *To Perpetual Peace: A Philosophical Sketch*, trans. Ted Humphrey (Indianapolis: Hackett Publishing Company, 2003); Bruce Russett and John Oneal, *Triangulating Peace: Democracy, Interdependence, and International Organization* (New York: Norton, 2001); Alexander Wendt, "Anarchy Is What States Make of It: The Social Construction of Power Politics," *International Organization* 46, no. 2 (1992): 391-425; Alexander Wendt, *Social Theory of International Politics* (New York: Cambridge University Press, 1999); Samuel Huntington, "The Clash of Civilizations?" *Foreign Affairs* 72, no. 3 (1993): 22-49; Immanuel Wallerstein, *The Modern World System: Capitalist Agriculture and the Origins of the European World-Economy in the Sixteenth Century* (New York: Academic Press, 1974); 罗伯特·杰维斯：《国际政治中的知觉与错误知觉》，秦亚青译，世界知识出版社，2003。

② Alexander Wendt, *Social Theory of International Politics*, p.225.

③ 费尔迪南·德·索绪尔（Ferdinand de Saussure）、路德维希·维特根斯坦（Ludwig Wittgenstein）、雅克·德里达（Jacques Derrida）、米歇尔·福柯（Michel Foucault）等人的哲学思想对这种语言起到巨大的推动作用。索绪尔认为，语言符号的能指（signifier）与所指（signified）不存在内在联系；维特根斯坦认为，那些和语言编织在一起的活动共同构成了"语言游戏"，语言不再只是外部的标签，这就使语言具有了本体论价值；德里达通过解构话语来消解中心；福柯通过对概念知识的考古来揭示话语与权力的建构与依存关系，颠覆现代主义中的理性和真理客观性。具体参见：费尔迪南·德·索绪尔《普通语言学教程》，高名凯译，商务印书馆，1980；路德维希·维特根斯坦《哲学研究》，陈嘉映译，上海人民出版社，2001；Jacques Derrida, *Writing and Difference*, trans. Alan Bass (London: Routledge, 2002); Michel Foucault, *The Archaeology of Knowledge and the Discourse on Language*, trans. A. M. Sheridan Smith (New York: Pantheon Books, 1972)。

观现实的工具"。[1] 到20世纪80年代中后期国际关系学界"第三次大辩论"，在"反思主义者"（reflectivists）、"流放者"（exiles）和"持不同意见者"（dissidents）对主流国际关系理论的批判中，语言开始登上国际关系研究的舞台。[2] 这种话语视角下的国际关系研究种类庞杂，没有统一的议程，但是从其所借鉴的思想和语言理论上看大体可以分为三类。第一类是从言语行为角度出发，认为"说话即做事"（to say something is to do something），主要以约翰·奥斯汀（J. L. Austin）和约翰·塞尔（John Searle）的言语行为理论为基础，[3] 以奥努弗的言语行为与规则、克拉托克维尔的言语行为与规范以及哥本哈根学派特别是维夫的言语行为与安全化的研究为代表。第二类是后结构主义，主要受德里达、福柯、皮埃尔·布迪厄（Pierre Bourieu）、朱莉娅·克里斯蒂娃（Julia Kristeva）、厄内斯特·拉克劳（Ernesto Laclau）等人思想的影响，坚持语言的本体地位，其代表人物有詹姆斯·德尔·德里安（James Der Derian）、迈克尔·夏皮罗（Michael Shapiro）、理查德·阿什利（Richard Ashley）、罗布·沃尔克（R. B. J. Walker）、坎贝尔、珍妮弗·米利肯（Jennifer Milliken）、夏洛特·爱泼斯坦（Charlotte Epstein）和汉森等。[4] 这类研究主要通过话语分析某些历史事件或事物的不同话语叙事以及主导话语的变化来揭示和解释身份与对外政策

---

① Murray Edelman, "Political Language and Political Reality," *Political Science and Politics* 18, no. 1 (1985): 10.

② "反思主义者"源自1988年国际研究协会主席基欧汉的主席发言，可参见：James Der Derian, "The (S)pace of International Relations: Simulation, Surveillance, and Speed," *International Studies Quarterly* 34, no. 3 (1990): 295。"流放者"和"持不同意见者"是阿什利和沃尔克的用语，参见：R. Ashley and R. B. J. Walker, "Introduction: Speaking the Language of Exile: Dissident Thought in International Studies," *International Studies Quarterly* 34, no. 3 (1990): 259-268。

③ J. L. Austin, *How to Do Things with Words* (Oxford: Oxford University Press, 1962), p.12; John Searle, *Speech Acts: An Essay in the Philosophy of Language* (New York: Cambridge University Press, 1969).

④ 相关研究可参见：James Der Derian and Michael J. Shapiro, eds., *International/Intertextual Relations: Postmodern Readings of World Politics* (New York: Lexington Books, 1989); D. Campbell, *Writing Security: United States Foreign Policy and the Politics of Identity*; J. Milliken, "The Study of Discourse in International Relations: A Critique of Research and Methods," *European Journal of International Relations* 5, no. 2 (1999): 225-254; C. Epstein, *The Power of Words in International Relations: Birth of an Anti-Whaling Discourse* (Cambridge: The MIT Press, 2008); L. Hansen, *Security as Practice: Discourse Analysis and the Bosnian War*。

的变化，从而说明话语的建构作用。马特恩和亚历山德拉·霍姆勒（Alexandra Homolar）等人对叙事与对外政策的研究也属于这一类。[1] 第三类主要受维特根斯坦的"语言游戏"理论启发，将国际关系看作"语言游戏"，主要代表人物是卡琳·菲尔克（K. M. Fierke）、加万·达菲（Gavan Duffy）和彼得·霍华德（Peter Howard）等人。[2] 其基本逻辑是语言建构了规则和语境，而语境又会制约对事物和行为的理解，即意义的生成；当行为体通过语言的战略运用来试图改变游戏规则时也就改变了行为的意义和游戏本身，从而限制和创造了未来可能和允许的行为。[3] 此外，国内学者在总结国外研究的基础上也对语言在国际关系中的建构作用进行了精彩的分析，如孙吉胜提出了国际关系中语言建构的分析模式，刘永涛将话语分析应用到美国安全建构和对外政策分析中。[4]

这些研究或多或少都涉及话语与安全建构，但是从理论建构的成熟程度和影响力来看，以布赞和维夫为代表的哥本哈根学派安全化理论和以坎贝尔、汉森为代表的后结构主义最具代表性。哥本哈根学派是冷战之后国际关系研究中迅速崛起的一个流派，其研究始于丹麦哥本哈根和平与冲突研究中心关于欧洲安全问题的研究，其安全化理论

---

① 国内学者孙吉胜将马特恩的研究另分一类。笔者认为，上述研究都是关于叙事与身份的，旨在揭示对外政策霸权话语只是对现实的其中一种解读，而这与后结构主义的主张是一致的。可参见：孙吉胜《国际关系理论中的语言研究：回顾与展望》，《外交评论》2009年第1期，第81—82页；Janice Bially Mattern, *Ordering International Politics: Identity, Crisis, and Representational Force*; Alexandra Homolar, "Rebels without a Conscience: The Evolution of the Rogue States Narrative in US Security Policy," *European Journal of International Relations* 17, no. 4 (2010): 705-727。

② 参见：K. M. Fierke, *Changing Games, Changing Strategies: Critical Investigations in Security*; Gavan Duffy, "Language Games: Dialogical Analysis of INF Negotiations," *International Studies Quarterly* 42, no. 2 (1998): 271-293; Peter Howard, "Why Not Invade North Korea? Threats, Language Games, and U.S. Foreign Policy," *International Studies Quarterly* 48, no. 4 (2004): 805-828。

③ 孙吉胜：《国际关系理论中的语言研究：回顾与展望》，第80页；Peter Howard, "Why Not Invade North Korea? Threats, Language Games, and U.S. Foreign Policy," p.814。

④ 参见：孙吉胜《语言、意义与国际政治——伊拉克战争解析》，上海人民出版社，2009；刘永涛《语言与国际关系：拓展政治分析的新视角》，《世界经济与政治》2011年第7期；刘永涛《话语政治：符号权力和美国对外政策》，复旦大学出版社，2014。

主要体现在 1998 年布赞、维夫等人出版的《新安全论》一书中。[①] 安全化理论最大的贡献之一就是将安全问题本身"安全化"了，将国家威胁从军事领域扩展到环境、经济、社会、政治等各个领域。安全化理论的底色是奥斯汀和塞尔的言语行为理论，将安全问题看作一个言语行为过程。因此，不存在什么既定的安全或者威胁问题，安全实际上是"一种自我参照的实践"，一个问题能够成为安全事务"不但是因为一个真正的'存在性威胁'的存在，而且也因为这个问题是作为一个威胁被提出来的"。[②] 那么，如何通过言语行为成功建构威胁呢？安全化理论认为，一个成功的言语行为包含两个重要的范畴，即"合乎文法规范的语言"和"上下文语境和社会"，而且其外部形态上需要具备两个条件，即安全行为体必须具有权威地位且必须与威胁相联系。[③]

　　总之，安全化理论拓展了安全研究的议程，提出了新的安全分析框架。但就话语如何建构威胁而言，安全化理论一方面坚持安全问题是一种言语行为，将一个事物说成是一种威胁就变成安全问题，另一方面当涉及话语或者言语行为如何成功建构出威胁时，又从语言层面退缩，认为言语行为体的个人地位和听众的"主体间性"是成功的必要条件。[④] 因此，虽然这种分析框架有"语言"内核，但是其理论建构的目的并不是分析语言本身对于现实和威胁的建构作用，其话语分析有以行为体为中心（agent-centered）的倾向，即强调行为体在话语建构中的作用，分析其背后隐藏的议程、企图和想法。

　　与行为体为中心的话语分析相对应的是以结构为中心的（structure-centered）的话语分析，强调语言本体对于事实的建构作用而不关心话语生产者本身的动机与意图。后结构主义国际关系研究主要采用的是这种方法。后结构主义者坚持语言本体，认为事物只有通过语言的建构才能获得意义和身份，因此也被认为是国际关系研究中"最直接关

---

　　① Barry Buzan, Ole Waever and Jaap de Wilde, *Security: A New Framework for Analysis* (London: Lynne Rienner, 1998).

　　② 巴瑞·布赞、奥利·维夫、迪·怀尔德：《新安全论》，第34页。

　　③ 同上书，第45—46页。

　　④ 同上书，第43页。

心"语言的流派。①

后结构主义国际关系研究始于20世纪80年代，一些学者如德里安、夏皮罗、阿什利、沃尔克等人开始对新现实主义等国际关系理论所建立的元叙事发起挑战。他们受福柯、德里达等人思想的影响试图解构这种超越时空的真理知识体系。例如，德里安使用福柯谱系学的方法对美国外交进行了历史考察，指出外交并不是一个固定的概念，而是随着权力与文化关系的变化而变化；沃尔克对政治现实主义进行了考察，发现不存在单一的政治现实主义传统，它不过是在历史上不断建构和演进的概念而已。② 1989年德里安和夏皮罗主编的论文集《国际（文本）关系》、1990年阿什利和沃尔克在《国际研究季刊》编辑的特刊《讲放逐者之语：国际研究中的异见》(*Speaking the Language of Exile: Dissidence in International Studies*) 成为后结构主义研究的集体宣言。③ 这些研究常常使用话语、文本性、身份、互文性、解构、谱系学等概念，强调国际关系主体和主题都是世界政治文本和话语建构的产物，意义是话语建构出来的，是历史的、文化的和不确定的，因为"历史本质上就是多元的和模糊的，需要人们不断生产和建构来赋予其内容"。④ 但是，总体上来说，这些早期的研究比较抽象和哲学化，缺乏一个清晰的纲领和研究范式，基本上只"破"不"立"。⑤

坎贝尔的《塑造安全：美国对外政策与身份政治》和汉森的《作为实践的安全：话语分析与波斯尼亚战争》对后结构主义安全研究起

---

① K. M. Fierke, "Links across the Abyss: Language and Logic in International Relations," *International Studies Quarterly* 46, no. 3 (2002): 333.

② James Der Derian, *On Diplomacy: A Genealogy of Western Estrangement* (New York: Basil Blackwell, 1987); R. B. J. Walker, "Realism, Change, and International Political Theory," *International Studies Quarterly* 31, no. 1 (1987): 65-86.

③ James Der Derian and Michael J. Shapiro, eds., *International/Intertextual Relations: Postmodern Readings of World Politics*; Richard Ashley and R. B. J. Walker, "Special Issue: Speaking the Language of Exile: Dissidence in International Studies".

④ Richard Ashley, "Living on Border Lines: Man, Poststructuralism, and War," in James Der Derian and Michael J. Shapiro, eds., *International/Intertextual Relations: Postmodern Readings of World Politics*, p.280.

⑤ L. Hansen, *Security as Practice: Discourse Analysis and the Bosnian War*, pp.2-4.

到了极大的推进作用。① 坎贝尔在该书中主要讨论了对外政策话语对威胁与身份的建构。他指出，威胁不是纯粹的客观事物而是依赖于其所威胁的事物，威胁必须经过人们的话语阐释才能真正成为威胁，因此它是一个话语建构的概念，遵循的是一种阐释性逻辑。他进一步指出，差异与身份是相关联的，话语通过对差异的阐释建构出身份。他关注的焦点似乎不是强调身份与对外政策的互构关系，而是分析精英话语和对外政策话语对"危险性他者"的阐释，即威胁话语的建构。他发现，美国对外政策话语经常将"他者"表述为"异己的、破坏性的、肮脏的和病态的"。②

　　汉森是后结构主义安全研究发展史上里程碑式的人物。她对后结构主义国际关系研究逻辑和研究议程与设计等进行了系统性梳理，并根据后结构主义学说发展出"关于身份与对外政策的理论"，即将后结构主义研究议程锁定在话语、身份与对外政策的三者关系上。③ 其研究逻辑如下：首先，梳理出后结构主义研究坚持语言本体，认为所有事物都必须经过话语才能具有意义，继而获得身份，因此在语言表象之外不存在"客观的历史事实"。④ 她指出，身份是"话语的、政治的、关系的和社会的"，对外政策要依赖于话语建构的身份，同时身份的生产和再生产也是通过外交政策的指定形成的，二者统一在对外政策话语中，因此对外政策可以被"理解为一种话语实践"。⑤ 然后，她进一步指出，话语是通过关联和区分这两个过程建构出意义和"自我"与"他者"关系形成的身份。这种"他者"虽然常常是激进和对立的，但是也有可能存在不同程度的差别，话语分析的方法就是从身份的空间、时间和道义三个维度分析话语建构中的关联和区分双重过程。汉森还从自我的数量、时间选取、互文性模式和事件数量四个角度详细探讨了话语分析的研究设计。总之，汉森的研究明确了后结构主义研

---

① D. Campbell, *Writing Security: United States Foreign Policy and the Politics of Identity*; L. Hansen, *Security as Practice: Discourse Analysis and the Bosnian War*.

② D. Campbell, *Writing Security: United States Foreign Policy and the Politics of Identity*, p.2.

③ L. Hansen, *Security as Practice: Discourse Analysis and the Bosnian War*, p.4.

④ Ibid., p.6.

⑤ Ibid., pp.1-6.

究的议程，并使这种研究变得更具操作性，成为后结构主义安全话语分析的"使用手册"（user's guide）。①

此外，其他学者也对话语建构分析作出了贡献。例如，米利肯总结了分析话语实践的四种方法：解构法、对比法（juxtapositional method）、降服知识法（subjugated knowledges）、谱系法；孙吉胜提出了词汇、句式和语篇的语言建构分析模式；赫什哥尔德提出在关联和区分过程中霸权话语建构和反霸权建构的策略，即普遍化与特殊化、建立敌对的边界（frontier）与弱化敌对的边界、使用象征（representation）和切断联系（break off the chain）。②

这些后结构主义国际关系研究对于人们认识话语建构性作出了巨大贡献，但是它们对于话语建构性的研究主要集中在话语建构的内容，即分析在关联和区别过程中不同话语呈现的空间、时间和道义身份，再比较不同话语呈现的身份与对外政策，从而说明语言的建构性，而对话语建构性的内在机制关注不足，即话语到底通过何种路径或者机制建构出了现实（reality）抑或本书所研究的威胁。③ 这种对话语建构性内在机制的关注不足是造成后结构主义很难得到真正令理性主义者信服的结论的重要原因之一。要论证话语的建构作用仅仅说明话语通过关联和区别建

① Laura Shepherd, "A User's Guide: Analyzing Security as Discourse," *International Studies Review* 8, no. 4 (2006): 656-658.

② J. Milliken, "The Study of Discourse in International Relations: A Critique of Research and Methods," pp.225-254; Eva Herschinger, *Constructing Global Enemies: Hegemony and Identity in International Discourses on Terrorism and Drug Prohibition*; 孙吉胜:《语言、意义与国际政治——伊拉克战争解析》。

③ 需要指出的是，早期后结构主义者的目的就是要打破主流建构的逻各斯中心，因此他们几乎否认一切一般性的理论建构。在他们看来，语言建构性是不言自明的、无须证明的，因为这是他们的哲学信仰，如果讨论语言建构意义的内在机制会被认为建立确定性，落入实证主义的圈套。当然，这是一种偏见，就如同他们在早期反对讨论方法一样。事实上，现代科学如认知科学和量子科学似乎都在证实后结构主义的论断。此外，虽然汉森对后结构主义研究进行了很多改造，但她也没有从语言建构意义的内在机制探讨语言建构性。这在很大程度上是因为她主要想解决的问题是建立一个身份与对外政策的理论，坚持而不是证明语言建构性可以帮助她更好地建立起这个理论，而且不讨论语言建构内在机制也不影响其论证逻辑。对于话语对身份和对外政策的建构作用，她只需要说明不同话语建构或代表着不同的"他者"身份，而在这种对外政策话语中不同身份对应着不同的对外政策，随着主导话语的变化对外政策也发生了变化，就可以证明话语在对外政策变迁中的建构作用。因此，在话语分析中，她不必而且在经验上（empirical）也无须讨论话语是如何建构出意义和现实的，她只要指出不同话语中存在不同身份，那么其论证逻辑就是通的。

构出了不同的"他者"是不够的，对于理性主义者来说这可能都是语言对客观世界的反映，只不过有的是对的而有的是错的。以伊拉克战争中美国总统小布什称萨达姆是"残暴的""邪恶的"为例，后结构主义者可能认为这是小布什建构的，但是对于很多追随小布什的美国保守派来说，这是事实，是语言对客观的反映，与建构无关。这一点在20世纪末美日贸易冲突中表现得更为突出。罗伯特·尤瑞友（Robert Uriu）采访了100多名美日两国政府中的相关决策者，发现"每个人在谈论同样的事情却表达了完全不同的解读"，并且都认为自己是对的。[①]

因此，后结构主义只从哲学层面说明世界是话语建构的而不是纯粹反映的还不足以令人真正信服。尽管这些在哲学或理论层面可能"是无可辩驳的"，[②] 它还需要回答话语通过什么机制或路径将不确定意义或状态的事物A转成人们所理解的A1或A2等，而且它们不是对错的关系。本书关于话语如何建构威胁的研究正是要回答话语建构威胁的内在机制和路径问题，不仅需要分析话语建构了什么样的有威胁的"他者"，更为重要的是要解构这种威胁话语建构，解析其威胁意义建构的内在机制。这不仅解构了威胁本身，还有助于真正破解这种话语和建构新的话语。

最后，话语建构性的内在机制问题实际上是语言如何生成意义和认知的问题。一般来说，人们必须通过语言才能认知和理解事物，事物必须通过语言才能获得意义。因此，这是一个涉及语言、意义和认知的跨学科问题。本书将在汲取相关学科研究成果的基础上，提出一个分析话语建构威胁内在机制的分析框架。

四、创新之处

本书是一项跨学科和问题导向的研究，旨在解决话语如何建构威

---

① Robert Uriu, *Clinton and Japan: The Impact of Revision on US Trade Policy* (New York: Oxford University Press, 2009), p.viii.

② 朱迪斯·戈尔茨坦、罗伯特·基欧汉：《观念与外交政策：信念、制度与政治变迁》，刘东国、于军译，北京大学出版社，2005，第6页。

胁这一问题。在借鉴认知语言学、政治心理学、叙事学、历史学等领域最新研究成果的基础上，本书从话语建构内在机制的角度提出话语建构威胁的分析框架，并以此分析美国在二战之后是如何建构苏联、日本和中国三大"对手"的。具体而言，本书的主要内容和创新点主要体现在以下三个方面：

第一，研究语言建构性的内在机制，提出一个威胁话语建构的分析框架。现有话语视角下的国际关系研究特别是后结构主义国际关系研究表明，语言具有建构性，话语建构了"自我"与"他者"之间的身份，威胁是话语建构的与"自我"对立的"他者"。但是，学界现有的研究主要集中在分析话语建构了身份而很少关注话语建构现实的内在机制，后者正是本书关注的核心问题，即话语通过何种机制或路径建构出威胁。本书在借鉴认知语言学、政治心理学和叙事学等学科研究成果的基础上，提出了话语建构威胁路径的一般性分析框架，即词语的"启动效应"和"累积效应"路径、隐喻认知框架路径和叙事认知框架路径。[①] 首先，国际政治心理学特别是国际形象理论中的一系列心理实验表明，具有不同形象特征的词语与国家共同出现时会自动"启动"人脑中相应的形象，如敌人、盟友等。同时，词语的高频重复可以产生一种"累积效应"，以隐性方式为读者建构出某种"常识"。例如，冷战时期，美国在描述苏联时反复使用"侵略""扩张""帝国主义"等词语，使人们累积生成一个非常负面的对苏联的认知。所以，在"启动效应"和"累积效应"下，使用具有威胁（或敌人）特征的词语本

---

① 可参见以下文献，更详细的讨论参见第二章：Richard K. Herrmann, James F. Voss, Tonya Y. E. Schooler and Joseph Ciarrochi, "Images in International Relations: An Experimental Test of Cognitive Schemata," *International Studies Quarterly* 41, no. 3 (1997): 403-433; Emanuele Castano, Alain Bonascossa and Peter Gries, "National Images as Integrated Schemas: Subliminal Primes of Image Attributes Shape Foreign Policy Preferences," *Political Psychology* 37, no. 3 (2016): 351-366; George Lakoff and Mark Johnson, *Metaphors We Live By* (Chicago: The University of Chicago Press, 1980); Roland Barthes, *Image, Music, Text*, trans. Stephen Heath (London: Fontana Press, 1977); T. R. Sarbin, *Narrative Psychology: The Storied Nature of Human Conduct* (New York: Praeger, 1986); J. Bruner, *Actual Minds, Possible Worlds* (Cambridge: Harvard University Press, 1986); Hayden White, "The Value of Narrativity in the Representation of Reality," *Critical Inquiry* 7, no. 1 (1980): 5-27; Ronald Krebs, *Narrative and the Making of US National Security*; Michael Hanne et al., *Warring with Words: Narrative and Metaphor in Politics* (New York: Psychology Press, 2015)。

身就会使人生成威胁认知，建构出威胁的社会现实。其次，认知语言学认为，隐喻是人们基本的认知方式，是一种源域到靶域的映射，即人们对于事物的理解并不是来自事物本身，而是通过某些熟悉的、具体的事物或经历来理解不熟悉的、抽象的事物。隐喻可以通过对认知的框定作用建构出威胁认知，如中美关系中的"修昔底德陷阱"隐喻。当人们使用该隐喻理解中美关系时，雅典和斯巴达的关系就被投射到中美关系上，而且这种框架会自动强调双方博弈的一面而同时过滤合作的一面，成为自我实现的预言。但事实上，中美关系有博弈也有合作，如果使用"夫妻关系"理解的话，那些博弈就是很平常的一件事，双方的焦点就可能回到合作的道路上。最后，叙事学、政治心理学和历史学的交叉研究都表明，叙事也是人们认知世界和建构意义的基本方式。在纷繁复杂的世界中，叙事通过截取某些内容编排成一个合乎逻辑或有因果关系的故事为人们提供连贯性的理解，但这种故事只不过是多种可能的故事中的一个。例如，在1945年，美苏关系是既有冲突也有合作的，当时很难想象会演化成冷战状态，但是凯南的"长电报"改变了之前的叙事，确立了冷战的故事模板，苏联的行为和其他地区的事件都被放到资本主义和共产主义斗争的故事框架中加以阐释，两国关系变成了"英雄"与"恶棍"的故事。按照这种故事框架，当希腊危机发生时，与苏联关系不大的希腊内战中的共产主义分子自然就被理解为受到苏联指使，希腊内战也就变成了美苏势力范围之争，使美国在1947年给予希腊和土耳其援助。

第二，对"苏联威胁""日本威胁"和"中国威胁"的比较研究。之所以选择这三个案例主要基于两方面的考虑，即验证和展示理论部分提出的话语建构威胁分析框架的需要和弥补现有"中国威胁"研究中的不足。首先，这三个案例可以更好地验证和展现话语建构威胁的过程与特点。这三个国家都是二战之后美国先后面临的"对手"，但是三者又各具特点。苏联是二战之后很快演化为与美国绝对对立的敌人，日本则是从美国盟友内部出现的对手，而中国与美国似乎形式上还处于一种非敌非友的状态。同时，苏联对美国来说主要是政治与军事威胁，日本主要是经济威胁，而中国则是兼具经济、政治和军事威胁的国家。这样的案例选择可以更好地展示本书所提出的分析框架的解释力。其次，国内外研究缺乏对美国所谓的三大"威胁"的对比研究，很少从历史比较视野下理解美国的"中国威胁论"。国内关于"中国威胁论"的研究主要是分析其内容、根源、目的、影响以及对其的驳斥。例如，陈岳运用层次分析法分析了"中国威胁论"，朱锋从"威胁"意象来源角度分析了美国关于"中国威胁"的成因。[①] 国外有学者虽然已经跳出理性主义的窠臼从话语建构的视角解构美国的"苏联威胁"和"中国威胁"，但是很少有学者对美国先后出现的苏联、日本和中国三大"威胁"进行系统性比较分析。如潘成鑫、奥利弗·特纳（Oliver Turner）指出"中国威胁论"是美国"自我想象"的话语建构，坎贝尔分析了美国对"苏联威胁"和"日本威胁"建构的话语阐释，保罗·奇尔顿（Paul Chilton）从隐喻视角解构美国冷战话语中的"苏联威胁"，娜瑞尔·莫里斯（Narrelle Morris）从多国视角分析了美国等西方国家"日本威胁论"话语的内容与生命周期，妮古拉·尼茂德（Nicola Nymalmd）、伊丽莎白·达尔（Elizabeth S. Dahl）等人分析和比较了美国对"日本威胁"与"中国威胁"的话语建构。[②] 对这三大"威胁"建构的比较研究具有十分重要的意义，因为将"中国威胁论"看作美国二战之后建构对手威胁话语的一部分，可以更好地定位（locate）"中国威胁"在美国威胁话语网络中的位置，为观察美国威胁话语建构提供一个独特的观察视角。换句话说，将"中国威胁论"作为美国建构对手威胁话语连续体的一部分可以让人们站在历史的高度分析和比较其对三大"对手"的威胁认知和建构路径。对这种威胁话语的解构，

---

① 陈岳：《"中国威胁论"与中国和平崛起———一种"层次分析"法的解读》，《外交评论》2005年第3期，第93—99页；朱锋：《"中国崛起"与"中国威胁"——美国"意象"的由来》，《美国研究》2005年第3期，第33—59页。

② Paul Chilton, *Security Metaphor: Cold War Discourse from Containment to Common House* (New York: Peter Lang, 1996); Narrelle Morris, *Japan-Bashing: Anti-Japanism since the 1980s* (New York: Routledge, 2011); Maria Nymalm, "Debates on Economic Policies towards Japan (1985–1995) and China (1995–2008) in the United States" (PhD diss., Christian-Albrechts-Universität zu Kiel, 2015); Elizabeth Dahl, "US American 'Japan Bashing' in the 1980s and Today's 'China Threat': Is History Repeating Itself?" (paper presented at the East Asia Security Symposium and Conference, Beijing, January 2013), accessed January 10, 2015, http://epublications.bond.edu.au/eassc_publications/28.

可以为破解美国"中国威胁论"提供新的启示，因为中美在经济上的抵牾日本当年也经历过，中美在政治、军事上的矛盾苏联也曾经历。例如，特朗普提出的"美国优先"，其实在20世纪八九十年代美国建构"日本威胁论"时就已经提出了。

第三，引入语料库语言学的研究方法与工具对威胁话语进行量化分析，推进后结构主义国际关系研究中的量化研究。整体上来说，话语视角下的国际关系研究特别是后结构主义研究主要是定性研究，缺乏对话语的量化分析。早期的后结构主义国际关系研究不仅抽象而且直接借用福柯和德里达的研究路径强调解构，反对理论化的研究方法。[1]汉森对后结构主义研究进行了系统性改进，但也主要是强调定性研究。近些年，随着计算机辅助文本分析技术的发展，运用软件对话语进行定量话语分析已经不是实证主义者的专利。例如，赫什哥尔德使用MAXQDA软件对反恐话语和禁毒话语的节点词频率进行分析，罗纳德·克雷布斯使用内容分析法分析美国冷战主导叙事的变化。[2]本书在定性研究的基础上，将语料库语言学的词语搭配分析及其工具引入威胁话语分析，揭示威胁话语建构的词语路径。人们一般称语料库语言学为"定量分析方法"，其优势在于减少在定性话语分析中研究者因选材偏见造成的文本代表性问题，可以更直观和客观地揭示话语霸权，与定性方法形成"三角核查"。为此，本书分别建立了关于"苏联威胁""日本威胁"和"中国威胁"的语料库，然后以文本数量作为关注度指标，分析和比较美国对三大"对手"的关注度，并使用语料库软件分别分析"苏联""日本"和"中国"的搭配词，从而解析威胁的主要维度和特征词，最后将三者进行对比分析。将语料库语言学定量分析方法引入后结构主义话语的分析是对后结构主义国际关系研究的贡献，也是在具体分析方法和工具上的创新。

---

[1] James Der Derian, "The Boundaries of Knowledge and Power in Inernational Relations," in James Der Derian and Michael J. Shapiro, eds., *International/Intertextual Relations: Postmodern Readings of World Politics*, pp.5-8.

[2] Eva Herschinger, *Constructing Global Enemies: Hegemony and Identity in International Discourses on Terrorism and Drug Prohibition*; Ronald Krebs, *Narrative and the Making of US National Security*.

五、章节安排

关于本书的章节安排，除绪论和结论之外，全书主要包括两部分：第一部分是理论与分析框架构建部分，第二部分是以二战后美国先后出现的"苏联威胁""日本威胁"和"中国威胁"为分析对象进行经验性实证（empirical）分析。[①] 需要指出的是，本书对"苏联威胁""日本威胁"和"中国威胁"话语的分析主要以威胁话语形成中话语变化最激烈的早期为主，并未涵盖整个威胁话语生命周期。各章具体安排如下：

第一部分主要包括两章，即第一章和第二章。第一章首先界定本书所使用的主要概念，然后以后结构主义哲学思想为基础，从语言的本体地位、话语与意义建构和话语与权力三个方面论述话语的建构性，指出语言具有完全的本体意义，并建构人们所理解的世界。在此基础上，本书从话语、身份和威胁三者之间的关系角度论述了威胁是什么以及它与话语的关系。本书认为，身份是话语的、关系性的，话语在关联和区分双重过程中建构了"自我"与"他者"的身份。这种"他者"既可以是友好的，也可以是完全对立的，或者是不同程度或维度的"他者"；而威胁是话语建构"自我"身份时对立的"他者"。第二章主要解决话语建构威胁的内在机制或路径问题，即从话语建构意义和认知的路径角度看话语是如何建构威胁的。笔者在借鉴认知语言学、政治心理学、叙事学、历史学等学科最新研究的基础上提出了话语建构威胁路径的分析框架：词语的"启动效应"和"累积效应"路径、隐喻认知框架路径和叙事认知框架路径。政治心理学特别是国际形象理论实验表明，特定词语在"启动效应"和"累积效应"下可以生成威胁形象或认知。认知语言学表明，隐喻是人们认知事物的基本方式，框

---

① 这里笔者将 empirical 译为"经验性实证（的）"，也有人将其译为"实证的"。但是，中文中谈论的实证研究实际并不严格，在英文中对应 empiricism 和 positivism，而这两个词来源于不同的哲学传统。后结构主义者尤其是汉森认为，后结构主义研究可以作出令人信服的 empirical analyses，即"经验分析"，而很少使用 positivist 这种用法。本书倾向采用汉森的用法，这里的 empirical analyses 主要是指可以为研究提供事实经验的证据。

定着人们的认知和行动，通过不同隐喻的使用可以建构威胁认知。叙事学、政治心理学和历史学的研究表明，叙事也是人们认知和理解世界的基本方式，人们通过故事获得对世界的理解，通过编排某种故事可以将"他者"建构成威胁，如最常见的"英雄"与"恶棍"的故事。

　　第二部分按照理论分析框架对"苏联威胁""日本威胁"和"中国威胁"进行经验性实证分析。这一部分还可以细分为两个部分：第三、四、五章从隐喻和叙事路径对"苏联威胁""日本威胁"和"中国威胁"话语建构进行定性分析，第六章从词语路径对"苏联威胁""日本威胁"和"中国威胁"建构进行定量分析。第三章首先简要对比阐释美国的"自我"与苏联的"他者"，以此解构"苏联威胁"的客观性和必然性，然后详细分析隐喻和叙事在冷战早期对"苏联威胁"的建构作用。第四章首先简要分析冷战盟友叙事与"日本威胁"话语对同一个日本的不同意义阐释，以及"日本奇迹"隐喻在两种话语转换中的作用，从而解构"日本威胁"的客观性和必然性，然后详细分析"日本威胁"话语建构中的隐喻与叙事认知模板，最后以"东芝事件"和"FSX战机事件"为例分析这些隐喻与叙事认知框架在具体案例中的体现。第五章首先简要分析美国对华政策中"鸽派"和"鹰派"对同一个中国的不同意义建构，以及"中国崛起"隐喻在"中国威胁"认知和"崛起国与守成国"叙事模板形成过程的建构作用，然后详细分析"中国威胁论"中的隐喻和叙事认知框架，最后以"更强硬"叙事和"修昔底德陷阱"隐喻为例说明隐喻与叙事在具体事例中的体现。第六章是定量话语分析，首先介绍数据的来源、收集与分析工具，然后分析美国对苏联、日本和中国三大"对手"的关注度，之后使用语料库软件AntConc对"苏联""日本"和"中国"进行了搭配词分析，旨在揭示美国建构三大"对手"的威胁身份维度和主要特征词。

　　最后，本书对话语分析的文本材料选择作出简要说明。第一，文本选择的问题主要取决于研究目的和案例本身的特点。正如汉森所指出的那样，"这些选择有时似乎是由案例自身决定的"。[①] 本书主要关注

---

① L. Hansen, *Security as Practice: Discourse Analysis and the Bosnian War*, p.65.

的是美国精英话语中的"苏联威胁""日本威胁"和"中国威胁",主要文本材料包括政府对外政策官方文件、国会辩论资料、主流媒体文章、学术研究文章和建构该国国家记忆的历史和文化文献。对于具体的文本选择,首要原则是这些文本要能够反映美国威胁话语的谱系或概貌。这就意味着,选择文本的依据是文本在威胁话语谱系中的地位而并非是否为官方正式文本,因为本书关注的焦点为威胁话语本身而非对外政策。这一点在日本案例的文本选材中尤为突出,因为正式的政府对外政策文件并不是表述"日本威胁"的主要渠道,这种威胁话语主要体现在媒体、学术研究和国会辩论的精英话语中。第二,关键文本与一般文本。本书借鉴了汉森关于关键文本与一般文本的区分,并在此基础上进行微调,将关键文本界定为在威胁话语网络中"那些经常被引用"、在整个威胁话语中"起节点作用"的互文性文本,如凯南的"长电报"和"日本威胁论"中查默斯·约翰逊(Chalmers Johnson)的"发展型国家"论述。[①] 本书在解构美国对苏联、日本和中国三大"对手"基本威胁话语建构时以分析这些文本的隐喻和叙事框架为主,这些文本可以通过对大量威胁话语的阅读得以辨认。一般文本是指那些为主导威胁话语提供大量依据支持的一般材料。在论述"苏联威胁""日本威胁"和"中国威胁"基本话语时,这些材料起累积支撑作用。在深度描写具体事例时,这些材料将以反映基本话语的一般文本为主。在隐喻和叙事认知框架中分析中国案例时,有时关键文本似乎不是很明确,笔者还会采用一些能更好反映威胁话语网络"节点"认知框架的一般文本来展示和说明这一框架的存在与建构。一般文本的选择主要基于解构威胁话语,并参考以下三个标准:具有清晰的威胁性"他者"表述,具有比较广泛的阅读和关注度,具有一定的权威性或者代表性。[②] 此外,"苏联威胁""日本威胁"和"中国威胁"话语的定量分析文本主要来源于美国对外政策杂志《外交事务》(*Foreign Affairs*),选择的原因、具体收集标准等在第六章进行详细说明,这里不再赘述。

---

① L. Hansen, *Security as Practice: Discourse Analysis and the Bosnian War*, pp.73-74.
② 这三条标准参考了汉森的提法,并根据研究问题做了一定的改进。

第一章

话语、身份与威胁

危险不是一种客观状态……不是独立于可能成为威胁
之人而存在的事物……危险是话语阐释的结果。[①]

——戴维·坎贝尔

国家的身份都是通过话语阐释表征出来的，因为语言
是一种指涉系统，身份总是通过区分过程和关联过程而被
建构。[②]

——莱娜·汉森

美国哲学家纳尔逊·古德曼（Nelson Goodman）曾言："没有世
界，我们依然可以有语言，但是没有哪个世界离开得了语言或者其他
符号。"[③] 的确，语言在人类社会中的重要价值不论如何强调也不过
分。无论是过去还是现在，无论是政治家还是甘心坐冷板凳的学者，
无论是结构主义者还是后结构主义者，无论是实证主义者还是后实证
主义者，都承认语言的重要性。20世纪特别是20世纪下半叶以来，人

---

① D. Campbell, *Writing Security: United States Foreign Policy and the Politics of Identity*, pp.1-2.

② L. Hansen, *Security as Practice: Discourse Analysis and the Bosnian War*, p.21.

③ Nelson Goodman, *Ways of Worldmaking* (Indianapolis: Hackett Publishing Company, 1978), p.6.

们对于语言是否仅是反映客观世界的媒介产生了重大分歧。在传统实证主义看来，语言是反映客观世界的一面镜子，是"一种命名分类集"，人们主要关注的是"语言的逻辑特征和工具功能"。[1] 因此，语言是透明的，主要体现的是其工具性价值。但是，自20世纪下半叶以来，哲学开启了"语言转向"，语言成为学术界关注的一个焦点。[2] 不同学科的学者越发认识到，"语言是我们生活的社会世界的创造者（creator）"，不应仅将"语言理解为描述客观现实的工具"。[3] 在国际关系学界，"反思主义者""流放者"和"持不同意见者"在"第三次大辩论"中将语言纳入国际安全研究议程。语言或者话语在国际关系中的生产性和建构性价值得到人们越来越多的认识，其中后结构主义国际关系学者是最关心语言的。[4] 本书试图从话语角度解释威胁的生成就是受这种思想的启发和影响，关注的主要问题是话语如何建构了威胁，即话语在威胁建构中所扮演的角色。研究这一问题必然要涉及两个基础性问题：一是话语的建构性问题，即语言建构了人们理解的世界和威胁而非仅仅是对客观世界和所谓客观威胁的一种反映；二是威胁是什么及其与话语建构的基本关系。前者在很大程度上是一个哲学命题而不是一个简单的对错问题或实证问题，后者则建立在这一哲学命题基础上从话语、身份和威胁三者的关系来理解威胁的生成。

本章主要分为三节：第一节主要界定概念，为论述以上两个问题和全书内容扫清障碍；第二节主要借鉴语言哲学思想特别是后结构主义的观点，通过讨论语言的本体性、意义建构、话语与权力的交织关系来论述语言的建构性；第三节主要在总结和借鉴现有后结构主义国际关系研究的基础上指出威胁是话语建构的一种与"自我"对立的"他者"身份关系，而这种身份关系是话语的、关系性的、变化的和不确定的，需要话语不断互文确认。

---

① 费尔迪南·德·索绪尔：《普通语言学教程》，第100页；秦亚青：《建构主义：思想渊源、理论流派与学术理念》，《国际政治研究》2006年第3期，第6页。

② Richard Rorty, *The Linguistic Turn: Recent Essays in Philosophical Method* (Chicago: The University of Chicago Press, 1967).

③ Murray Edelman, "Political Language and Political Reality," p.10.

④ K. M. Fierke, "Links across the Abyss: Language and Logic in International Relations," p.333.

第一节　概念界定：语言、话语与事实

语言视角下的国际关系研究虽然不是国际关系研究的主流，但学派颇多且繁杂。虽然"语言建构主义""哥本哈根学派""后结构主义""社会戏剧理论"等经常进入人们的视野，但也许很多人并未对其有准确的认识。鉴于此，在正式研究之前，需要扫清路障，简要界定和厘清本书所使用的重要概念。

第一，语言与话语。"语言"和"话语"这两个词在国际关系文献中经常出现并交替使用，但不同文献之间有时意思相同，有时差别很大。后结构主义理论更倾向使用话语（discourse），而不是语言（language）。实际上，两者的区别可以追溯到索绪尔的"语言"（langue）和"言语"（parole）的区别。"语言"是不受个人支配的、社团成员共有的语言符号系统，是抽象的和稳定的，而"言语"是个人对语言的具体使用，是具体的、变化的和多样的。[①] 因此，话语一般是指实际使用的语言，包含价值，体现权力关系等，是非中性的。可以从以下三个维度理解本书所使用的"话语"概念：一是话语是语言使用中自然产生的文本，可以是口语也可以是书面语。[②] 二是话语是关于某一客体的理念、观念和分类的集合体，以某种方式界定某一客体，从而限定其他的可能性。[③] 这意味着对于某个物体、事件或人等存在着不同的话语体系，每一个话语体系都在以不同的表述向世界讲着不同的故事。[④] 三是话语也可以指具体某类语言或者话题，如"殖民话语""冷战话语"。[⑤] 本书主要受后结构主义影响，更倾向使用"话语"，如无特殊说明，两种交替使用，但都体现以上提到的三个维度。

---

① 刘润清：《西方语言学流派》，外语教学与研究出版社，2002，第67—68页。

② M. Stubbs, *Text and Corpus Analysis* (Oxford: Blackwell, 1996), p.158.

③ C. Epstein, *The Power of Words in International Relations: Birth of an Anti-Whaling Discourse*, p.2.

④ Vivien Burr, *An Introduction to Social Constructionism* (London: Routledge, 1995), pp.42-52.

⑤ Paul Baker, *Using Corpora in Discourse Analysis* (London: Continuum, 2006), p.3.

第二，语言建构性与物质因素的关系。国际关系研究中有三大主流理论——以华尔兹为代表的新现实主义、以基欧汉为代表的新自由制度主义和以温特为代表的温和建构主义，分别强调物质与权力、制度与进程、身份与文化。作为相对比较边缘的后结构主义国际关系研究，其理论大多借鉴语言哲学等与传统国际政治理论较远的形而上的哲学思想，常常给人一种语言就是一切的错误印象。特别是解构主义大师德里达的"文本之外无他物"（there is nothing outside the text）的观点更是常被人诟病。[①] 实际上，德里达并不是否定客观世界的存在，而是认为人们所理解的事物、事件等客观世界都要通过语言获得意义。笔者认为，后结构主义重视物质在国际关系中的重要性，其程度丝毫不亚于现实主义等理性主义国际关系理论，因为没有客观世界，语言的建构性就无从谈起，客观世界是语言建构的对象。与现实主义不同的是，本书认为，在很多情况下物质因素不足以对威胁的形成作出合理的解释，因为人们对于同一事物的不同理解大多不是对于事实（facts）存在争议，而是基于同样的事实或截取不同的事实侧面来建构不同的意义，赤裸的事实（bare facts）本身并不能说明这种意义是对或错，因为这种意义是语言建构的结果。[②] 主流国际关系研究对于语言建构性有一个常见误解，就是容易将语言建构性和"操纵""宣传""编造"联系起来。尽管在某种程度上可以将那种通过使用话语故意隐瞒、删改或纯粹编造来操纵人们认知的做法看作语言建构性的一种极端情况，但是本书所讲的语言建构性是一种普遍意义上的建构性，话语建构了世界的意义、人与国家的价值和身份。例如，在本书关于"日本威胁"的案例研究中，美国国内的"传统派"和"修正派"基于同一个日本，认真表达了各自的真实看法，都认为自己在为美国国家利益发声，但他们却建构了两个完全不同的日本，即"盟友"和"威胁"。

---

① Jacques Derrida, *Of Grammatology*, trans. Gayatri Spivak (Baltimore: The Johns Hopkins University Press, 1997), p.163.

② 关于这一点已有学者论述，可参见：Erik Ringmar, "Inter-Textual Relations: The Quarrel over the Iraq as a Conflict between Narrative Types," *Cooperation and Conflict* 41, no. 4 (2006): 403-421; David Campbell, "MetaBosnia: Narratives of the Bosnian War," *Review of International Studies* 24, no. 2 (1998): 261-281。

　　第三，各种类型的"事实"。美国政治学家默里·埃德尔曼（Murray Edelman）曾指出："如果不存在意义分歧，那它就不是个政治问题。"[1] 无论是在国内政治还是在国际政治中，各方经常因为"事实"产生分歧，都认为自己代表着事实。因此，厘清本书谈论的"事实"的具体含义是非常有必要的。首先，区分"事实"和"现实"。这两个词大体分别对应英文的 fact 和 reality。本书认为，"事实"是指客观存在的事物，不依赖人的认知或心智便可以存在，可以是客观的世界，如日月星辰，或是社会性事实，如2016年美国对华贸易逆差是3470亿美元。"现实"则是"社会建构出来的"，通常通过语言将客观世界以"表征"的形式表现出来，实际上赋予了"事实"社会意义。[2] 比如，在本书"日本威胁"的案例中，彼得·德鲁克（Peter Drucker）称日本实行"敌对贸易"造成美日巨额贸易逆差。当然，这种"现实"也可能完全是通过话语想象出来的。其次，区分"社会事实"与"制度事实"。"社会事实"是由埃米尔·涂尔干（Emile Durkheim）从社会学角度提出的概念，指"任何行为方式，无论是固定的还是非固定的，只要能够从外部对个体施加约束"就是不依赖于个体表现而存在的社会事实。[3] "制度事实"是塞尔从语言哲学角度提出的。他区分了"原始事实"（brute facts）和"制度事实"（institutional facts），认为前者可以独立于主体存在，后者的存在依赖于人们一致同意，即依赖于语言建构。[4] 涂尔干的"社会事实"和塞尔的"制度事实"角度不同，内涵和外延不尽相同，而且在跨学科借用中似乎有外延扩展的趋势。鉴于此，为了方便使用，本书只区分两种事实：一种是纯客观的事实，主要指客观物理世界；另一种是与话语有关的社会事实。前者可以通过人们的实践活动特别是话语实践进入社会世界，成为社会事实的一部分。

---

　　[1]　Murray Edelman, "Political Language and Political Reality," p.12.

　　[2]　Peter Berger and Thomas Luckmann, *The Social Construction of Reality: A Treatise in the Sociology of Knowledge* (New York: Penguin Books, 1991), p.13; 王明珂：《反思史学与史学反思：文本与表征分析》，上海人民出版社，2016，第25—29页。

　　[3]　Emile Durkheim, *The Rules of Sociological Method and Selected Texts on Sociology and Its Method*, trans. W. Halls (London: The Macmillan Press, 1982), p.59.

　　[4]　John Searle, *The Construction of Social Reality* (New York: The Free Press, 1995).

第四，何谓"后结构主义"。本书的主要理论基础源于后结构主义。后结构主义是相对于结构主义而言的。所谓"后"，是指打破追求永恒、非历史以及一般性的研究，反对宣称中立、客观、真理等理性主义研究范式。[①] 因此，后结构主义并不是一个单一、有共同范式的学派，而是一个比较松散、研究议程众多、不追求统一研究范式的某类研究的总称。在国际关系领域，后结构主义研究可以追溯到国际关系理论"第三次大辩论"，在德里安、夏皮罗、阿什利、沃尔克、坎贝尔、米利肯、爱泼斯坦、汉森等众多学者的努力下，其影响力日盛。后结构主义国际关系理论以语言的本体地位为出发点，围绕话语、身份和外交政策的建构展开。索绪尔、维特根斯坦、德里达、福柯、布迪厄、克里斯蒂娃等人的思想构成了后结构主义国际关系研究的哲学基础。

第二节　语言的建构性

一、语言的本体意义

实证主义者认为语言只是"一种透明的工具，用作记录数据的媒介"，而后结构主义者则认为语言在社会世界的意义建构中具有完全的本体意义。[②] 后结构主义者虽然承认在话语之外存在一个客观的世界，但认为问题不是这个物质世界是否存在，而是这个世界如何对人们有意义。离开语言，世界的存在几乎无法想象，因为语言赋予社会和自然以现实意义，个人、社会和国家通过话语才能理解自身存在的方式和自己周围的世界。[③] 除语言表象（linguistic representation）之外，根

---

① C. Epstein, "Constructivism or the Return of Universals in International Relations: Why Returning to Language Is Vital to Prolonging the Owl's Flight," *European Journal of International Relations* 19, no. 3 (2013): 507.

② L. Hansen, *Security as Practice: Discourse Analysis and the Bosnian War*, p.16.

③ C. Epstein, *The Power of Words in International Relations: Birth of an Anti-Whaling Discourse*, pp.8-22; D. Campbell, *Writing Security: United States Foreign Policy and the Politics of Identity*, p.6.

本不存在纯粹客观或真实的意义。^①本书从以下三个方面认识语言的本体地位。

第一，语言任意性与语言本体地位。语言具有本体意义的前提是语言必须是一个独立的系统，否则无从谈起本体性。从20世纪初开始出现的语言观转变对语言本体地位的认知起到很大作用，特别是索绪尔的语言思想。^②在20世纪以前，"镜式语言观"占据主导地位。"镜式语言观"将语言看作反映客观现实的镜子，维特根斯坦在其早期著作《逻辑哲学论》中提出的图像论是这种观点的典型代表。^③索绪尔颠覆了这种"镜式语言观"。在他看来，语言不被看作人们理解现实的助手，与此相反，他认为人们对现实世界的理解基本依赖于人们在社会中所使用的言语符号，人类的存在不过是一种语言表达出来的存在。^④因此，语言已经具有了哲学意义上的本体地位。^⑤索绪尔否认语言与现实世界存在"自然指涉"关系的观点，认为语言符号具有任意性，能指与所指不存在内在联系。^⑥语言是一个系统，语言符号的价值（意义）依赖于系统内同时存在的其他符号，即一个符号的价值（意义）取决于与其他符号的关系（relationship）和区别（differences），一个符号的价值可以只因周围符号的变化而改变。^⑦这种将语言视为指称系统（system of signification），"含义存在于差异关系之中"的观点成为后结构主义研究的起点，也成为后来国际关系研究中话语流派

---

① M. J. Shapiro, *Language and Political Understanding: The Politics of Discursive Practices* (New Haven: Yale University Press, 1981), p.281.

② 需要指出的是，索绪尔通常被认为是结构主义语言学创始人，但他关于能指与所指任意性的论断实际上为语言的本体性提供了一个前提，之后的后结构主义对结构主义的批判都是在此基础上进行的。可参见：秦亚青《建构主义：思想渊源、理论流派与学术理念》；孙吉胜《语言、意义与国际政治——伊拉克战争解析》。

③ 路德维希·维特根斯坦：《逻辑哲学论》，贺绍甲译，商务印书馆，1996。

④ R. Harris and T. J. Taylor, *Landmarks in Linguistic Thought* (London: Routledge, 1997), p.177.

⑤ 刘艳茹：《索绪尔与现代西方哲学的语言转向》，《外语学刊》2007年第4期，第19页。

⑥ 韩震、董立河：《论西方历史哲学的"语言学转向"》，《北京大学学报（哲学社会科学版）》2005年5月期，第50页；F. de Saussure, *Course in General Linguistics*, trans. Roy Harris (Beijing: Foreign Language Teaching and Research Press, 2001), p.67.

⑦ F. de Saussure, *Course in General Linguistics*, pp.113, 116, 118.

（discursive approaches）的基础。①

第二，维特根斯坦的后期著作《哲学研究》也是后结构主义语言本体论思想的重要源泉。② 与其早期图像理论不同，《哲学研究》从日常言语出发，认为"语言首先是一种活动"，"意义即使用"，语言与"那些和语言编织在一起的活动"共同构成了"语言游戏"。③ 在语言游戏中，结构意义与互动依赖于其他参与者共同遵守的规则，语言不再只是描述一种现实的标签，而是存在多种可能性。因此，这些游戏的语言应该成为研究的"分析对象"（object of analysis），语言具有了建构世界的本体作用。④

第三，语言的行事性（performative）。以奥斯汀和塞尔为代表的言语行为理论也对语言的本体性提供了支撑。奥斯汀将语言分为三类，即以言指事、以言行事和以言取效。其中，以言行事是经常被国际关系理论学者借用的，指语言并不仅仅是纯粹的话语行为，而是一种具有行事功能的行动，其核心理念是"说话即做事"。⑤ 塞尔继承和进一步发展了奥斯汀的言语行为理论，将以言行事分为五类，即断言性行为、指令性行为、承诺性行为、表达性行为和宣告性行为，并将以言行事运用到对社会事实的建构中。⑥ 这些论断成为早期语言建构主义代表人物尼古拉斯·奥努夫（Nicholas Onuf）和弗里德里希·克拉托奇维尔（Friedrich Kratochwil）等人将语言切入国际关系研究的突破点。

---

① 刘永涛：《语言与国际关系：拓展政治分析的新视角》，第48页；J. Milliken, "The Study of Discourse in International Relations: A Critique of Research and Methods," p.231.

② 刘辉：《索绪尔与后期维特根斯坦：继承与超越》，《外语学刊》2009年第3期，第23—26页。

③ 陈嘉映：《语言哲学》，北京大学出版社，2003，第185页；路德维希·维特根斯坦：《哲学研究》，第7页。

④ K. M. Fierke, "Links across the Abyss: Language and Logic in International Relations," p. 341; K. M. Fierke and Knud Erik Jorgensen, "Introduction," in Karin M. Fierke and Knud Erik Jorgensen, eds., *Constructing International Relations: The Next Generation* (New York: Routledge, 2001), p.7.

⑤ J. L. Austin, *How to Do Things with Words*, p.12; John Searle, *Speech Acts: An Essay in the Philosophy of Language*.

⑥ 赵洋：《约翰·塞尔与国际关系理论的语言学转向》，《国际论坛》2013年第1期，第43—48页。

二、语言与意义建构

1966年，解构主义大师德里达在美国约翰斯·霍普金斯大学国际研讨会上所作的《人文科学话语中的结构、符号和游戏》（*Structure, Sign and Play in the Discourses of the Human Sciences*）报告触发了后结构主义国际关系研究。[①] 后结构主义研究继承了索绪尔关于语言在建构世界的意义过程中能指与所指之间是任意的、不存在必然联系的观点，同时更加强调语言建构意义是一个动态的过程，总是处于能指与所指之间的不断变化之中，意义是关系性的，具有不确定性。[②] 这是因为后结构主义眼中的结构与结构主义不同，它是开放的、动态的、充满不确定的（undecidability）。[③] 同时，后结构主义认为，意义通过符号对比和比较而产生，特别是二元对立（binary oppositions）方式，如口语与书面，善与恶，在场（present）与不在场（absence）。[④] 不过，在这种对立中，两者并不是和平共存（peaceful coexistence）的，而是存在一个暴力等级秩序（violent hierarchy）；[⑤] 理性（逻各斯）是好的，处于优势地位，另一个则是低劣的，处于从属地位。[⑥]

互文性是后结构主义关于语言建构意义的又一重要概念，在后结构主义的国际研究中受到重视。[⑦] 互文性由克里斯蒂娃提出，她认为

---

① C. Epstein, "Constructivism or the Return of Universals in International Relations: Why Returning to Language Is Vital to Prolonging the Owl's Flight," p.507.

② D. Gregory, "Forward," in James Der Derian and Michael J. Shapiro, eds., *International/Intertextual Relations: Postmodern Readings of World Politics,* p.xvi; C. Epstein, *The Power of Words in International Relations: Birth of an Anti-Whaling Discourse,* pp.6-8.

③ Christopher Norris, "Introduction: Derrida's Positions, Thirty Years On," in Jacques Derrida, *Positions,* trans. Alan Bass (London: Continuum, 2002), p.xxix.

④ J. Derrida, *Writing and Difference*; Jenny Edkins, *Poststructuralism and International Relations: Bring the Political Back In* (Boulder: Lynne Rienner Publishers, 1999), pp.66-69.

⑤ Jacques Derrida, *Positions,* trans. Alan Bass (London: Continuum, 2002), p.41.

⑥ J. D. Culler, *On Deconstruction: Theory and Criticism after Structuralism* (Ithaca: Cornell University Press, 2007), p.93.

⑦ 可参见：James Der Derian and Michael J. Shapiro, eds., *International/Intertextual Relations: Postmodern Readings of World Politics*。该书分别使用intertext（互文）、intertextual（互文的）和intertuality（互文性），主要运用历史谱系的方法回顾历史，解构意义的确定性。

每个文本从最初就处在其他话语管辖（jurisdiction）之下，其他话语强加给它一个世界。[1] 所以，构成这些基本话语的文本的意义从来不是文本自身给定的，而是通过其他文本理解和阐释而产生的，这个意义生成的过程被称作"互文性"。[2] 没有文本不存在先前文本的痕迹，一个文本既是过去的，又将过去建构在一个新的独一无二的文本中。[3] 但是，各个文本建构自身权威的方式不同：政治家通过他们驾驭权力的能力建构权威，调查性新闻通过揭露重要政治事实建构权威，非小说文学通过历史和事实知识建构权威。互文性可以分为两类：一类是明示的，如引用、引证；另一类是暗示的（implicit），如二手来源、观念，甚至时髦话。[4] 互文性可以让人们更好理解语言是如何在文本间建构意义以及意义是如何被阐释出来的。

三、话语、权力与"真理统治"

大多数后结构主义国际研究学者基本接受福柯和布迪厄关于话语（知识）与权力的看法。福柯主要运用知识考古学（archaeology of knowledge）和谱系学（genealogy）的研究方法，颠覆近现代哲学对于"一些先验的、超历史的人的观念"假定以及意义的确定性，通过对知识演化历史过程的梳理，展现在场历史（history of the present）中知识的谱系，从而揭示权力与知识的互构关系。[5] 福柯认为，权力是一种遍及整个社会机体的"关系性力量"（relational force），造就了现实，造

---

① Julia Kristeva, *La Révolution du Langage Poétique* (Paris: Seuil, 1974), pp.388-389, quoted in Jonathan Culler, *The Pursuit of Signs: Semiotics, Literature, Deconstruction* (London: Routledge, 2001), p.116.

② L. Hansen, *Security as Practice: Discourse Analysis and the Bosnian War*, p.49.

③ Ibid., p.50.

④ Ibid., p.51.

⑤ 王逢振：《米歇尔·福柯——基本观点述评》，《外国文学》1991年第5期，第67页；陈嘉明：《现代性与后现代性十五讲》，北京大学出版社，2006，第187页；Michel Foucault, *Language, Counter-Memory, Practice: Selected Essays and Interviews*, trans. Donald Bouchard (Ithaca: Cornell University Press, 1977); Hubert Dreyfus and Paul Rabinow, *Foucault: Beyond Structuralism and Hermeneutics* (2nd ed.) (Chicago: The University of Chicago Press, 1983)。

就了知识；同时，知识和权力互相包含（imply）。① 如果没有某一领域知识的相关建构，就不会存在权力关系；同时，任何知识都以权力关系为前提，并构成权力关系。② 不过，权力和知识之间的互构不是直接进行的，而是通过话语实现的，权力不过是"透过话语而运作的某种东西"③，话语则成为承载"特定知识价值和历史实践功能"的"实践"。④ 因此，福柯高度重视话语，提出了话语实践的理论。⑤ 语言的记述不是超验的、超历史的，具体话语实践（specificity of a discursive practice）将相关权力关系连接起来，因而在话语形成（discursive formation）过程中，谁在说、谁有资格这样说是人们最先关心的问题。⑥ 例如，福柯通过对中世纪以来人们如何看待疯人的考察，发现"疯人不是病人"，疯癫只不过是医生等用理性话语实践编织出来的。⑦可见，话语权至关重要，"谁控制了话语，谁就控制了社会"。⑧

布迪厄是另一位有关话语与权力关系思想的大师。他反对忽视生产和接受文本的社会历史条件的研究，因为正是在一定社会历史权力关系条件下，某种话语才成为支配和合法（dominant and legitimate）语言，而其他话语则被清除或边缘化。⑨ 话语是"象征性暴力符号"，体现着"更深层次的经济权力关系"，人们应该研究词语在社会事实建构

---

① Michael Karlberg, "The Power of Discourse and the Discourse of Power: Pursuing Peace through Discourse Intervention," *International Journal of Peace Studies* 10, no. 1 (2005): 4; Michel Foucault, *Discipline and Punish: The Birth of Prison*, trans. Alan Sheridan (New York: Vintage Books, 1977), pp.27, 194.

② Michel Foucault, *Discipline and Punish: The Birth of Prison*, p.27.

③ 陈嘉明：《现代性与后现代性十五讲》，第202页。

④ 陈晓明、杨鹏：《结构主义与后结构主义在中国》，首都师范大学出版社，2002，第155页；Michel Foucault, *The Archaeology of Knowledge and the Discourse on Language*, p.49。

⑤ Dreyfus and Paul Rabinow, *Michel Foucault: Beyond Structuralism and Hermeneutics*, pp.44-78.

⑥ Michel Foucault, *The Archaeology of Knowledge and the Discourse on Language*, pp.50, 55, 113.

⑦ 米歇尔·福柯：《疯癫与文明：理性时代的疯癫史（第2版）》，刘北成、杨远婴译，生活·读书·新知三联书店，2003，第67页。

⑧ 刘永涛：《语言与国际关系：拓展政治分析的新视角》，第48页。

⑨ J. B. Thompson, "Editor's Introduction," in Pierre Bourdieu, *Language and Symbolic Power*, trans. Gino Raymond and Matthew Adamson (Cambridge: Polity Press, 1991), p.5.

中扮演的角色。① "符号权力"（symbolic power）就是使用话语做事的权力，是一种神圣化（consecration）和天启（revelation）的权力，神圣化或天启已经存在的事物的权力。② 举例来说，在某种问题和危机中，符号权力就是那种"钦定事实（speak the truth）、界定原因和确定补救办法的权威（authority）"。③ 布迪厄认为，符号权力是一种建构事实的权力，具有不可化约的真实政治功能，当权者通过语言分类，如对某种语言用法分为标准的和非标准的、好的和粗俗的，实现其社会制度化的符号权力。④ 语言、知识和权力交织在一起，相互建构了社会世界。

因此，话语为人们理解生活的社会世界提供了一种背景能力，具有生产性，将行为体与其他事物区别和联系起来。但是，这种建构世界的过程不是客观的，因为它在建构某种"真理统治"的过程中实际上排除了其他可能的身份和行动。⑤ 这主要表现在三个方面：一是谁在说，即谁有权说话，并赋予某些群体的权威性。在话语（文本）体系中，每个人并不是平等的。话语有选择性地将某些群体塑造为特权讲话者（privileged storyteller）。二是话语说什么，不说什么，从而建构出某种主客体关系，同时将其他议题限定在话语体系之外。三是话语创造了人们的常识，通过建立一种符合逻辑的、有正当理由的统治关系将人们的行动限定在给定的路线之内。事实上，人们的常识不过是一种"霸权表达"（hegemonic articulation）。⑥ 例如，在国际关系领域，"无政府状态""权力"和"安全困境"等不过是现实主义理论创造出来的"常识"。

---

① 赵杰、刘永兵：《语言·社会·权力：论布迪厄的语言社会观》，《外语学刊》2013年第1期，第3页；Pierre Bourdieu, *Language and Symbolic Power*, trans. Gino Raymond and Matthew Adamson (Cambridge: Polity Press, 1991), p.105。

② Pierre Bourdieu, "Social Space and Symbolic Power," *Sociological Theory* 7, no. 1(1989): 23.

③ M. Senn and Christoph Elhardt, "Bourdieu and the Bomb: Power, Language, and the Doxic Battle over the Value of Nuclear Weapons," *European Journal of International Relations* 20, no. 2 (2014): 320.

④ Pierre Bourdieu, *Language and Symbolic Power*, pp.43-65.

⑤ J. Milliken, "The Study of Discourse in International Relations: A Critique of Research and Methods," pp.229, 236.

⑥ C. Epstein, *The Power of Words in International Relations: Birth of an Anti-Whaling Discourse*, p.9.

第三节 话语、身份与威胁

上节简要论述了语言的建构性，但是这种语言建构性是如何切入国际关系安全研究的分析框架的呢？就后结构主义国际关系研究而言，虽然研究内容庞杂，但是大部分研究并不是直接论述话语对国际关系或对外政策的建构，而是借用了"身份"这个概念。整体而言，这些研究都是围绕话语、身份与对外政策三者关系展开的，其基本逻辑是：话语通过表象（representations）①建构身份，身份为对外政策提供了合法性；反之，对外政策的制定生成或再造了某种身份。话语是整个逻辑的基石，因为身份与对外政策都统一在话语中；身份是整个论证的中心环节，既可以是解释变量，也可以是被解释变量；②对外政策既可以是身份的后果，也可以是话语建构身份的意义来源。在这些研究中，安全问题由现实主义的权力和利益问题转变为话语建构的身份问题，即一个国家是否成为另外一个国家的敌人，并不仅仅因为它是否拥有毁灭对方的物质力量，还因为话语是否将其阐释为与"自我"相对立的"他者"。换句话说，话语建构的身份成为人们理解"威胁"的关键枢纽。笔者将分三部分论述这个问题：首先简要回顾国际关系研究中身份概念的嬗变，然后着重讨论后结构主义视角下话语与身份的建构关系，最后从后结构主义的身份含义中解析出威胁概念，即话语建构身份过程中那个与"自我"对立的"他者"。

---

① 关于 representations，这里主要借用国内学者孙吉胜的译法，但也有译作"表征"的，尤其是在历史学和语言学研究中。

② 后结构主义反对逻辑实证主义，否认因果联系。但不可否认的是，通过身份研究国际关系是存在自变量和因变量两种取向的。这里，解释变量是指某种身份如何导致了政策变化，被解释变量是指话语如何塑造了某种身份。

一、身份与国际关系研究

"身份"是一个兴起于西方，并被很多学科普遍使用的跨学科概念，正如一位学者曾指出的那样，自20世纪80年代以来，在社会科学和文化研究等领域发表的学术著作和文章"几乎没有不提及这个术语的"。[①] 不过，身份概念的历史并不是很长，现代意义上的"身份"概念即使对于几百年前的欧洲人来说也"无法理解"（incomprehensible）。[②] 据研究，"身份"一词最早的记录出现在1570年，主要指品质或状态在本质上"同样"（sameness）或"同一"（oneness）。身份被看作一个一元的（unified）、内生的（internal）现象，是一种自我投射（project of the self）。[③] 后来，人们认识到"自我"总是存在于一定的社会环境中，离开"他者"就无从谈起"自我"，于是开始将身份理解为社会的产物，集体身份（collective identities）成为身份研究的主要关注对象，以亨利·泰弗尔（Henri Tajfel）和约翰·特纳（John Turner）等人的社会身份理论（social identity theory）为代表。[④] 与自我投射观点不同，身份被理解为是在一定社会背景下行为体在参与活动时通过区分过程（process of difference）而建构出来的，个体可能具有多重社会身份。

就国际关系研究而言，身份被长期排除在主要研究议程之外，因为对于现实主义者来说，身份"最多不过是权力分配的衍生物"，而对于其他理性主义者来说，身份和其他资源无异，都是通过战略性使

[①] Richard Mole, "Discursive Identities/Identity Discourses and Political Power," in Richard C. M. Mole, ed., *Discursive Constructions of Identity in European Politics* (New York: Palgrave Macmillan, 2007), p.2.

[②] Charles Taylor, *Sources of the Self: The Making of the Modern Identity* (Cambridge: Harvard University Press, 1989), p.28.

[③] Bethan Benwell and Elizabeth Stokoe, *Discourse and Identity* (Edinburgh: Edinburgh University Press, 2006), p.18.

[④] 关于社会身份理论可参见：Henri Tajfel, *Social Identity and Intergroup Relations* (Cambridge: Cambridge University Press, 1982); H. Tajfel and J. C. Turner, "*The Social Identity Theory of Intergroup Behaviour*," in S. Worchel and W. G. Austin, eds., *Psychology of Intergroup Relations* (Chicago: Nelson-Hall, 1986), pp.7-24。

用来增进自身利益。① 但是，随着20世纪80年代末反思主义者对于理性主义的批评和冷战的结束，身份被正式引入国际关系议程，特别是温特的建构主义将身份引入国际关系研究的中心舞台，使身份与权力、制度并列成为解释国际关系现象的核心概念。温特的社会建构理论主要借鉴了上文提到的社会身份理论，即认为行为体在与其所在环境的互动中形成身份，身份决定利益。温特区分了四种身份，即个人或团体身份、类属身份、角色身份和集体身份。个人或团体身份是其他身份的基础，具有"自生的"特点，对于"他者"来说是外生性的，即身体本身就存在了，并不意味着需要"他者"建构成自身的身份。类属身份是指政权类型，如资本主义、共产主义等。温特认为，这种身份可以通过互动产生，但是这些对于国家体系来说都是外生的，不依赖于其他国家存在而存在，如一个国家自身就可以是暴政国家。角色身份依赖于"自我"和"他者"之间的关系，如"敌人"和"朋友"都表达了某种角色身份。集体身份则最终指向"认同"（identification），而在这一过程中"自我"和"他者"的界限逐渐消失，成为同一种身份。② 总体而言，温特的国际政治身份理论一直在本质（内生的）与非本质（外生的）、体系与单元、个体与集体的二元对立中寻求平衡，实际上是将社会身份互动理论与早期的身份观杂糅起来。他既认为存在一个"前社会的"（pre-social）本质主义身份作为一切身份的基础，又试图容纳"自我"和"他者"的依赖关系；既认为国家互动对体系单元的身份有建构作用，又提出符合体系理论要求的单元概念；既从个体主义角度论述国家身份，又从整体上论述国家集体身份。这种体系理论建构常常面临两难境地：单元是给定的、同质的，需要从外部评价之，但与此同时还要打开单元论述体系对于单元的建构作用。换句话说，他既想看到体系中给定的单元，又想看到这些给定是如何被系

---

① Peter Katzenstein, "Introduction: Alternative Perspectives on National Security," in Peter Katzenstein, ed., *The Culture of National Security: Norms and Identity in World Politics* (New York: Columbia University Press, 1996), p.17.

② Alexander Wendt, *Social Theory of International Politics*, pp.224-229.

统造就的。① 为此，他提出了"本质国家"（essential state）的概念试图平衡这种建构性要求和体系理论要求。这样既可以有一个内生的、不依赖于"他者"的、"有着物质基础的"（material base）"前社会"身份，也可以存在"自我"与"他者"互动产生的身份。② 然而，温特的身份概念最终都会还原到本质主义，其关于"本质国家"概念的建构是通过"身体"（human body）隐喻类比获得理解的。但是，这种"自我和身体之间的内在性"越来越受到以雅克·拉康（Jacques Lacan）为代表的精神分析理论、以朱迪斯·巴特勒（Judith Butler）为代表的女性主义和以爱德华·萨义德（Edward Said）为代表的后殖民主义理论的冲击，其身份理论建构的基础被动摇，身份越来越被看作"不过是一种想象建构"，人们会越发避免自己被扣上"本质主义"的帽子。③

这种非本质主义的身份观点与后结构主义国际关系研究的身份观点基本是一致的。事实上，在20世纪80年代末后结构主义者以"反思主义者"出现时，"身份"已经成为其研究议程的核心概念。④ 例如，威廉·康诺利（William Connolly）在1989年就使用身份和互文概念分析全球政治现象。⑤ 这种后结构主义国际关系身份研究的代表作有德里安和夏皮罗主编的论文集《国际（文本）关系》、阿什利和沃尔克在《国际研究季刊》编辑的特刊《讲放逐者之语：国际研究中的异见》、坎贝尔的《塑造安全：美国对外政策与身份政治》和汉森的《作为实践的

① Charlotte Epstein, "Who Speaks? Discourse, the Subject and the Study of Identity in International Politics," *European Journal of International Relations* 17, no. 2 (2011): 331.

② Alexander Wendt, *Social Theory of International Politics*, pp.198, 225.

③ Charlotte Epstein, "Who Speaks? Discourse, the Subject and the Study of Identity in International Politics," pp.332-334; Richard Ned Lebow, "Identity and International Relations," *International Relations* 22, no. 4 (2008): 474; Jacques Lacan, *Écrits: A Selection* (London: Tavistock, 1997); Judith Butler, *Gender Trouble: Feminism and the Subversion of Identity* (New York: Routledge, 1990); Edward Said, *Orientalism* (London: Penguin, 1977).

④ 后结构主义者很早就使用"身份"这个概念讨论国际关系问题，如阿什利在1984年批评新现实主义者时就曾使用。可参见：Richard Ashley, "The Poverty of Neorealism," *International Organization* 38, no. 2 (1984): 225-286。

⑤ William Connolly, "*Identity and Difference in Global Politics*," in James Der Derian and Michael J. Shapiro, eds., *International/Intertextual Relations: Postmodern Readings of World Politics*, pp. 323-341.

安全：话语分析与波斯尼亚战争》等。[①] 笔者将在下一部分详细讨论后结构主义关于话语与身份的建构关系。

二、话语与身份

话语与身份的关系是后结构主义国际关系理论建构的核心关系。

第一，后结构主义国家关系研究坚持语言本体，身份是话语建构出来的，因此身份是话语的而非本质的，这是它与理性主义最重要的区别。在它看来，所有意义都只存在于语言等符号系统中的表象之内，而非自我之内。[②] 话语造就了社会主体，社会空间（包括身份）都是话语的，现实永远都是表象，所谓的"自我"不过是一种描述，而非本质的。[③] 需要注意的是，后结构主义并没有否定物质的存在，而认为把物质和意识分割开来是没有意义的，话语的作用是在建构世界的过程中把两者融为一体，这样事物也就被赋予了身份。语言对身份的建构作用体现在话语的正反对比，也就是说，事物通过关联（linking）和区分（differentiation）这两个同时进行的过程使行为体获得身份。例如，美国小布什政府在"9·11"事件后，将恐怖主义分子描述成邪恶、残暴和威胁，从而把美国建构成捍卫正义、人权和安全的化身，以此身份为基础推动自己的反恐议程。[④]

第二，话语建构的身份是关系性的，即"自我"的身份确定是通过"他者"才能获得的。德里达的解构主义从语言符号系统出发，认为意义是通过一系列与其相异的符号获得的而非内生的，因此话语建

①　James Der Derian and Michael J. Shapiro, eds., *International/Intertextual Relations: Postmodern Readings of World Politics*; Richard Ashley and R. B. J. Walker, "Special Issue: Speaking the Language of Exile: Dissidence in International Studies"; D. Campbell, *Writing Security: United States Foreign Policy and the Politics of Identity*; L. Hansen, *Security as Practice: Discourse Analysis and the Bosnian War*.

②　Bethan Benwell and Elizabeth Stokoe, *Discourse and Identity*, p.31.

③　可参见：Judith Butler, *Gender Trouble: Feminism and the Subversion of Identity*; J. Derrida, *Writing and Difference*; Michel Foucault, *The Archaeology of Knowledge and the Discourse on Language*; Ernesto Laclau and Chantal Mouffe, *Hegemony and Socialist Strategy: Towards a Radical Democratic Politics* (New York: Verso, 1985).

④　潘亚玲：《"9·11"后布什政府对"敌人"的建构》，《外交评论》2007年第1期，第94—101页。

构的身份也必须通过这种与"他者"的对比才能获得。在国际关系中，话语在建构国家身份"自我"时须通过创造"他者"来实现。这里，"自我"与"他者"互为存在的前提，不可分离。因此，国际关系被理解为"自我"与"他者"的关系。[1] 在安全领域话语中，一个国家为了建构自己的身份通常需要描述一个与自己迥异的"他者"，如将"他者"描述成"邪恶的""不理智的""丑陋的""低等的"。[2] 这种通过将"自我"和"他者"两者极端化、片面化和对立化塑造身份的方式无论是在历史上还是在当代都非常普遍。亨廷顿的"文明冲突论"是这种将"自我"和"他者"身份对立化和简单化的典型方式——宣称西方文明和非西方文明对立，尤其是将伊斯兰文明和儒家文明建构为西方文明的威胁或挑战。

不过，话语在建构"自我"（self）时的身份，并不总是需要通过塑造完全不同的"他者"（radical otherness）。"自我"的身份可以通过各种不同的"他者"建构，如互补身份、竞争身份、负面身份，甚至没有身份（non-identities）。[3] 例如，欧盟的建构不是通过对立的外部地理意义上的"他者"，而仅是通过一个时间维度上的"他者"，即担心倒退回充满暴力和混乱的过去。[4] 在国家安全政策话语中，非完全对立的"他者"意味着"他者"处于一个身份网络中，而不仅是简单的"我与他"的关系。同时，这里所说的"自我"与"他者"可以是多个的，也可以是多层次的。[5]

第三，话语通过"自我"与"他者"的关系性来建构身份，但是这种关系性的形成依托于语言建构出来的表象。后结构主义认为，语言赋予自然和社会以意义的过程就是表象形成的过程，人们理解的现

---

① Iver B. Neumann, "Self and Other in International Relations," *European Journal of International Relations* 2, no. 2 (1996): 154.

② William Connolly, *Identity/Difference: Democratic Negotiations of Political Paradox* (Ithaca: Cornell University Press, 1991), p.65.

③ Ibid., pp.64-65.

④ O. Waever, "European Security Identities," *Journal of Common Market Studies* 34, no. 1 (1996): 103-132.

⑤ 孙吉胜：《语言、意义与国际政治——伊拉克战争解析》，第114—118页。

实不过是一种"社会语言建构"（sociolinguistic construct），是"事实的表象"（representation of reality），是通过"精神意象"（mental image）之间相互竞争甚至被操控而实现的。[①] 因此，后结构主义的逻辑是语言建构表象，表象通过"自我"与"他者"的关系而形成身份。

最后，需要指出的是，话语建构的身份是动态的和不稳定的。身份的这种不稳定性源自话语的不稳定性。虽然语言具有结构性和稳定性的一面，话语努力将事物的意义固定下来，但是话语和文本天生具有不可定性（undecidability），需要不断表明（articulate）或者再确认其身份。[②] 为了使意义稳定下来，霸权话语通过权力使其他话语失声或者被排除在外。[③] 总之，后结构主义中的身份是话语的、关系性的、变化的（fluid）、不确定的（contingent）、动态的（dynamic）和不断建构中的（constitutive）。

三、威胁是话语建构的对立"他者"

将身份看作话语建构的"自我"与"他者"的关系为人们理解威胁提供了新的视角。威胁问题变成话语建构的身份安全问题，其本质不是他国拥有的物质力量或者他国的行为，而是话语阐释他国时所建构的"自我"与"他者"的关系。[④] 根据"自我"与"他者"的关系，国家间的这种身份关系大体可分为三类：盟友关系、非敌非友关

---

① Janice Bially Mattern, "Why 'Soft Power' Isn't So Soft: Representational Force and the Sociolinguistic Construction of Attraction in World Politics," *Millennium: Journal of International Studies* 33, no. 3 (2005): 585; Pierre Bourdieu, *Language and Symbolic Power*, p.221.

② L. Hansen, *Security as Practice: Discourse Analysis and the Bosnian War*, p.18.

③ Jennifer Milliken, "The Study of Discourse in International Relations: A Critique of Research and Methods," p.230.

④ Roxanna Sjöstedt, "Talking Threats: The Social Construction of National Security in Russia and the United States" (PhD diss., Uppsala University, 2010), pp.21-25; C. Epstein, *The Power of Words in International Relations: Birth of an Anti-Whaling Discourse*, p.177.

系和敌对关系。这三种"他者"具有以下特征[①]：第一，盟友。与"自我"有清楚的归属关系（association），强调两者在文化和历史的相似性，强调双方的团结和伙伴关系，双方之间经常存在一个共同的"他者"，典型的例子是1946年英国前首相丘吉尔在美国富尔顿发表"铁幕演说"，将英美建构为盟友。第二，非敌非友。既强调合作，也强调保持独立，承认分歧与保持建设性关系，采取说服而非威胁手段，典型的例子是日本和韩国的关系。第三，敌人（威胁）。采取明显、极端对立的二分法，非白即黑，如正义与邪恶、优（superiority）与劣（inferiority）、文明与野蛮，典型的例子是16世纪西班牙早期殖民者建构的阿兹特克人（Aztec）。[②]

因此，所谓的"威胁"其实就是国家身份关系中一种对立的"他者"。正如坎贝尔所指出的，"危险不是一种客观状态"，"不是独立于可能成为威胁之人而存在的事物"，"是话语阐释的结果"。[③]换句话说，行为体身份的获得是通过话语在关联和区分建构中实现的，即"自我"与"他者"，而这种身份差异恰恰是安全问题的根源。国家作为一种自我叙事建构起来的"想象共同体"，为了确认自我存在与本体安全，需要建构出一个对立的"他者"，将"自我"与"他者"的不同（difference）建构成"非理性的、不正常的、废物的、让人恶心的、乖僻的、无能的、无序的、精神错乱的、没有自由的"，即威胁。[④]例如，在冷战期间，美国将苏联描述成"邪恶"和"独裁"来建构自己的"正义"和"民主"身份，而这一身份的定位，注定了两者的对立。不过，这种身份关系中的"他者"是否成为威胁主要取决于话语中"他者"的表象。当话语体系中关于"他者"的异质性阐释越来越多时，与"自我"就

---

① 贾斯廷·吉宾斯（Justin Gibbins）将"他者"分为友好型（friendly）、非极端型（non-radical）和极端型（radical）三类，基本与本书所列的盟友、非敌非友和敌人（威胁）一致。本书所列的"他者"特征主要参考了吉宾斯的说法。可参见：Justin Gibbins, "British Discourse on Europe: Self/Other and National Identities" (PhD diss., University of Birmingham, 2012), p.66。

② 详见：T. Todorov, *The Conquest of America: The Question of the Other* (London: HarperCollins Publishers, 1984)。

③ D. Campbell, *Writing Security: United States Foreign Policy and the Politics of Identity*, pp.1-2.

④ Ibid., p.55.

逐渐对立起来，威胁也就出现了，反之亦然。

需要指出的是，在现实世界中，国与国之间的关系是异常复杂的，两国之间的关系并非简单的盟友关系、非敌非友关系或者敌对关系，这三种关系不过是三种理想模型。首先，这三种身份是话语通过关联和区分建构的，但是国家间的身份关系具有多层次性，如军事、政治、经济等，在不同领域或者同一领域的不同方面，国家间"自我"与"他者"的关系也不尽相同。例如，20世纪80年代中后期，日本在经济方面是美国的威胁，而在军事安全方面双方依旧是应对"苏联威胁"的盟友。

其次，将国家间威胁理解为话语建构的、与"自我"对立的"他者"，可以使人们从传统的、物质的、内生的、静态的威胁定义中解放出来，更加全面地认识威胁问题，并对国际安全提出更加合理的解释。现实主义特别是新现实主义将威胁理解为军事等器物层面的东西，威胁来自其物质本身的危险性。但是，正如温特所指出的，"500枚英国的核武器对于美国的威胁还不如5枚朝鲜核武器"，其问题不在于核武器本身。[①] 事实上，冷战末期，苏联的核武器在性能上可能对美国的威胁并没有降低，但是美国普遍认为苏联的军事威胁下降了。自由主义常将价值观等理念性因素看作威胁，但是价值本身就是人们建构出来的，而且可能存在相互冲突或者多样的叙述。例如，1947年，美国总统杜鲁门在希腊、土耳其危机期间发表国会演讲，将希腊阐释成爱好和平、追求自由民主的国家，而实际上当时的希腊政府既腐败又不民主；二战期间，亨利·卢斯（Henry Luce）等人向美国人描述的中国人具有与美国人相似的价值传统，而不是之前叙事中肮脏落后的"黄祸"。[②] 温特的建构主义将威胁归结为行为体互动的结果，但是这种互动本身就依赖于意义的阐释。例如，中国提出成立亚洲基础设施投资银行（以下简称"亚投行"）既可以被美国理解为中国作为负责任大国提供国际公共产品，也可能被阐释为挑战现有美国霸权金融秩序。

---

① Alexander Wendt, *Social Theory of International Politics*, p.255.

② T. 克里斯托弗·杰斯普森：《美国的中国形象：1931—1949》，姜智芹译，江苏人民出版社，2010。

但是，当人们将威胁理解为话语性的，这些问题就都可以得到合理解释。此外，将威胁理解为话语建构的对立"他者"还可以更好地解释国家间安全关系的变动性和不稳定性。一国是否成为另一国的威胁并不是物质决定的，不是宿命的，而是不稳定的和变动的，需要话语不断声明和确认。例如，菲律宾在阿基诺三世当政时不断炒作"南海问题"话语，似乎中国越来越成为菲律宾的威胁，而杜特尔特执政时不再炒作这一所谓问题并采取务实合作，中国不仅不是威胁还成了朋友。菲律宾官方话语建构的中国"他者"身份话语的变化正是这种变动性和不稳定性的例证。

第二章

话语建构威胁的主要路径

我们的思考方式、我们所经历的以及我们每天所做的在很大程度上都是一个隐喻问题。[①]

——乔治·莱考夫（George Lakoff）

无论从其行为、实践还是小说来看，人在本质上都是一种讲故事的动物。[②]

——阿拉斯戴尔·麦金太尔（Alasdair MacIntyre）

上一章中，笔者主要从后结构主义哲学思想层面论述了语言的建构性和话语与威胁的建构关系。笔者认为，语言具有独立的本体意义，不仅反映客观世界，而且还赋予客观世界以意义。话语通过对"他者"的阐释建构"自我"的身份，身份通过"自我"和"他者"的界定帮助人们理解世界。这种身份是话语的、关系性的、不确定的，人们所理解的威胁不过是话语建构的"自我"和"他者"身份关系中对立的

[①] George Lakoff and Mark Johnson, *Metaphors We Live By* (Chicago: The University of Chicago Press, 1980), p.3.

[②] Alasdair MacIntyre, *After Virtue: A Study in Moral Theory* (Notre Dame: University of Notre Dame Press, 2007), p.216.

"他者"。因此，话语是人们理解威胁形成的关键因素。那么，接下来要解决的问题是话语如何建构威胁并通过何种机制将"事实"转化为"现实"。

笔者在绪论部分指出，话语视角下的国际关系研究理论很少关注语言建构性的内在机制问题，即话语建构意义和认知的内在机制问题。哥本哈根学派虽然提出安全化是一个言语行为，但是当面对一个问题能否被安全化或如何安全化时，它又向理性主义方向倒退，指向"主体间性"和言语行为者的权威地位，因为其哲学基础言语行为理论认为"说话即做事"。"说话即做事"是个无须证明或分析其内部工作原理的"事实"或哲学判断，其话语分析有以行为体为中心的倾向，即强调行为体的作用和分析话语背后行为体的意图、议程等。后结构主义者特别是汉森的国际关系研究虽然坚持语言本体论，采用以结构为中心的话语分析模式（即分析焦点是话语本身对于世界的建构作用，而不是话语生产者的行为动机与意图），但她在其建构的身份与对外政策理论中主要关注的是话语建构了什么（即话语表象中身份的空间、时间和道义维度是什么），提出了阅读文本的"区分"与"关联"方法论，而很少关注话语赋予意义和身份的内在转换机制或路径。[①]

这种缺失也是理性主义者对后结构主义研究的主要批评之一，因为仅从哲学层面论述语言具有建构性或者仅分析语言表述了什么，都无法让理性主义者信服威胁是建构的而非只是反映出来的结果。对于理性主义者来说，反思主义者的批评"在理论上是无可辩驳的"，但是他们"迟迟提不出假设并对其加以检验"，"没有一套界定清晰的关于行为的假设，或者没有丰富的实证分析"。[②] 按照后结构主义的逻辑，既然威胁是话语建构的，那就意味着虽然被建构对象是常在的（out there），但存在多种理解的可能性，话语可以将其建构成某物，也可以将其建构成另外之物，且两者不能相互证伪。对于很多理性主义者来说，一些后结构主义者经常宣传的建构产物其实是他们所说语言的反

---

① L. Hansen, *Security as Practice: Discourse Analysis and the Bosnian War*, p.37.
② 朱迪斯・戈尔茨坦、罗伯特・基欧汉：《观念与外交政策：信念、制度与政治变迁》，第6页。

映，有"真"与"假"之分。但是，如关于"萨达姆是残暴的、邪恶的"这样的叙事，对于理性主义者来说就是客观现实，与建构无关。要解决这个问题就需要研究语言建构意义和认知的内在生成机制，这也正是解决话语如何建构威胁的关键所在。

那么，如何打开语言建构内在机制的"黑匣子"呢？这是一个涉及多个学科的问题，本书借鉴认知语言学、政治心理学、叙事学、历史学等学科最新研究成果，在此基础上试图提出分析话语建构威胁的三个内在机制或路径：词语的"启动效应"和"累积效应"路径、隐喻认知框架路径、叙事认知框架路径。在人们生活的话语世界中，这三种路径从不同角度观察话语建构意义的过程，并非是完全独立和分离的，而是共同统一在人们的复杂认知活动中。

因此，本章主要分为三节：第一节主要论述词语的"启动效应"和"累积效应"与威胁建构；第二节主要论述隐喻与威胁建构；第三节则论述叙事与威胁建构，最后提出话语建构威胁的分析框架。

第一节 话语建构威胁的词语路径

词语是话语的物质载体与基本单位，威胁的话语建构也离不开一定的词语。[①] 作为表达意义的基本单位，词语至少通过以下两个机制促进威胁性"他者"的形成，即"启动效应"（priming effect）和"累积效应"（incremental effect）。

一、"启动效应"和"累积效应"

词语可以激发情感，改变事件发展的轨迹。[②] 在话语建构中，选

---

① 图像与语言一样，也具有表达功能。但是，在绝大多数情况下，人们对于图像的理解离不开语言和以语言为载体的背景知识。

② Larry Witham, *A City Upon a Hill: How Sermons Changed the Course of American History* (New York: HarperCollins Publishers, 2007), p.1.

择不同的实词，意义大不相同，特别是在褒义词和贬义词的选择上。在现实生活中，人们喜欢或赞许事物时会用褒义词，而对那些憎恶的、反对的事物则常用贬义词。在政治话语中，这种二元对立的倾向更加明显和普遍，特别是在政党政治、群体身份形成和"恐外"等方面。[①] 通过这种褒贬词的强烈对比，强化了"自我"和"他者"的身份差异性。例如，美国将伊朗、朝鲜视为敌人，小布什会称其为"流氓国家"，是"邪恶的"，以此突出美国是"文明的""正义的"。那么，通过使用这些词语能否建构他国的威胁身份呢？或者说，人们对于他国的威胁认知是否很大程度上就是这些词语导致的呢？政治心理学特别是国际形象理论的实验研究表明，词语对国际关系中的国家形象具有"启动效应"，即特定词语与他国共现时就会生成人们所理解的威胁。这是词语建构威胁认知的第一个机制。下面，笔者将简要回顾这些心理实验所表明的词语与威胁生成的关系。

美国国际关系学家理查德·赫尔曼（Richard Herrmann）等提出了国际形象理论，认为存在敌人（enemy）、盟友（ally）、堕落者（degenerate）、帝国主义者（imperialist）和殖民地（colony）等五大理想典型形象。国家形象具有重要的认知功能，类似"图式"（schema）和"刻板形象"的作用，通过一些简单词语就可以"启动"相应的国家形象，即当一些词语与他国国际名称出现时就会生成敌人等形象，并通过一系列心理实验对此进行了验证。[②] 首先，词语选择与"虚构国家"（fictitious country）的威胁形象。1997年，赫尔曼等人做了这样一个有关国家形象的实验：首先将国家形象从动机、能力和决策过程三个方面进行特征界定，然后让受试者阅读一段很短的文字，该文字描述了某个虚构国家上述三方面国家形象中的某个侧面，最后测试受试者能否有效启动该国家形象其他侧面。[③] 例如，文字段落中有关威胁的

---

① Paul Chilton, *Analysing Political Discourse* (New York: Routledge, 2004), pp.202-203.

② Richard K. Herrmann and Michael P. Fischerkeller, "Beyond the Enemy Image and Spiral Model: Cognitive-Strategic Research after the Cold War," *International Organization* 49, no. 3 (1995): 415-450.

③ 在赫尔曼等人的实验中，国家是虚构的国家，主要测试了敌人、盟友、堕落者和殖民地四种形象，参见：Richard K. Herrmann, James F. Voss, Tonya Y. E. Schooeer and Joseph Ciarrochi, "Images in International Relations: An Experimental Test of Cognitive Schemata," pp. 403-433。

典型词语有"独裁者"（dictator）、"极权主义的"（totalitarian）、"铁板一块的"（monolithic）等。实验结果显示，受试者可以很好地从三个方面的某一个描述如动机、能力或决策过程的特征描述推导出其他两个，通过典型特征词可以很好地启动某种国际形象。接着，该实验将描述某国动机、能力和决策过程的上述文字段落同时发给受试者，让他们根据喜好高低打分。敌人、盟友、堕落者和殖民地四种形象的得分具有显著性区别，描述敌人形象的文字段落喜好程度最低，描述盟友形象的文字段落喜好程度最高。该实验至少从侧面表明，在虚构的国家条件下，人们通过使用有关威胁的特征词可以启动威胁形象，通过词语的操纵既可以生成敌人形象，也可以生成盟友形象。

但是，对于真实的国家，词语选择的变化是否具有相似的效果呢？美国心理学家亚瑟·斯塔茨（Arthur W. Staats）等在研究经典反射条件下态度变化时将六个国家的人（德国人、瑞典人、意大利人、法国人、荷兰人和希腊人）与正面（或负面）词语以视觉形式传达给受试者，结果发现受试者对这些国家的人的评价与施加刺激的词语褒贬高度一致。[①] 例如，实验将荷兰人与"漂亮"（pretty）同时出现，受试者会对荷兰人产生正面评价；接着，将荷兰人分别与"可爱的"（sweet）和"健康的"（healthy）同时出现，受试者对于荷兰人的正面评价会进一步增强。这个实验表明，具有社会意义的言语刺激可以影响人们的态度，即某个个体经常接触关于某个国家的正面或负面词语，其对该国的态度也会随之变化。[②]

上述实验基本都是在一种显性、有意识的方式下进行，但在现实生活中，人们对某国是威胁或友好的态度很可能都是在阅读各种信息时于潜意识中形成的。那么，在"阈下启动"（subliminal prime）[③] 条件下，词语启动威胁形象是否有效呢？纽约社会研究新学院的研究人员

---

① Arthur W. Staats and Carolyn K. Staats, "Attitudes Established by Classical Conditioning," *Journal of Abnormal and Social Psychology* 57, no. 1 (1958): 37–40.

② Ibid., pp.39-40.

③ "阈下启动"指个体没有意识到呈现的刺激，却影响到随后对相关刺激加工的现象，即人对一个词最近的加工经验可以在该词下次出现时促进对其加工。参见：王沛、鲁春晓《阈下启动的心理机制初探》，《心理科学》2005年第6期，第1344—1346、1357页。

伊曼纽尔·卡斯坦欧（Emanuele Castano）等的实验研究表明，在"阈下启动"条件下，词语依然可以有效启动威胁等其他类型国家形象。[①]在卡斯坦欧的实验中，受试者在前导性实验中被告知在电脑上为词语分类。实际上，这就是在没有告知受试者的前提下在任务中嵌入关于国家权力的阈下联想启动活动。前导性实验研究表明，将"阿根廷"与"有能力的"（able）、"强大的"（powerful）等词以潜意识（仅40毫秒）方式配对出现会提升受试者对阿根廷国家权力的评估，反之与"虚弱的"（weak）、"无能的"（powerless）等词语配对会降低对该国权力的评估。相比之下，作为对照组的巴西和智利没有这种外溢影响。接着，卡斯坦欧等人进一步研究了"阈下启动"条件下与国家形象中权力、目标、地位等相关的形容词是否生成相应的国家形象。实验发现，将"阿根廷"与"强壮的"（strong）、"文明的"（civilized）、"受益"（benefit）等词语配对会增加受试者对于诸如"阿根廷重视以合作方式解决问题并努力避免冲突"看法的支持，即对于盟友形象的支持；而将"阿根廷"与"强壮的""文明的"和"损失"（loss）等词语配对会增加受试者对于"阿根廷的目标是以自我为中心的，对他者有害"看法的支持，即对于敌人的威胁形象的支持。

这种表明词语"启动效应"与国家形象形成的研究还有很多。这些研究得出的结论和上面的实验结果基本一致，即通过操纵与某些形象相关的词语可以将他国建构成敌人或盟友等。[②]换句话说，在话语中，某行为体与威胁形象特征词共同出现时，敌人或威胁的形象就出现了，随着威胁形象启动词与行为体共现次数的增多，这种威胁形象

---

① Emanuele Castano, Alain Bonascossa and Peter Gries, "National Images as Integrated Schemas: Subliminal Primes of Image Attributes Shape Foreign Policy Preferences," pp.351-366.

② 需要指出的是，心理学认为形象是一种心理现实（political reality），具有不同形象特征的词语只启动了大脑中的某种形象。但是，从语言建构的角度来看，这一过程也可以理解为词语建构出了某种形象，因为在后结构主义看来，这些"心理现实"也是话语的。关于政治心理学对于形象的研究还可参见：K. E. Boulding, "National Images and International Systems," *Journal of Conflict Resolution* 3, no. 2 (1959): 120–131; M. Schafer, "Images and Policy Preferences," *Political Psychology* 18, no. 4 (1997): 813–829; M. G. Alexander, M. B. Brewer and R. K. Herrmann, "Images and Affect: A Functional Analysis of Out-Group Stereotypes," *Journal of Personality and Social Psychology* 77, no. 1 (1999): 78-93。

也在潜意识中不断强化。

除了词语的"启动效应",词语的"累积效应"也是词语建构威胁身份的机制。词频对于意义建构至关重要。话语生产者建构一定话语最简单方式是对符号的重复,出现频率越高,该意义被强化的程度就越高。[①] 兰卡斯特大学教授保罗·贝克(Paul Baker)将这种现象称为"累积效应",即文本生产者通过词语的重复以隐性方式向读者灌输某种概念、态度和价值,创造真理和常识。[②] 为了达到情感效果,文本生产者倾向将"他者"与特定反复出现的某些主题(topoi)产生联系。[③] 比如,在中美身份建构中,货币(currency)常常与操纵、贸易赤字等联系起来。

二、词语路径与威胁话语量化分析

词语的"启动效应"表明,将具有威胁特征的词语与他国搭配出现时,行为体就会启动头脑中的威胁形象;而词语的"累积效应"表明,通过某类语言符号的重复,话语建构了某种"常识"、态度和印象。无论是哪种路径,都可以通过观察词语搭配的方式来显示这种威胁建构。一般来说,当某国搭配词中关于威胁、负面或者某类话题的词语出现频率较高时,该国就会具有这些词语所描述的那种形象,即"他者"身份。因此,量化分析搭配词语是观察话语建构威胁"启动效应"和"累积效应"的一种重要方式。

近年来,计算机文本分析技术的发展为这种搭配词语量化分析提供了越来越多的便利。本书主要借用语料库语言学方法和分析软件对搭配词语中的威胁形象词语进行量化解析,与本书其他路径的定性分析相互补充。计算机辅助下的文本分析具有以下好处:第一,效率和成本优势。相比人工编码,计算机辅助分析耗时少,人力成本更是呈

---

① 孙吉胜:《语言、意义与国际政治——伊拉克战争解析》,第139页。

② Paul Baker, *Using Corpora in Discourse Analysis*, p.13.

③ Christopher Hart, *Critical Discourse Analysis and Cognitive Science: New Perspectives on Immigration Discourse* (New York: Palgrave Macmillan, 2010), p.66.

指数级下降，使海量文本分析成为可能。例如，保罗·贝克等人在研究英美媒体对穆斯林形象建构时使用的语料将近1.5亿个词。[①] 第二，客观与直观，有利于减少偏见。尽管在后结构主义看来绝对的客观是不可能的，但是正如荷兰学者扬·布鲁马特（Jan Blommaert）所指出，在很多质性话语分析中偏见性阐释盛行，让人们怀疑其"代表性""选择性"和"偏见性"。[②] 不仅如此，研究者还面临着信息加工中的认知偏见。例如，克利福德·迈纳特（Clifford R. Mynatt）等学者发现，人们倾向寻求支持自己观点的证据而忽视不利于自己观点的证据。[③] 使用计算机进行海量文本分析有助于减少研究中的偏见，特别是无意识层面的认知偏见。第三，有利于揭示话语文本的生产者可能通过隐形方式，如重复的词语搭配和使用，向读者暗示某种常识。计算机辅助下的文本分析可以非常直观地解释这种背后的政治议程。例如，本书研究发现，在冷战期间，"扩张"和"苏联"反复搭配共现，就会产生苏联是"扩张主义"的常识。

那么如何进行计算机语言量化分析呢？本书采用了语料库语言学的分析方法，主要包含以下步骤：第一，收集文本，建立一个语料库。根据不同的研究目的，语料库可以是通用平衡语料库，如最早的布朗语料库。[④] 不过，更多的是就某一主题或领域建立专门的语料库，如贾斯廷·格里姆（Justin Grimmer）建立的美国参议院新闻稿语料库和科斯塔斯·加布里拉托（Costas Gabrielatos）等人建立的英国媒体难民

---

① Paul Baker, Costas Gabrielatos and Tony McEnery, "Sketching Muslims: A Corpus Driven Analysis of Representations around the Word 'Muslim' in the British Press 1998–2009," *Applied Linguistics* 34, no. 3 (2013): 255-278.

② Jan Blommaert, *Discourse: A Critical Discourse* (Cambridge: Cambridge University Press, 2005), pp.31-38.

③ C. R. Mynatt, M. E. Doherty and R. D. Tweney, "Confirmation Bias in a Simulated Research Environment: An Experimental Study of Scientific Inference," *Quarterly Journal of Experimental Psychology* 29, no. 1 (1977): 85-95.

④ 梁茂成：《语料库语言学研究的两种范式：渊源、分歧及前景》，《外语教学与研究》2012年第3期，第323—335页。

报道语料库。[1] 建立语料库不可避免地需要考虑其体量。尽管约翰·辛克莱（John Sinclair）认为通常来说语料库越大越好，但是格雷姆·肯尼迪（Graeme Kennedy）认为10万词频足以分析语义韵，而贝克认为对于那些专门的语料库不需要动辄收录几百万语料，更重要的是研究主题在文本中出现的次数。[2] 因此，本书以《外交事务》杂志为文本来源，分别建立百万以上词频的苏联、日本和中国语料库，而且都是与主题相关的。第二，文本清洁与整理。收集文本后，文本的格式可能多种多样，如有网页格式、图片格式，很难直接运用软件进行分析。一般来说，绝大部分软件都支持文本格式文件，收集的文本通常需要借助诸如文本编辑器转换成统一的文本格式。文本文件建立好后，还可能需要剔除文本中的乱码。第三，建好语料库后，在分析前有必要介绍语料库语言学中的3个基本概念，即索引行、搭配与语义韵。索引行是语料库研究中常遇到的概念，是指语料库中某一检索词或词簇（word cluster）在具体语境的具体显现。[3] 索引行有助于人们认识特定行为体是如何在具体语境中被刻画的。例如，图2–1是本书建立的"中国正文语料库"在检索"崛起"与"中国"搭配关系时所生成的部分索引行。搭配是指文本中经常出现的在一定跨距（span）之内某些词与某些词共现的现象。当两者共现的频率具有一定显著性时，本书认为它们是搭配关系。[4] 语义韵是近年来语料库研究中的热点，是一个与搭配密切相关的概念，指具有相同语义特点的词项与关键词项在文本中高频共现，后者就被"传染"上了有关的语义特点，"整个语境内就弥漫了某种语义氛围"。[5] 在话语量化分析中，人们可以通过查看索引行

---

[1] Justin Grimmer, "A Bayesian Hierarchical Topic Model for Political Texts: Measuring Expressed Agendas in Senate Press Releases," *Political Analysis* 18, no. 1 (2010): 1–35; C. Gabrielatos and P. Baker, "Fleeing, Sneaking, Flooding: A Corpus Analysis of Discursive Constructions of Refugees and Asylum Seekers in the UK Press 1996–2005," *Journal of English Linguistics* 36, no. 1 (2008): 5–38.

[2] John Sinclair, *Corpus, Concordance, Collocation* (Oxford: Oxford University Press, 1991), p.18; G. Kennedy, *An Introduction to Corpus Linguistics* (London: Longman, 1988), p.68; Paul Baker, *Using Corpora in Discourse Analysis*, p.28.

[3] 梁茂成、李文中、许家金：《语料库应用教程》，外语教学与研究出版社，2010，第11—12页。

[4] Paul Baker, *Using Corpora in Discourse Analysis*, p.96.

[5] 卫乃兴：《语义韵研究的一般方法》，《外语教学与研究》2002年第4期，第300页。

了解词语的搭配关系和语义韵。

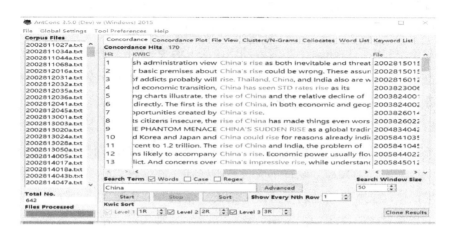

图2-1　索引行范例

图片来源：作者自制。

第二节　话语建构威胁的隐喻路径

隐喻是语言中的普遍现象，"人类任何领域的交流都离不开隐喻思维和隐喻语言"，国家安全话语概莫能外。[①] 翻开美国的对外政策历史，隐喻现象十分明显：美国总统罗斯福对二战后秩序提出了"四警察"设想，艾森豪威尔在谈及印度支那问题时提出了"倒下的多米诺骨牌"理论，里根认为苏联是"邪恶帝国"，小布什称某些国家构成"邪恶轴心"等，不胜枚举。近些年，国内外在谈论中美关系时常使用的"修昔底德陷阱"也离不开对隐喻的使用。

不过，谈到隐喻，人们经常想到的是其修辞功能（在演讲时使用能激发人的情感），所以隐喻常常被认为是对正常语言的背离，是特例，甚至是理智和真理的对立面。例如，诺贝尔经济学奖得主保

---

① Keith Shimko, "Metaphors and Foreign Policy Decision Making," *Political Psychology* 15, no. 4 (1994): 655.

罗·克鲁格曼（Paul Krugman）曾说："关键是要认识到经济模型是隐喻而不是真理。"[1] 但是，认知语言学挑战了这种传统隐喻观，认为隐喻不是语言的病态，而是语言中的普遍现象，建构了事物的意义，这种意义建构不是来自事物本身，而是源域的映射。人们一旦接受某种隐喻或使用某种隐喻看待世界，隐喻作为一种框架就会框定人们的认知、指导具体的行为，同时会将其他意义或行为排除在外。下面，笔者首先简要论述新隐喻观下的隐喻，然后指出隐喻在威胁建构中的主要作用方式。

一、认知视角下的隐喻

"隐喻"一词最早出现在古希腊政治家、修辞学家伊索克拉底（Isocrates）的《埃瓦格拉斯》（*Évagoras*）一书中，字面意思是指"把某物从某地带到某地"，因此其本身就是一个隐喻。[2] 受古希腊哲学家亚里士多德（Aristotle）等人思想的影响，传统上隐喻只被视为一种修辞手段，即一种"相似性比喻"（trope of resemblance），一种"代换"（substitution）。[3] 因此，它不是语言运行（functioning）不可缺少的一部分，而是语言使用中的一种装饰和美化，是对正常语言的一种背离，甚至有时还会很"危险"。[4] 因此，除政治传播研究关注隐喻的修辞功能以外，主流的政治理论和国际关系理论基本把隐喻排除在研究议程之外，因为它是"误导的、非理性的、情绪化的、病态的、原始和荒谬的"。[5] 即使前文所述的语言视角下的国际关系理论也很少将其系统

---

① Paul Krugman, "How I Work," MIT Website, accessed August 6, 2016, http://web.mit.edu/krugman/www/howiwork.html.

② Aristotle, *On Rhetoric: A Theory of Civic Discourse*, trans. George Kennedy (New York: Oxford University Press, 2007), p.199.

③ Paul Ricoeur, *The Rule of Metaphor*, trans. Robert Czerrny, Kathleen McLaughlin and John Costello (London: Routledge, 2003), p.1.

④ David Punter, *Metaphor* (New York: Routledge, 2007), p.12.

⑤ Paul Chilton, *Security Metaphors: Cold War Discourse from Containment to Common House* (New York: Peter Lang, 1996), pp.1-2.

化纳入分析国际关系的基本变量。[1]

以乔治·莱考夫等人为代表的认知语言学颠覆了这种传统隐喻观，指出隐喻不是对正常语言的背离和反常，而是人们认知世界的方式"限制着人们所注意到的事物，强化人们所能看到的方面，并为人们推理事物提供部分推理框架（inferential structure）"。[2]

具体而言，新隐喻观具有以下特征：首先，隐喻被看作一种"跨概念域的映射"，"用一个心理域来理解另外一个心理域"，即源域到靶域的映射。[3] "隐喻的本质是通过某事物来理解和体验另一事物"，具有"突出"（highlighting）和"掩藏"（hiding）两大功能。[4] 这样，事物的意义并不是本质主义的，不是完全客观和绝对的，而是一种来自源域到靶域的投射，是"经验性的"（experientialist）。[5] 因此，隐喻就具有了认知和建构功能。例如，凯南在"长电报"中称共产主义是"寄生虫"，艾森豪威尔在解释美国在东南亚的外交政策时使用了"倒下的多米诺骨牌"的隐喻，这些源域（"寄生虫"和"多米诺骨牌"）的典型特征会投射到靶域（"共产主义"和"印度支那地缘政治形势"）上，从而建构出靶域的意义。这种新隐喻观越发得到语言神经理论、心理

---

[1] 卡琳·菲尔克的研究已经注意到隐喻对于意义的建构作用，但显然"游戏理论"是她借助的主要解释框架。参见：孙吉胜《国际关系的语言转向与建构主义理论发展研究：以语言游戏为例》，《外交评论》2007年第1期，第37—45页；K. M. Fierke, *Changing Games, Changing Strategies: Critical Investigations in Security*。此外，在孙吉胜提出的语言分析框架中，词汇层面提到了隐喻在建构中的作用，但当时基本上还是将隐喻看作语言的"修饰"，是使用者"对语言使用的巧妙之处"，为的是产生"特殊意义效果"。参见：孙吉胜《语言、意义与国际政治——伊拉克战争解析》，第146页。

[2] George Lakoff and Mark Johnson, "The Metaphorical Structure of the Human Conceptual System," *Cognitive Science* 4, Issue 2 (1980): 195; George Lakoff, "Metaphor and War: The Metaphor System Used to Justify War in the Gulf," in Martin Pütz, ed., *Thirty Years of Linguistic Evolution* (Amsterdam: John Benjamin, 1992), p.481.

[3] 乔治·莱考夫：《隐喻的现代理论》，载德克·盖拉茨主编《认知语言学基础》，邵军航、杨波译，上海译文出版社，2012，第199、203—204页。

[4] George Lakoff and Mark Johnson, *Metaphors We Live By* (Chicago: The University of Chicago Press, 1980), pp.5, 10.

[5] 关于"隐喻""真相"和"经验性的"的讨论，可参见：George Lakoff and Mark Johnson, *Metaphors We Live By,* pp.185-194。

语言学、语料库语言学和人工智能等最新研究成果的支持。[①] 需要指出的是，认知语言学视角下的广义隐喻外延包括了明喻（simile）、拟人（personification）、转喻（metonym）、提喻（synecdoche）和类比（analogy），因为在认知层面它们都是通过映射获得对靶域的理解。[②]

其次，隐喻被看作普遍的认知现象，是人们理解世界的基本认知方式。莱考夫认为，人们日常思考和行动的概念系统"从根本上说是隐喻的"。[③] 人们不但通过"非隐喻概念"（nonmetaphorical concepts）理解世界，实际上更依赖于"隐喻概念"（metaphorical concepts）理解世界。所谓"非隐喻概念"，是指那些与人们经历直接相关，其含义是由其自身界定的概念，如"上""下"等。"隐喻概念"是指那些仅靠其自身无法理解，而必须靠其他事物的概念，即一种事物或经历必须通过另外一种事物或经历得以理解。[④] 非隐喻概念比较简单，无法脱离直接经验。但当人们理解抽象和复杂的世界时，就不得不借助隐喻概念，比如"爱情""国家""中美关系"。事物越复杂，人们越要依赖隐喻进行思考。事实上，许多基本的概念，如"时间、数量、状态、变化、行动、动因、目的、手段、属性"等，常常需要采取隐喻性理解。[⑤]

最后，隐喻包括新奇隐喻和常规隐喻两种存在形式。新隐喻观认为，隐喻是语言的常态，广泛存在于人们每一天的日常用语中。但是，为什么人们每天使用却几乎没有察觉到呢？实际上，语言中存在两大类隐喻："新奇隐喻"（novel metaphors）和"常规隐喻"（conventional

---

① 相关研究成果参见：Raymond Gibbs, *The Cambridge Handbook of Metaphor and Thought* (Cambridge: Cambridge University Press, 2008)。

② 隐喻是不同域（between-domain）下的映射，而类比是同域（within-domain）之间的映射。可参见：Keith Shimko, "Metaphors and Foreign Policy Decision Making," pp.659-662。

③ George Lakoff and Mark Johnson, "Conceptual Metaphor in Everyday Language," *The Journal of Philosophy* 77, Issue 8 (1980): 454.

④ George Lakoff and Mark Johnson, "The Metaphorical Structure of the Human Conceptual System," p.195.

⑤ 乔治·莱考夫：《隐喻的现代理论》，第210页。

metaphors）。[①] 新奇隐喻与常规隐喻是相对而言的，简单来说，新奇隐喻通常是新出现的隐喻，具有想象力和创新性，能够为人们提供对事物的全新理解，是人们传统上理解的那类隐喻。例如，在二战结束后，面对美苏迅速进入的复杂和紧张关系，人们无法准确理解这种新的国家间关系，美国新闻评论家沃尔特·李普曼（Walter Lippmann）使用了"冷战"这一新奇隐喻，迅速被人们广为接受。但是，当新奇隐喻逐渐被人们接受，慢慢沉淀为人们语言体系和认知体系的基本元素时，人们在使用它时便"毫不费力"，完全没有察觉。此时，新奇隐喻就转变为常规隐喻，[②] 如同人们对"冷战"一词已经习以为常。常规隐喻在语言中比比皆是，如"针眼""单级世界""卫星国""均势""国际机制"等。实际上，人们日常所使用的绝大部分语言都是常规隐喻，只有很少一部分是字面意义的语言（literal language），如"上""下""前""后"。[③] 离开常规隐喻，人们几乎无法准确表达自己的想法。

二、隐喻与威胁建构

随着认知语言学的发展和影响不断扩大，隐喻的巨大建构价值开始被其他学科的学者重视。在国际关系学界，隐喻的研究起步比较晚，直到20世纪90年代初才开始，但发展迅速。这些研究大体可以分为两类：一类研究主要关注隐喻在国际关系理论和概念建构中的作用。例如，罗纳德·戴博特（Ronald Deibert）认为，主流的国际关系理论和观念已经成为束缚人们认知的"眼罩"（blinder），要想打破这种观念

---

① 本书的隐喻分类主要基于莱考夫的观点。除此之外，彼得·德鲁拉克（Petr Drulák）将隐喻分为"沉淀的"（sedimented）、"常规的"（conventional）和"非常规的"（unconventional）三类。以上分类可参见：George Lakoff and Mark Johnson, "Conceptual Metaphor in Everyday Language," pp.453-486; Petr Drulák, "Motion, Container and Equilibrium: Metaphors in the Discourse about European Integration," *European Journal of International Relations* 12, no. 4 (2006): 507。

② 乔治·莱考夫：《隐喻的现代理论》，第260页。

③ 当然，这些字面意思的词语在不同语境下也可能成为隐喻，如"中国经济上去了"，这里的"上"是一种方向隐喻（orientational metaphors），其背后的根隐喻是"Up is good"。

上的桎梏，可以通过隐喻分析和使用对社会世界进行"治疗性再描述"（therapeutic redescription），因为隐喻建构着人们的认知，而且历史上重大的"观念革命"无不是通过使用创造性隐喻推动的。[①] 理查德·利特尔（Richard Little）主要回顾了汉斯·摩根索（Hans Morgenthau）、赫德利·布尔（Hedley Bull）、华尔兹和米尔斯海默等人在理论建构中对"均势"（balance of power）隐喻的使用，他认为"均势"与其说是不可改变的规律，还不如说是人们思考世界的方式。迈克尔·马克斯（Michael Marks）等人指出，隐喻是国际关系理论建构中的普遍现象，"隐喻框定和描述了各种相互竞争的理论视角"。贝恩德·布赫（Bernd Bucher）指出，规范"生命周期"隐喻将规范传播视为机械和自动化的过程，造成规范传播叙事中施动性的缺失。[②] 另一类研究主要关注隐喻与国际关系现象特别是对外政策的关系。例如，莱考夫考察到美国总统老布什在第一次海湾战争中通过一系列隐喻将人们引入"英雄匡扶正义"的认知框架，为发动战争提供合法性。基思·希姆科（Keith Shimko）着重探析了隐喻在外交政策决策过程中起到的重要作用，并比较了历史类比和隐喻的不同作用方式。保罗·奇尔顿分析了冷战时期的安全隐喻，指出"容器隐喻"（container metaphors）框定整个政策叙事的概念隐喻。戴维·莫蒂默（David Mutimer）研究了隐喻如何建构国际安全中的"扩散"问题以及它对扩散政策的影响。彼得·德鲁拉克等人分析了隐喻在欧洲一体化中的建构作用。亚历山大·斯宾塞（Alexander Spencer）等人分析了恐怖主义建构中的隐喻及其对国家对

---

① Ronald Deibert, "'Exorcismus Theoriae': Pragmatism, Metaphors and the Return of the Medieval in IR Theory," *European Journal of International Relations* 3, no. 2 (1997): 167-192.

② Richard Little, *The Balance of Power in International Relations: Metaphor, Myths and Models* (Cambridge: Cambridge University Press, 2007); Michael Marks, *Metaphors in International Relations Theory* (New York: Palgrave Macmillan, 2011), p.79; Bernd Bucher, "Acting Abstractions: Metaphors, Narrative Structures, and the Eclipse of Agency," *European Journal of International Relations* 20, no. 3 (2014): 742-765.

外政策选择的影响。[①]

那么,隐喻在建构国家威胁中扮演着什么角色呢?笔者认为,隐喻对身份的威胁建构主要基于其建构意义的认知框架,体现在选择性意义建构、框定议程和隐喻推理三个方面。

第一,选择性意义建构。国际关系复杂多变,各种事件层出不穷,政策决策者需要借助隐喻建构意义从而获得对事实的理解。隐喻建构意义的方式是"映射",即当人们使用隐喻理解国际关系现象时,源域特征通过映射投射到靶域从而获得靶域的意义。不过,这种对靶域的理解只能是部分理解而非全部,因为不存在某个单一、具体的概念和某个抽象的概念完全一致。正如默里·埃德尔曼(Murray Edelman)所指出的那样:"每个隐喻都在强化某种选择性认识而忽略其他,从而使人们将注意力聚焦在期望支持的公共政策上,忽略那些不想要的、无法想象的或不相关的前提和后果。每个隐喻都可以通过一种微妙的方式强调人们想要的东西,避开不希望面对的东西。"[②]

隐喻的这种选择性意义建构可以基于同一事实生产不同的意义和"他者"身份,这一点在国际政治危机中表现得尤为明显。例如,2001年4月1日发生的"中美南海撞机事件",中国飞行员王伟牺牲,美军EP-3侦察机迫降海南岛,一场外交危机随之发生。中方要求美方明确道歉,而这在美方看来是不理智的、不能被接受的。加拿大学者、汉

---

① George Lakoff, "Metaphor and War: The Metaphor System Used to Justify War in the Gulf"; Keith Shimko, "Metaphors and Foreign Policy Decision Making"; Paul Chilton, *Security Metaphors: Cold War Discourse from Containment to Common House*; David Mutimer, "Reimagining Security: The Metaphors of Proliferation," in Keith Krause and Michael Williams, eds., *Critical Security Studies: Concepts and Cases* (Minneapolis: University of Minnesota Press, 1997), pp.187-222; Petr Drulák, "Motion, Container and Equilibrium: Metaphors in the Discourse about European Integration," *European Journal of International Relations* 12, no. 4 (2006): 499-531; Rainer Hulsse, "Imagine the EU: The Metaphorical Construction of a Supra-Nationalist Identity," *Journal of International Relations and Development* 9, no. 4 (2006): 396-421; Alexander Spencer, "The Social Construction of Terrorism: Media, Metaphors and Policy Implications," *Journal of International Relations and Development* 15, no. 3 (2012): 393-419; Rainer Hulsse and Alexander Spencer, "The Metaphor of Terror: Terrorism Studies and the Constructivist Turn," *Security Dialogue* 39, no. 6 (2008): 571-592.

② Murray Edelman, *Politics as Symbolic Action: Mass Arousal and Quiescence* (New York: Academic Press, 1971), p.67.

学家森舸澜（Edward Slingerland）等人通过对中美主流报纸的对比分析发现，隐喻造就了双方对事件含义的界定，进而影响了双方不同的外交诉求。[1] 研究发现，在危机过程中，双方都共同使用了"战争"（battles、bully、挑衅、打击等）、"旅途"（on track、roadblock、发展、一道等）和"经济"（cost、debt、赔偿、利益等）三个范畴下的隐喻，但这三种认知模式并不必然意味着道歉。双方最大的区别在于美方使用了大量"游戏"和"技术"范畴的隐喻，而中方大量使用了"受害者"和"民事关系"（civil relations）范畴的隐喻。对于美方来说，"游戏"的赢家和输家都不需要有罪恶感，不需要被惩罚，更没有必要道歉；技术性隐喻的潜台词就是减少感情色彩，冷静控制局势，不让对方将事件上升到道义维度。与此相对照的是，中国媒体使用的民事关系隐喻有"傲慢""面子"等，暗含道歉的重要性；典型的受害人隐喻包括"强盗""任人宰割""侵犯"和"践踏"等，这意味着美方需要给受害者一个道歉。

第二，框定议程。一旦隐喻被接受，就等于在大脑内"植入"了该框架，不可避免地按照这一框架观察世界、思考问题、规约身份，从而左右政治议程。这在美国两党施政纲领中表现得尤为明显。从日常新闻中可以发现，美国两党各自在政治议题上的立场似乎是不一致的，有时甚至前后矛盾。例如，共和党以保护生命权为由反对堕胎，却又支持死刑；支持减税，却又要建设一支强大的军队。相比之下，民主党则支持堕胎，支持累进增税，减少国防开支。这种看似矛盾的行为是框定两党思维逻辑的隐喻造成的。莱考夫研究发现，这些看似矛盾的做法其实背后都源自一个共同的概念隐喻，即"国家是家庭"，区别在于共和党倾向于"严父型家庭"（strict father family）认知模式，而民主党则倾向"慈爱型家庭"（nurturant parent family）认知模式。[2]

---

[1]　Edward Slingerland, Eric Blanchard and Lyn Boyd-Judson, "Collision with China: Conceptual Metaphor Analysis, Somatic Marking, and the EP-3 Incident," *International Studies Quarterly* 51, no. 1 (2007): 53-77.

[2]　George Lakoff, *Moral Politics: What Conservatives Know that Liberals Don't* (Chicago: The University of Chicago Press), 1996.

在"严父型家庭"模式下，外面的世界被描述成危险的、困难的，父亲是家庭的权威，需要用一支强大的"军队"来保护家庭，而孩子做错了事就应该受到惩罚。而且，世界是危险复杂的，孩子要学会自助，孩子长大之后，家长就不要插手干预。此外，追求个人利益也是高尚的行为，孩子通过努力获得的财富是对自己努力的回报，应该值得表扬而不是惩罚。相比之下，在"慈爱型家庭"中，孩子犯了错，家长不是惩罚而是另作补偿。这种家庭更看重同情心和责任。家长懂得孩子哭喊时需要的是什么，懂得孩子的感受，而孩子也需要学会对他人有同情心。家长对孩子负有完全责任，而孩子也要学着对他人负有责任，最高的道义莫过于能够帮助那些需要关怀的人。这两种家庭认知模式很好地解释了美国两党的政治行为。一些研究再次表明，民主党和共和党的行为立场仍受到这两种家庭隐喻认知框架的制约。[1]

第三，隐喻推理。隐喻推理与形式逻辑推理不同，没有严格的规则或推导公式，是旧的隐喻理解退却为背景，而新的隐喻理解出现的过程。它通常涉及以下一个或两个步骤：一是在原有隐喻框架下寻找新的蕴涵；二是从一个隐喻过渡到另一个新的隐喻，从而改变理解和经历。这两个步骤通常是在无意识的状态下完成的。[2] 实际上，隐喻推理在人们的认知活动中几乎无处不在，而且基本上是以"隐形"的方式发挥作用。[3] 斯坦福大学的保罗·蒂博多（Paul H. Thibodeau）等人的心理学实验发现，隐喻对于复杂事物的推理发挥巨大作用，仅仅某个隐喻的使用就会引起人们对于如何解决某个社会问题产生巨大的意

---

[1] 可参见：A. Cienki, "Metaphor in the 'Strict Father' and 'Nurturant Parent' Cognitive Models: Theoretical Issues Raised in an Empirical Study," *Cognitive Linguistics* 16, Issue 2 (2005): 279–312; G. Deason and M. H. Gonzales, "Moral Politics in the 2008 Convention Acceptance Speeches," *Basic and Applied Social Psychology* 34, no. 3 (2012): 254–268; Jennifer Moses and Marti Gonzales, "Strong Candidate, Nurturant Candidate: Moral Language in Presidential Television Advertisements," *Political Psychology* 36, no. 5 (2015): 379-397。

[2] Mark Johnson, "Metaphorical Reasoning," *The Southern Journal of Philosophy* 21, Issue 3 (1983): 377.

[3] L. D. Bougher, "The Case for Metaphor in Political Reasoning and Cognition," *Political Psychology* 33, no. 1 (2012): 148.

见差异。[①]理查德·劳（Richard Lau）等人也发现，公众依赖于用隐喻推理来选择政策，人们选择的政策方案是与隐喻推理一致的，即使那些对政治最不关心的人也是如此。[②]国际关系领域也是如此。例如，罗兰·帕里斯（Roland Paris）研究发现，美国对如何应对科索沃危机的政策讨论实际上是一场"隐喻之战"，各方通过使用不同的隐喻推导出相应的对外政策。[③]当科索沃危机发生时，为了能够理解科索沃所发生的事件以及制定美国的应对策略，美国决策精英们使用了"越战"隐喻（"越南""泥潭"等词语）、"大屠杀"隐喻（"大屠杀""种族灭绝""集中营""希特勒"等词语）、"慕尼黑"隐喻（"绥靖""抵抗纳粹侵略""慕尼黑"等词语）和"巴尔干火药桶"隐喻（"巴尔干火药桶"等词语）展开辩论。在科索沃危机初期，美国总统克林顿称其为"巴尔干火药桶"，表明其潜在风险，但是没有采取军事行动。在发动盟军轰炸的前一天，他在演讲中又增加了"慕尼黑"隐喻，进而又使用了"集中营"和"种族灭绝"等隐喻，重新建构了美国与对立"他者"的身份，为美方干预合法化提供理由。相比之下，美国国会中的批评者则批判克林顿所建构的与现实不符的情况，并表示这有可能将美国拖入另一个"越战泥潭"。通过使用不同的隐喻，辩论双方完成了不同的政策方案推理。再如，在20世纪80年代中后期美日经济竞争中，美国使用了大量战争隐喻，如"珍珠港"，使美日经济摩擦被理解为二战时美日战争的延续，日本的"他者"身份变成了"敌人"，进而使人们推理出应该采取的相应对策。总之，隐喻推理会引导行为体对于框定的"他者"言行作出推断并采取行动。

---

① Paul H. Thibodeau and Boroditsky Lera, "Metaphors We Think with: The Role of Metaphor in Reasoning," PLOS ONE 6, no. 2 (2011), accessed January 10, 2017, https://journals.plos.org/plosone/article/file?id=10.1371/journal.pone.0016782&type=printable.

② Richard Lau and Mark Schlesinger, "Policy Frames, Metaphorical Reasoning, and Support for Public Policies," *Political Psychology* 26, no. 1 (2005): 77-114.

③ Roland Paris, "Kosovo and the Metaphor War," *Political Science Quarterly* 117, no. 3 (2002): 423-450.

第三节 话语建构威胁的叙事路径

与隐喻一样，叙事也是人们理解周围世界和经历的不可化约（irreducible）的基本方式。[①] 世界纷繁复杂，又在不断变化，面对每时每刻经历的一切，人们要理解外部世界甚至自身都需要通过故事获得。当代著名哲学家阿拉斯戴尔·麦金太尔曾指出："无论从其行为、实践还是小说来看，人在本质上都是一种讲故事的动物。"[②] 叙事具有普遍性，"存在于神话、传奇、寓言、传说、小说、史诗、历史故事、戏剧、油画、彩色玻璃窗[③]、电影、连环画、新闻和交谈中。叙事存在于每个时代、每一个地方和每一个社会。自从有了人类历史就有了叙事，没有地方、没有人可以没有叙事"。[④] 国家安全可以被看作一种安全建构的叙事之争。下面，笔者将探讨叙事对于意义和身份的建构，从而理解其对威胁的建构。需要说明的是，本书对"故事"和"叙事"不作区分，两者交替使用。

一、认知视角下的叙事

"叙事"的英文为narrative，传统上属于文学研究分支叙事学研究的范畴。不过，从20世纪80年代开始，受到历史哲学转向和后结构主义的冲击，"叙事"一词走出了纯文学的殿堂。学者开始关注历史、政治和哲学中的叙事，关注叙事在个体身份和民族国家等集体身份形成时起到的作用，叙事的建构和价值创造越发受到重视。[⑤] 历史哲学家特别是海登·怀特（Hayden White）拓展了叙事的外延，将叙事纳入人

[①] Stefan Snaevarr, *Metaphor, Narratives, Emotions: Their Interplay and Impact* (Amsterdam: Rodopi, 2010), p.184.

[②] Alasdair MacIntyre, *After Virtue: A Study in Moral Theory*, p.216.

[③] "彩色玻璃窗"指西方教堂中由彩色玻璃块组成图案的窗。

[④] Roland Barthes, *Image, Music, Text*, p.79.

[⑤] 马克·柯里：《后现代叙事理论》，宁一中译，北京大学出版社，2003，第3—5页。

们传统上认为与叙事离得最远、以追求事实为己任的历史研究范畴。他认为，叙事在人类社会具有普遍性，故事使人们的经历转化为意义，历史学家笔下的历史不过是一种叙事，历史事件本身可以是客观的，但它们并不自动说明什么，需要历史学家编排、想象和进行道德价值判断，并以某种方式建构出一个故事，很难判断一种叙事比其他叙事更真实。① 同时，这些历史哲学家特别是路易斯·明克（Louis Mink）注意到了叙事在意义建构中的作用，指出叙事是一种"主要的认知工具"，是"人类理解世界的主要和不可化约的形式"，"建构着常识"。② 不过，叙事认知功能的实证和推广主要归功于20世纪80年代以来心理学家的研究。心理学研究表明，叙事是人们认识和理解世界的方式，讲故事的过程就是意义建构（sense making）的过程，故事是人们大脑思考的基本方式，"大部分经验、知识和思想都是以各种故事组织起来的"。③ 因此，美国加州大学圣克鲁斯分校心理学教授菲利普·哈马克（Phillip L. Hammack）将叙事界定为："以内化或外化的方式，通过语言将想法（thought）进行合理（sensible）组织，旨在创造个人理解的连贯感和与集体的统一感，证明集体信念、情感和行为的正当性。"④

　　叙事作为一种基本的认知方式与人的本体安全需要有很大关系。人们生活在世界上，每时每刻都经历着变化，会产生一种"本体不安全感"和"存在性焦虑"，因此在"令人迷惑的各种选择和可能性中"

---

① Hayden White, "The Value of Narrativity in the Representation of Reality," pp.5-27; Hayden White, *Metahistory: The Historical Imagination in Nineteenth-Century Europe* (Baltimore: The Johns Hopkins University Press, 1975).

② Louis Mink, "Narrative Form as Cognitive Instrument," in Geoffrey Roberts, ed., *The History and Narrative Reader* (New York: Routledge, 2001), pp.211-220.

③ T. R. Sarbin, *Narrative Psychology: The Storied Nature of Human Conduct*; J. Bruner, *Actual Minds, Possible Worlds*; Donald E. Polkinghorne, *Narrative Knowing and the Human Sciences* (Albany: State University of New York Press, 1988); M. Freeman, "History, Narrative, and Life-Span Developmental Knowledge," *Human Development* 27, no. 1 (1984): 1-19; Mark Turner, *The Literary Mind* (New York: Oxford University Press, 1996), p.v.

④ Phillip L. Hammack and Andrew Pilecki, "Narrative as a Root Metaphor for Political Psychology," *Political Psychology* 33, no. 1 (2012): 78.

创造出一种连贯的意义成为人的一种基本心理需求。[①] 叙事正是将人类经历转化为意义的主要方式。[②] 正如埃里克·林格玛（Erik Ringmar）所言，叙事使人们对于事物的前因后果有了连贯性的理解："我们能成为今天的某人是因为我们是昨天的某人，我们将成为明天的某人。但是，故事不仅创造了现在，还能将现在嵌入个体和集体生活的情节，从而让我们得以理解现在。现在之所以有意义是因为它有开始、结尾和不同的场景，这些共同构成了情节。"[③]

这些故事不仅包括了词语、文体或修辞等表层结构，还呈现了建构认知的图式（schematic）组织类型，即某种超级结构。[④] 当代认知和心理学研究也支持这一观点：叙事之所以能够建构意义是因为人们的大脑构造使人们以叙事结构的方式理解事物之间各种复杂的关系，人们在"思考、感知、想象和作出道德选择"时都要依赖叙事结构，"叙事是一个强大和基本的思考工具"。[⑤]

叙事的认知价值主要体现在三个方面。第一，叙事与理解。叙事是人们将经历转化为意义的"主要形式"。[⑥] 叙事建构意义的过程既有描述，又有解释，即人们从杂乱无章的世界中获得对事物的理解的同时又赋予其意义。正如杰尔姆·布鲁纳（Jerome Bruner）所指出的，叙事擅长将例外、陌生的事物和普通、为人们所熟悉的事物联系起来，从而将前者变得可以理解；同时，人们讲故事时都"不可避免地要采取一种道德立场"，作出价值判断。[⑦] 在国际关系中，由于事物的抽象性和复杂性，故事对于理解显得尤为重要。例如，2013 年，中国倡议

---

① A. Giddens, *Modernity and Self-Identity: Self and Society in the Late Modern Age* (Stanford: Stanford University Press, 1991), pp.1-69.

② Donald E. Polkinghorne, *Narrative Knowing and the Human Sciences*, p.1.

③ Erik Ringmar, *Identity, Interests and Action* (Cambridge: Cambridge University Press, 1996), p.77.

④ Teun A. van Dijk, "Introduction: Levels and Dimensions of Discourse Analysis," in Teun A. van Dijk, ed., *Handbook of Discourse Analysis Vol. 2: Dimensions of Discourse* (Utah: Academic Press, 1985), p.3.

⑤ T. R. Sarbin, "The Narrative as a Root Metaphor for Psychology," in T. R. Sarbin, ed., *Narrative Psychology: The Storied Nature of Human Conduct* (New York: Praeger, 1986), p.8; David Herman, "Stories as a Tool for Thinking," in David Herman, ed., *Narrative Theory and the Cognitive Sciences* (Chicago: The University of Chicago Press, 2003), p.163.

⑥ Donald E. Polkinghorne, *Narrative Knowing and the Human Sciences*, p.1.

⑦ Jerome Bruner, *Acts of Meaning* (Cambridge: Harvard University Press, 1990), pp.47, 51.

成立亚投行，美国既可以按照"修昔底德陷阱"故事的编排将这一倡议看作中国挑战守成国美国的金融霸权，也可以按照中国承担国际责任提供全球公共产品的认知框架来赋予意义，而如果离开故事几乎很难理解这一事件。第二，叙事与集体记忆。叙事对于记忆至关重要，故事能够增强人们对于内容的记忆。[①] 就政治而言，叙事更突出的作用表现在对集体记忆的建构。人们通过关于群体的叙事，如群体起源的神话，来创造或维持集体记忆，进而形成某种集体身份。这种群体记忆具有普遍性，几乎每个民族都有自己的传说，如中华民族的"龙的传人"，美国的"山巅之城"。这种共同的叙事和集体记忆在国家威胁建构中扮演着极其重要的角色。例如，美国的冷战叙事将自己自命为"自由世界的化身"，而作为对手的苏联则成为历史上专制、扩张的"邪恶力量"。第三，叙事与情感。情感在故事建构中很重要，正如西奥多·萨宾（Theodore Sarbin）所言，人们"情感生活的不同方面，如羞辱、负罪、气愤、自豪和其他所谓的情感"被松散地建构在情节中。[②] 叙事的情感内容与其认知特性无法分割，认知同时激发着人们对于故事"人物"的爱恨情仇。[③] 不同的叙事可以改变人们对于人和物的态度。

二、叙事、身份与威胁建构

20世纪末期，国际关系学者开始关注叙事在国际关系研究中的价值。2006年，英国历史学家杰弗里·罗伯茨（Geoffrey Roberts）提出了国际关系研究的"叙事转向"，认为应当将叙事作为国际关系研究的一种理论视角。[④] 尔后，越来越多的以叙事作为分析变量的国际关系研

---

① Frederick Mayer, *Narrative Politics: Stories and Collection Action* (New York: Oxford University Press, 2014), p.67.

② Theodore Sarbin, "Embodiment and the Narrative Structure of Emotional Life," *Narrative Inquiry* 11, no. 1 (2001): 217.

③ Phillip L. Hammack, "Narrative as a Root Metaphor for Political Psychology," pp.93-94.

④ Geoffrey Roberts, "History, Theory and the Narrative Turn in IR," *Review of International Studies* 32, no. 4 (2006): 703-714.

究出现。[①] 与德里安、阿什利、坎贝尔和汉森等学者的后结构主义国际关系研究一致，国际关系学中叙事路径的逻辑起点是意义的生成与不确定性问题，即意义是叙事建构的产物，具有多重阐释的可能性，而不是理性主义者所宣称的客观、清楚和确定。叙事与国际安全研究的主要切入点是身份，即叙事与身份形成的关系。关于身份的假定有两种：一种是"本质主义的"，即存在一个先验的"自我"，温特的"本质国家"是典型代表；另一种是"话语的""叙事的"。[②] 叙事视角下的国际安全研究主要采用的是后一种身份概念，即保罗·利科（Paul Ricoeur）和玛格丽特·萨默斯（Margaret Somers）等人所提出的"叙事身份"。[③] 在叙事身份中，叙事具有本体论和认知论价值，人们通过叙事获得对世界的理解，并通过叙事获得社会身份，而这种身份又为行动提供了前提，这种行动进而又会产生新的叙事和行为，叙事、本体和行为处于不断相互建构的过程，身份的形成变成了一种叙事建构过程。因此，对于国家与国家之间的身份关系，并不存在什么本质、必然的敌友关系，"自我"与"他者"的关系取决于故事的编排，既可以建构成敌人，也可以建构成朋友。这一点在20世纪80年代美国关于日本的传统主义者叙事和修正主义者叙事，以及美国对华"接触派"和"鹰派"的对立叙事中表现得极为明显。

威胁作为国家安全叙事的产物遵循着"故事性逻辑"。这种故事性逻辑主要表现在四个方面：

第一，国家安全是一种叙事建构而非纯粹的客观存在，是一种故事性理解。叙事的建构性来源于其意义建构功能，人们依赖叙事

---

① Erik Ringmar, "Inter-Textual Relations: The Quarrel over the Iraq War as a Conflict between Narrative Types," *Cooperation and Conflict* 41, no. 4 (2006): 403-421；Chengxin Pan, *Knowledge, Desire and Power in Global Politics: Western Representations of China's Rise* (Cheltenham: Edward Elgar, 2012); Ronald Krebs, *Narrative and the Making of US National Security*；Jelena Subotic, "Narrative, Ontological Security, and Foreign Policy," *Foreign Policy Analysis* 12, no. 4 (2016): 610-627.

② Margaret Somers, "The Narrative Constitution of Identity: A Relation and Network Approach," *Theory and Society* 23, no. 5 (1994): 605-649; Alexander Wendt, *Social Theory of International Politics* (New York: Cambridge University Press, 1999).

③ Paul Ricoeur, "Narrative Identity," *Philosophy Today* 35, no. 1 (1991): 73-81; Margaret Somers, "The Narrative Constitution of Identity: A Relation and Network Approach," pp.605-649.

建构一种可以理解的、连贯的现实世界认知，为国家身份中的"自我"提供一种确定性。国家安全叙事"通过清晰的人物设定和故事情节将当前的挑战、过去的失败和胜利以及可能的未来编织成一个连贯的故事"。[①] 但是，事实本身是不会说话的，其意义呈现开放性，具有多重叙事的可能性，很难得出一种叙事比另一种叙事更具合法性（legitimate）。[②] 叙事通过强调某些事件和行为或忽略某些所谓"不相关的"内容，运用人物刻画、重复主题等文学叙事技巧将事件转为可以理解的故事，将事件和人们的行为组织成连贯一致的整体，根据个体和事件在整个故事中的角色赋予其意义。[③] 在这种具有高度选择性的意义建构过程中，国家安全叙事通常都是自传体式的，以黑白两极的方式，通常将"自我"刻画成正义的英雄，而将"他者"刻画成邪恶的恶棍，并以知识形态呈现，宣称其威胁的真实性和确定性。实际上，这种真实性只是一种故事里的真实性，即一定话语空间中的真实性，而在其他故事编排中则可能完全相反。正如潘成鑫所指出的那样，"中国威胁论"常常将其自身看作可以证明的知识，但其本质不过是一部自传叙事，与其说是关于"他者"的威胁，还不如说是对"自我"身份的想象，在不同的认知框架下，中国既可以是威胁，也可以是机会。[④] 人们对于对手所带来的威胁的认知取决于以哪种叙事编排建构对手，国家安全辩论实质上是叙事建构之争。

第二，国家安全叙事是一种故事性认知框架，框定着人们的认知行为。叙事不仅通过意义建构帮助人们获得对国家安全现实的理解，而且更为重要的是，一旦接受这种故事，就会产生认知路径依赖，出现国际政治心理学所说的"认知相符"和"诱发定势"现象，按照故

---

① Ronald Krebs, *Narrative and the Making of US National Security*, p.3.

② David Campbell, "MetaBosnia: Narratives of the Bosnian War," *Review of International Studies* 24, no. 2 (1998): 261-281.

③ Hayden White, *Tropics of Discourse: Essays in Cultural Criticism* (Baltimore: The Johns Hopkins University Press, 1978), p.84; Donald Polkinghorne, *Narrative Knowing and the Human Sciences* (Albany: State University of New York Press, 1988), p.18.

④ Chengxin Pan, "The 'China Threat' in American Self-Imagination: The Discursive Construction of Other as Power Politics," pp.305-331; Chengxin Pan, *Knowledge, Desire and Power in Global Politics: Western Representations of China's Rise*.

事的期望删减信息和阐释意义。① 行为体不仅调整故事来适应自己的身份，而且还会剪裁（tailor）事实来符合他们的故事，呈现出不断自我实现和自我加强的状态。② 故事为行为体提供了脚本和合法性，行为体按照故事的期望采取行动。无论是利益的计算，还是行为的适当性，都应在一个故事范畴下才具有意义，离开了特定的故事框架，利益和适当性都是很难考量的。因此，行为体的行为实际上遵循的是一种"故事性逻辑"。同时，相较于基于利益的"后果性逻辑"和考虑行为适当性的"适当性逻辑"，"故事性逻辑"不直接指向具体的政策，而主要通过为决策者提供可以理解的现实和故事，理性约束政策和行为的方向性和合法性。在国家安全叙事中，因为这种"故事性逻辑"，行为体的行为常常表现为一种自我实现的预言。

第三，真实性不是威胁叙事被接受和传播的试金石。叙事真实性（narrative truth）是由其逼真性而非其可验证性所决定的，叙事真实与否不影响其故事效果（power），是句子的顺序编排而非句子本身信息的真伪决定了人们对情节的理解。③ 例如，对于讨论中美关系时频繁出现的"修昔底德陷阱"叙事，很多批判这一隐喻和叙事的人常常从真实性角度解构它，但往往发现结果收效甚微，甚至其结果反而让它传播得更广泛。这是因为虽然关于雅典和斯巴达的伯罗奔尼撒战争可能存在多种叙事的可能性，但"修昔底德陷阱"作为一种叙事只要符合叙事的真实性就会被接受和传播，从而规范人们的认知和行为。

国家安全叙事是有生命周期的，一种新的威胁叙事能否成为国家安全主导叙事受多重因素影响。其一，新主导叙事的窗口期。一般只有当原有主导叙事与现实发展严重背离或者无法解释现实时，新旧主导叙事转换的机会窗口才打开，开始进入"不稳定叙事情景"（unsettled narrative situation），即历史制度主义所称的"关键时刻"（critical

---

① 罗伯特·杰维斯：《国际政治中的知觉与错误知觉》，2003。

② Margaret Somers, "The Narrative Constitution of Identity: A Relation and Network Approach," p.618.

③ Jerome Bruner, "The Narrative Construction of Reality," *Critical Inquiry* 18, no. 1 (1991): 13; Jerome Bruner, *Acts of Meaning* (Cambridge: Harvard University Press, 1990), p.44.

juncture）。[1] 这种"关键时刻"通常出现在外部受到重大冲击时，如金融危机、战争后造成的不确定性，决策者面临两种或多种可能的叙事选择，而一旦作出某种选择，其他选择的机会窗口就会关闭，并产生路径依赖不断自我强化，从而很难改变。霍姆勒对"流氓国家"叙事的研究和杰弗里·勒格罗（Jeffrey Legro）对决策者何时接受新观念的分析都表明，"催化性事件"或巨大的外部冲击造成的不确定性为新的安全叙事提供了可能。[2] 此外，即使在机会窗口期，新威胁叙事抛出的具体时点也很重要。例如，凯南在回忆录中提到，"长电报"早6个月或晚6个月发出都不会产生同样的效果。[3] 其二，修辞论述方式。罗纳德·克雷布斯研究发现，演说者使用的修辞论述方式也很重要，在"稳定叙事情景"和"不稳定叙事情景"两种叙事情景与讲故事和争论两种修辞方式排列组合的四种情况中，只有在"不稳定叙事情景"（即"关键时刻"）时使用讲故事的方式才更有可能让听众接受新的安全叙事。[4] 其三，叙事主体。在美国，总统代表着国家，在推动新的国家安全主导叙事中具有天然的制度性优势和权威。但是，也有研究表明，总统的作用并没有想象中那么大，总统并不能按照自己的意志重塑政治版图，而那些成功的总统只是顺应了大众的观点，抓住机会，促成变革。[5] 同时，总统本身的魅力和其地位巩固程度也影响着其推动新安全议程的能力。例如，美国前总统特朗普面临的"合法性"问题直接影响着他推动的新国家安全叙事。除总统之外，国会议员通过听证和立法等方式在新国家安全叙事建构中也扮演重要的角色，而且随着信

① Ronald Krebs, *Narrative and the Making of US National Security*, pp.32-36; Giovanni Capoccia and R. Kelemen, "The Study of Critical Junctures: Theory, Narrative, and Counterfactuals in Historical Institutionalism," *World Politics* 59, no. 3 (2007): 341-369.

② Alexandra Homolar, "Rebels without a Conscience: The Evolution of the Rogue States Narrative in US Security Policy," *European Journal of International Relations* 17, no. 4 (2010): 705-727; Jeffrey Legro, *Rethinking the World: Great Power Strategies and International Order* (Ithaca: Cornell University Press, 2005).

③ George Kennan, *Memoirs: 1925–1950* (Boston: Little, Brown and Company, 1967), p.295.

④ Ronald Krebs, *Narrative and the Making of US National Security*.

⑤ George Edwards III, *The Strategic President: Persuasion and Opportunity in Presidential Leadership* (Princeton: Princeton University Press, 2009).

息传播方式和速度的变化，美国政治精英、知识精英和商业精英通过大众媒体设置国家安全议程的能力也越来越强。这在"日本威胁"和"中国威胁"叙事的建构中表现得愈加明显。

第四，叙事的内容、编排方式和语言特点等影响新威胁故事的传播与接受。一般来说，成功的国家安全叙事不但要将过去、现在和未来以及国内和国外编织成一个连贯的故事，而且要将对手指向该国被广为接受的"自我"身份的对立面。因为"他者"只有与该国长久的自我叙事想象对立起来，威胁才有意义，才更具危险性和对抗性。同时，编排威胁叙事的方式和风格也很重要，如编排英雄与恶棍、非黑即白的简单故事要远比复杂的故事更容易记忆、传播和使用。此外，恰当使用那些容易引起共鸣和抓眼球的隐喻和意象等也很重要

叙事模板是分析和比较不同威胁叙事建构的基本单元。在现实世界，建构威胁故事的形式是多样的、多模态的，故事生产者也是多元的，因而对于国家安全认知与进程的影响也是不一样的。美国圣路易斯华盛顿大学人类学教授詹姆斯·沃茨（James Wertsch）将叙事分为两类，即具体叙事和图式叙事模板。[1] 前者指具体事件和人物构成的具体故事，而后者反映的是抽象层面的故事主线，是一种认知框架，前者是后者在具体时空等条件下的具体化。本书主要关注的是威胁话语体系的建构，而不是具体威胁故事的建构问题。因此，图式叙事模板，即叙事认知框架，是本书的主要分析对象。这些叙事模板回答了建构威胁故事话语体系的关键问题：设定的场景，即怎样的威胁故事；对手的脸谱，即对手的性质、特征和目的；情节论证模式，即以什么方式将背景、"自我"与"他者"、事件和行为连接起来。[2] 这些叙事模板是整个威胁话语网络中的核心节点，在具体的威胁叙事中"不加思考""毫不费力"地被广泛使用，如同一个个"认知透镜"，轻松地将混杂的世界转换成可以理解的威胁故事。同时，作为认知框架，这些叙事模板具有跨越时间和空间的特性，使美国对不同对手的威胁叙事

① James Wertsch, "The Narrative Organization of Collective Memory," *Ethos* 36, no. 1 (2008): 120-135.

② Kai Oppermann and Alexander Spencer, "Narrating Success and Failure: Congressional Debates on the 'Iran Nuclear Deal'," *European Journal of International Relations* 24, no. 2 (2018): 269-270.

建构具有了可比性。

那么，如何确定叙事模板呢？笔者认为，确定威胁叙事模板的根本依据是它在整个威胁叙事话语体系中的地位和影响。换句话说，这些模板并不一定是决策精英首先创立和推广的，也有可能先在公众中传播，被接受后由决策者使用，或者两种情况同时存在。实际上，美国建构"苏联威胁""日本威胁"和"中国威胁"的叙事模板充分体现了以上各种情形。"苏联威胁"叙事模板主要由凯南、杜鲁门等决策圈内部精英创立，然后通过政府机构、公开演讲和媒体等渠道灌输给公众，采用了从中心到边缘的路径。"日本威胁"叙事模板主要由以查默斯·约翰逊为代表的"对日修正主义四人帮"等知识精英建构，并通过媒体、国会听证和立法等方式从权力边缘到中心逐渐被传播，最终实现被第一届克林顿政府决策核心圈接受。"中国威胁"叙事模板则比较复杂，既有美国政治和知识精英通过大众传媒推动威胁故事产生，又有官方确认和推动。

综合以上关于话语建构威胁的三种内在机制的分析，笔者绘制了话语建构威胁的分析框架图（图2-2）。

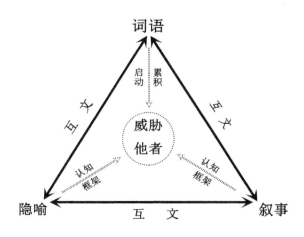

图2-2　话语建构威胁的分析框架图

对此，笔者有三点需要说明：第一，词语的"启动效应"和"累积效应"、隐喻认知框架及叙事认知框架并不是相互独立的，而是互文的，相互起到支撑作用。第二，隐喻和叙事路径在话语建构威胁过程中的主要方式是认知框架，体现在语言表层现象下，比较适合采用定性分析，而词语的"启动效应"和"累积效应"则比较适合以词频分析为基础的定量分析，所以本书在经验性分析部分将采用定性和定量相结合的方法。第三，叙事和隐喻在认知和意义建构上虽然有差别，但在现实话语中通常很难分割。例如，"修昔底德陷阱"既是一个隐喻又代表着一种叙事。近几年，学界出现将隐喻与叙事结合起来分析政治与国际关系的趋势。因此，本书在文本定性分析中将隐喻和叙事路径放在一起分析。在进行"苏联威胁""日本威胁"和"中国威胁"话语建构的实证分析时，本书将先从隐喻和叙事路径出发对威胁建构进行定性分析，再从词语路径进行定量分析。

第三章

"苏联威胁"的话语建构

　　克里姆林宫关于世界事务的神经质看法，根植于俄国人传统的、本能的不安全感——最初，一个和平的农业民族在辽阔的平原上与凶悍的游牧民族为邻并努力生存而产生的不安全感。[①]

——乔治·凯南

　　因此，正如我们所看到的，（美苏）这场竞争不是具体国家利益的竞争，而是具有绝对的意识形态色彩，对苏联来说，后者是不允许作出妥协的。[②]

——保罗·尼采（Paul Nitze）

　　1945年，随着希特勒自杀和日本裕仁天皇宣布无条件投降，第二次世界大战结束，人们迎来了一个新的时代。不过，这个新的时代并非如《联合国宪章》序言所期许的那样：战后各国"力行容恕，彼此

---

　　① George Kennan, "Long Telegram," Harry Truman Administration File, February 22, 1946, p.5, accessed December 20, 2016, http://digitalarchive.wilsoncenter.org/document/116178.

　　② Paul Nitze, "The Grand Strategy of NSC-68," in S. N. Drew, ed., *NSC-68: Forging the Strategy of Containment* (Washington, D.C.: National Defense University, 1994), p.16.

以善邻之道，和睦相处，集中力量，以维持国际和平及安全"。[1] 与此相反，人们进入了紧张而恐怖的美苏冷战时代。对于美国决策者来说，冷战的主题就是对付"苏联威胁"，"苏联威胁"充斥在美国整个冷战话语中，在美国社会成为一个常识。因此，这也就不难理解为什么在1985年的一项调查中居然有28%的美国受访者认为二战期间美苏两国是敌人。[2] 对于那些现实主义者来说，"苏联威胁"明显且真实，核导弹可能摧毁美国数次，"苏联威胁"似乎无须证明。但是，20世纪六七十年代出现了关于冷战研究的修正派，他们认为冷战是由于误解造成的，"苏联威胁"被夸大甚至根本不存在。尔后，又出现的后修正派则认为前面两派都有失偏颇，冷战应该是综合因素的结果。[3] "苏联威胁"的真伪确实值得进一步探讨，但无论是否真实存在或者在多大程度上存在都不影响"苏联威胁"作为一个社会事实存在。这一社会事实贯穿整个冷战，影响了整个世界的发展进程。更为重要的是，"苏联"本身并不会说话，需要话语的阐释才能进入美国人理解的社会世界，因此"苏联威胁"的形成可以被看作一个话语建构的过程。

本章将从话语角度，特别是隐喻和叙事认知路径建构维度，解释美国建构"苏联威胁"的话语。在分析之前，需要作两点说明：第一，从二战结束到1991年，"苏联威胁"话语持续了40多年，美苏关系时紧时缓，威胁的方面和范围也存在变化，但整体而言，都是关于冷战的故事。限于篇幅和本书的研究目的，笔者选择"苏联威胁"形成最剧烈的冷战早期进行研究，因为这段时期建立了整个"苏联威胁"故事的骨架。第二，美国的"苏联威胁"话语与"日本威胁"话语和"中国威胁"话语有所不同，所以在分析体例上与后两个案例略有差别。这主要是因为美苏两国为了抵御德国的威胁而在二战中走到一起，但是真正的"蜜月期"从未出现，二战结束后在凯南"长电报"等话语

---

① 《联合国宪章》，联合国官方网站，http://www.un.org/chinese/aboutun/charter/preamble.htm，访问日期：2015年6月10日。

② D. K. Shipler, "The View from America," The New York Times, November 10, 1985, accessed January 2, 2017, http://www.nytimes.com/1985/11/10/magazine/how-we-see-each-other-the-view-from-america.html?pagewanted=2.

③ 王帆：《关于冷战起源的几种解释》，《外交学院学报》2000年第2期，第37页。

主导下，苏联迅速变为美国的敌人，而不像日本和中国随着经济实力不断上升，经过比较长时间不同话语的阐释和激烈的争论才开始影响政策话语。也就是说，"苏联威胁"的形成没有出现苏联是否是威胁的广泛且长时间的公共辩论。相反，美国决策精英圈很快接受了"长电报"等话语建构的隐喻和叙事认知框架，并且沿着这一框架不断发展。因此，本章将不单设一节讨论不同话语对于同一事实或事件的前后对立阐释。本章第一节主要从美国"自我"与苏联"他者"对比阐释角度解构"苏联威胁"的客观性。第二节和第三节则以"苏联威胁"形成过程中先后出现的关键文本为依据，分析隐喻和叙事框架是如何建构"苏联威胁"的。其中，第二节主要以"长电报"、"铁幕演说"、《克利福德-埃尔西报告》和杜鲁门关于希腊、土耳其危机的国会演讲等话语和文本为依据分析隐喻和叙事如何搭建"苏联威胁"故事框架；第三节则以关于"遏制"、"冷战"、"多米诺骨牌"、《国家安全委员会第68号文件》等文本为依据分析隐喻和叙事框架在"苏联威胁"话语演进中的角色。

第一节 美国"自我"叙事与苏联"他者"建构

国家的形成需要共同的记忆来建构一个"想象的共同体"。[1] 要理解"苏联威胁"这个"他者"，需要知道美国建构了什么样的"自我"，因为"威胁"总是通过阐释其与"自我"的区别来建构的。这种自我意识依赖于国家在自传体叙事中作为主角的自我叙事。[2] 因此，分析美国文化的"自我"话语叙事就成了考察"苏联威胁"形成的线索。

---

[1] Benedict Anderson, *Imagined Communities: Reflections on the Origin and Spread of Nationalism* (London: Verso, 2006).

[2] Frederick W. Mayer, *Narrative Politics: Stories and Collective Action* (New York: Oxford University Press, 2014), p.7.

一、美国"自我"叙事

美国建构了一个什么样的"自我"呢？最重要的莫过于"五月花"号和"山巅之城"建构的"上帝的选民"的故事。事实上，美国政治文化叙事常常始于"五月花"号。1620年底，搭载着100多名船员的"五月花"号抵达美洲大陆，船上的清教徒签署了美国历史上第一个政治契约性文件《五月花号公约》，其中写道"为了荣耀上帝的神明、传播基督的信仰"来到这片大陆。[①] 这种带有强烈宗教味道的使命感在10年之后马萨诸塞湾殖民地总督约翰·温斯罗普（John Winthrop）的布道词中表达得更加清楚："我们将是山巅之城，万众瞩目。"[②] "山巅之城"的说法源自《圣经·新约》中"马太福音"第五章。"山巅之城"的神话被美国精英和民众广为接受，并在众多美国文学、艺术作品和政治家演讲中被反复确认和引用。美国画家约翰·加斯特（John Gast）1872年创作的油画《美国进步》也充分体现了这种神话天命观。[③] 美国总统更是对此深信不疑。1961年，约翰·肯尼迪当选美国总统后回到马萨诸塞州发表了演讲，并被称为"山巅之城"演讲。他讲道："今天我们真正万众瞩目，我们的政府，无论是国家、州还是地方的任何级别和任何部门，都必须是山巅之城，由那些心怀他们重托和伟大责任的人所建造和居住。"[④] 里根总统在1989年1月的告别演说中也指出，他在政治生涯中一直在讲述"闪耀的山巅之城"。[⑤]

这种为四海邦民传播宗教的使命感让美国人自视高人一等，他们将自己视为"上帝的选民"。被誉为"美国莎士比亚"的赫尔曼·梅尔

---

① 王希:《原则与妥协：美国宪法的精神与实践（增订版）》，北京大学出版社，2014，第20页。

② Mount Holyoke College, "John Winthrop's 'City Upon a Hill'," 1630, accessed December 20, 2015, https://www.mtholyoke.edu/acad/intrel/winthrop.htm.

③ 陈春华、胡亚敏:《美国的"山巅之城"神话》,《世界文化》2012年第12期，第5页。

④ John F. Kennedy, "Address to Massachusetts State Legislature," The National Archives, January 9, 1961, accessed December 20, 2015, https://research.archives.gov/id/193879.

⑤ Ronald Reagan, "Transcript of Reagan's Farewell Address to American People," The New York Times, January 12, 1989, accessed December 23, 2015, http://www.nytimes.com/1989/01/12/news/transcript-of-reagan-s-farewell-address-to-american-people.html?pagewanted=all.

维尔（Herman Melville）在小说《白外套》中的叙述充分体现了这一点："我们应该尽可能成为后代的尊师而非前人的弟子……我们美国人与众不同，是上帝的选民"，"我们是世界的先驱……为我们的'新世界'开辟新路"。[①] 这种民族优越感让美国人民相信美国19世纪的领土扩张是必然的，即《美国杂志和民主评论》编辑约翰·奥沙利文（John L. O'Sullivan）所称的"天定命运"（manifest destiny）。[②]

这种"自我"叙事话语不断自我强化，深深扎入美国人心底，构成美国人最基本的自我认同，"以致那些在国际上依照权力政治规则行事的美国政治家都免不了奢谈美国对外干涉目的的'纯洁性'"。[③] 这种身份在美国对外政策中最突出的表现就是"美国例外论"。"美国例外论"的表现形式多样，归纳起来有五大方面：美国肩负着独一无二的责任，具有独特性；美国的表现比其他国家好；美国的成功是由于其特殊的才智；美国肩负着维护世界利益（the good）的责任；上帝站在美国这边。[④] 美国政治家对这些"例外"叙事神话深信不疑，并不断实践。这也就很容易理解为什么美国在很多对外政策中实行"双重"标准。在一定程度上，"上帝的选民"构成了其霸权话语合法性的道义和心理基础。

与"上帝的选民"和宗教使命叙事相伴的是美国人追寻和传播"自由"（liberty）的叙事。宗教虽然"不谈自由，但它却很好地教导美国人掌握行使自由的技巧"。[⑤] 早期的清教徒笃信上帝将他们带到北美这块新大陆，使他们远离欧洲"旧世界"得以建立一个"新世界"。这个新世界是什么样的呢？美国《独立宣言》指出，"造物主赋予他们若干不可让与的权利，其中包括生命、自由和追求幸福的权利"；《美利坚合众国宪法》序言中这样写道："我们美利坚合众国的人民，为

---

① Herman Melville, *White Jacket; Or, The World in a Man-of-War* (Auckland: The Floating Press, 2011), p.202.

② Sam W. Haynes and Christopher Morris, *Manifest Destiny and Empire American Antebellum Expansionism* (Texas: Texas A&M University Press, 1997).

③ 周琪：《"美国例外论"与美国外交政策传统》，《中国社会科学》2000年第6期，第94页。

④ Stephen Walt, "The Myth of American Exceptionalism," *Foreign Policy*, no. 189 (2011): 72-75.

⑤ 托克维尔：《论美国的民主》上卷，董果良译，商务印书馆，2009，第369页。

了组织一个更完善的联邦，树立正义……确保我们自己及我们后代能安享自由带来的幸福，乃为美利坚合众国制定和确立这一部宪法。"①美国人对于"自由"价值的认同就这样以正式政治文件的方式加以确认。在纪念哥伦布发现美洲300周年的演讲中，美国信普救说者教会（Universalist Church of America）创始人之一埃尔赫南·温切斯特（Elhanan Winchester）指出，美国人使这块蛮荒之地"成为地球上第一个建立起平等的公民自由和宗教自由之地"。② 这种对"自由"的信仰深入美国人心底，以致法国人阿历克西·德·托克维尔（Alexis-Charles-Henri Clérel de Tocqueville）来到北美大陆时这样描述道："美国人在他们的头脑中把基督教和自由几乎混为一体，以致叫他们想这个而不是想那个，简直是不可能的。"③

美国人将对于"自由"的认同和对自身独特历史经历的连贯叙事自然地结为一体，"自由"的敌人就是美国的敌人，美国的敌人就是"自由"的敌人，美国的历史被阐释为反抗专制、追求自由的历史。④ 早期殖民者拿到英王特许令来到北美大陆开发新世界，殖民者和宗主国之间有着强烈的精神和经济纽带，殖民者被视为英国人后裔，为英式自由（British liberty）而自豪。他们不仅致力于"自由"，而且致力于基于英式理念和原则的"自由"，"自由"成为"联结帝国的纽带"。⑤但是，随着北美社会经济的发展，自由的理念越来越指向反抗专制政府。在波士顿倾茶事件前夕，殖民地人民在《宾夕法尼亚报》发表了《费城决议》（The Pennsylvania Resolution），痛斥英国向北美推行"专制政府和奴隶制"，"粗暴侵害"北美自由。《独立宣言》更是痛斥英国，"当今大不列颠王国的历史，就是屡屡伤害和强取豪夺这些殖民地的历

---

① 原文可参见美国国家档案馆官网：https://www.archives.gov。

② Walter A. McDougall, *The Promised Land, Crusader State: The American Encounter with the World since 1776* (Boston: Houghton Mifflin Company, 1997), p.17.

③ 托克维尔：《论美国的民主》上卷，第373页。

④ Samuel Huntington, "The Erosion of American National Interests," *Foreign Affairs* 76, no. 5 (1997): 30.

⑤ David Womersley, *Liberty and American Experience in the Eighteenth Century* (Indianapolis: Liberty Fund, 2006), p.6; Eric Foner, *Give Me Liberty!: An American History* (New York: W. W. Norton & Company, 2011), p.151.

史"，其目标就是要在北美各州"建立一个独裁暴政"，英王是不配做统治者的"暴君"（tyrant）。[①] 英国被描述成压迫、专制和暴政的代表，与"自由"对立。因此，北美独立革命被阐释为反抗英国暴政和追求自由之举，而不是简单因为经济利益而进行的革命。事实上，美国历史上的每一次重大时刻无不祭起"自由"的大旗。美国内战时，美国总统林肯在葛底斯堡演说首句就讲道美国"孕育于自由"的理念，结尾更指出"使我们的国家在上帝保佑下得到自由的新生"。

"自由"不仅体现在内政问题上，而且对美国的对外政策也产生了深刻影响，特别是"自由帝国"（empire of liberty）的理念。"自由帝国"是由美国开国元勋托马斯·杰斐逊在与詹姆斯·麦迪逊等美国早期政治家通信时提出的，本意是美国要进行西进扩张，教化野蛮人，将更多的土地纳入自由的世界，后来逐渐演化为向世界传播自由，建立自由世界。[②] "自由帝国"的观念构成了美国后来发动或参与巴巴里战争（Barbary Wars）、美西战争、两次世界大战、冷战等的原始动力之一。

此外，民主和人权也是影响美国对外政策"自我"建构的重要因素。美国人一直认为自己的三权分立制度是所有政治制度的典范，并以"人权卫士"自居。

二、苏联"他者"建构

与美国"自我"叙事相对的则是美国对苏联的"他者"叙事。苏联被建构为"现代世界的邪恶中心"，对内残暴统治，对外扩张，最终目的是主导全球，将极权统治推至世界的每个角落。[③] 因此，美苏两国的矛盾和竞争也就成为正义与邪恶、文明与野蛮、自由与专制之间的较量。总体来说，苏联作为"他者"的威胁话语建构主要表现在意识

---

① "The Philadelphia Resolutions," The Pennsylvania Gazette, October 16, 1773, accessed December 27, 2015, http://avalon.law.yale.edu/18th_century/phil_res_1773.asp.

② "Empire of Liberty," accessed December 27, 2015, http://wiki.monticello.org/mediawiki/index.php/Empire_of_liberty.

③ Ronald Reagan, "Evil Empire Speech," 1983, accessed December 27, 2015, http://www.nationalcenter.org/ReaganEvilEmpire1983.html.

形态上的对立、政治制度上的对立和军事上的威胁。

第一，意识形态上对立的"他者"。冷战政策主要设计者之一保罗·尼采在冷战结束后总结道，"（美苏）这场竞争不是具体国家利益的竞争，而是具有绝对的意识形态色彩"的国家竞争。[①] 在美国的冷战话语中，美苏两国具有完全不同的世界观，但它们都相信自己的意识形态是对的，而且具有普遍性。美国自我认同为资本主义世界的代表，认为建立在保护私有制基础上的资本主义是最有效的经济组织形式，是人类历史的终结。与此相对照，苏联代表的是社会主义阵营，认为资本主义建立在剥削的基础上，始终受困于生产社会化与生产资料私人占有的基本矛盾，解决的方式就是实行共产主义公有制来取代资本主义私有制，在全世界实现共产主义。具体来说，美国认为苏联的共产主义带来四方面"威胁"，即对西方文明的挑战、对美国私有制政治理念的颠覆、对美国国内的渗透和破坏，以及向其他国家兜售共产主义。首先，对西方文明构成挑战。马克思主义认为物质第一性，意识第二性，坚持无神论，因此共产主义者被看作"不信神的唯物主义者"。[②] 丘吉尔在富尔顿演讲中指出，共产主义对"基督教文明"构成了"严重威胁"。其次，对美国私有制政治理念的颠覆。共产主义主张消灭私有制和建立公有制，而美国建国理念的核心是保护私有财产不受国家侵犯。美国人对于共产主义的偏见在很大程度上是因为共产主义的实现将危及其个人财产，这也成为他们区分"文明"与"野蛮"的标准。[③] 再次，对美国进行渗透，从事破坏活动。苏联被认为通过共产党组织、工会、媒体等对美国进行渗透，窃取情报，影响公众意见，从事破坏社会的活动。因此，任何一个美国共产主义分子都可能成为苏联间谍，因为他们"直接听命于苏联上级"。[④] 最后，向其他国

---

① Paul Nitze, "The Grand Strategy of NSC-68," p.16.

② Thomas Aiello, "Constructing 'Godless Communism': Religion, Politics, and Popular Culture, 1954–1960," The Journal of American Popular Culture 4, Issue 1 (2005), accessed October 10, 2015, http://www.americanpopularculture.com/journal/articles/spring_2005/aiello.htm.

③ D. Campbell, Writing Security: United States Foreign Policy and the Politics of Identity, p.159.

④ Mike Gruntman, Enemy Amongst Trojans: A Soviet Spy at USC (Los Angeles: Figueroa Press, 2010), p.5.

家兜售共产主义，颠覆政权和从事破坏活动，从而构成对自由世界的挑战。《国家安全委员会第20/4号文件》指出，苏联通过现代极权主义宣传工具将其伪科学的意识形态包装成"万灵药"兜售给其他人民。[①]例如，在东欧，波兰、罗马尼亚、保加利亚、克罗地亚等国就建立了亲苏联共产主义的政权。在美国看来，几乎"在任何地方发生的每一变动，都能看到'莫斯科共产主义'在插手"，共产主义"像章鱼那样身在莫斯科，触角则伸到世界最远的各个角落"。[②]

第二，政治制度上对立的"他者"。美国将自己描述为资本主义制度的代表，苏联代表的是社会主义制度，而后者对于那些二战之后经济社会面临崩溃的国家极具吸引力，因此形成与以美国为代表的资本主义国家的巨大竞争。正如美国总统杜鲁门所说，世界人民面临两种生活方式的选择，一种是美国的自由民主制度，另一种则是以苏联为代表的少数人强加于多数人的统治。[③]事实上，在二战结束时，美国认为整个世界形势对美国的资本主义制度是不利的，不仅阿尔巴尼亚、罗马尼亚、保加利亚等国建立起苏联模式的政权，就连意大利、法国和希腊等国的共产党实力也不断增长，都有选择苏联模式的可能性。这种政治制度的扩展被认为对美国构成了极大挑战。此外，极权独裁统治与美国民主制度对立。美国国父们将美国独立战争阐释为反对英国暴政，所以他们后来选择了三权分立制度，目的就是要保护个人自由免受国家暴政侵害。[④]在美国人看来，苏联政府正是"邪恶暴政"的代表，它实行秘密警察制度，长期对人民施加残酷统治。[⑤]不过，这种

---

① "Report to the President by the National Security Council (NSC 20/4), November 23, 1948," in S. N. Drew, ed., *NSC-68: Forging the Strategy of Containment* (Washington, D.C.: National Defense University, 1994), p.25.

② 威廉·富布莱特：《跛足巨人》，伍协力译，上海人民出版社，1976，第21—22页。

③ Harry Truman, "Recommendation for Assistance to Greece and Turkey," March 12, 1947, accessed January 12, 2016, http://www.trumanlibrary.org/whistlestop/study_collections/doctrine/large/documents/pdfs/5-9.pdf.

④ National Archives, "The Declaration of Independence," July 4, 1776, accessed December 10, 2015, http://www.archives.gov/exhibits/charters/declaration_transcript.html.

⑤ Melodie Brandon and Claudio Violato, "The Soviet Threat: How Much Is Myth?" *Peach Research* 20, no. 2 (1988): 56.

认知在很大程度上是因为美国的话语中到处弥漫着苏联残酷统治的故事。例如，斯大林在20世纪30年代开展"大清洗"，秘密处决、未经正常审判处死或流放数百万人；[1] 苏联实行劳改营政策，强制罪犯劳动，虐待和折磨囚犯，夺取数百万人生命；[2] 苏联政府强制农民参加集体农庄，残酷剥削农民。[3] 总之，在这种叙事中，苏联就是一个人性泯灭、毫无自由和专制独裁的极权社会，英国作家乔治·奥威尔（George Orwell）的小说《1984》被认为是极权社会人们生活的真实写照。因此，按照美国人自传体叙事逻辑，苏联对于以追求自由和拯救世界为己任的美国来说无疑是一个可怕的敌人。

第三，军事上的威胁。在美国的冷战话语中，苏联作为一个在意识形态和政治制度上对立的"他者"，其军事力量存在本身就构成了对美国等西方国家的威胁。更为重要的是，美国认为苏联领导人一直极其重视军事力量，不断增加投入，动用大量资源来确保与其外交政策相匹配的军事力量，并在各个方面不断取得优势。[4] 相比之下，美国则将自己描述为军事投入不足。例如，1950年，《国家安全委员会第68号文件》指出，美国的军事预算占国民生产总值的6%—7%，而苏联则高达13.8%。因此，贯穿"苏联威胁"话语的一个重要主题就是美国面临着巨大的苏联军事威胁。在美国冷战话语中，苏联军事威胁的最核心威胁就是核武器威胁。1949年，苏联试爆原子弹成功，结束了美国的核武器垄断地位，美国开始面临苏联核武器打击的威胁。这种核打击威胁话语一直持续到冷战结束，在不同阶段表现为不同特征：20世纪50年代初，美国主要认为苏联可以通过突然袭击方式对美国造成"严重伤害"；50年代末，美国失去对苏联核打击时免受苏联二次

---

① 斯大林逝世后，随着赫鲁晓夫关于斯大林的"秘密报告"的出现，美国开始出现很多关于"大清洗"的报道和书籍，如：Robert Conquest, *The Great Terror: Stalin's Purge of the Thirties* (New York: The Macmillan Company, 1968)。

② Stephen Cohen, "Book Review: The Gula Archipelago," The New York Times, June 16, 1974, accessed December 10, 2015, https://www.nytimes.com/books/98/03/01/home/solz-gulag.html.

③ 乔治·凯南：《美国大外交（60周年增订版）》，雷建锋译，社会科学文献出版社，2013，第184页。

④ Maxwell Taylor, "The Reality of the Soviet Threat," *Proceedings of the Academy of Political Science* 33, no. 1 (1978): 171-172.

核打击的能力；70年代初之前，苏联打破了美国在核武攻击中对民间目标攻击的优势；70年代中期，苏联在核武器运载工具方面打破美国优势；70年代末和80年代初，苏联打破美国在核反击能力和整体核力量方面的优势。[1] 此外，苏联军事技术特别是导弹技术的发展也是美国描述苏联军事威胁的重要因素。最典型的例子是，苏联洲际弹道导弹技术的发展触发美苏两国太空竞赛。1957年10月4日，苏联将人类第一颗人造卫星送入太空，随后很快又成功发射另外两颗人造卫星，而美国1957年12月第一次人造卫星发射失败。苏联的成功和美国的失败使美国感到自己在军事新技术研发方面已经落后苏联，因为任何发射人造卫星的火箭都可以用来发射洲际导弹。[2] 同时，这一事件也让整个西方世界顿时陷入巨大的恐慌，人们开始怀疑美国的军事实力和保卫自由世界的能力。[3] 1961年4月12日，苏联再次震惊世界，将人类第一次成功送入太空。苏联在卫星和弹道导弹等方面的成就使美国愈加担心太空卫星遭到苏联反卫星武器如轨道炸弹的攻击，甚至害怕苏联导弹可能逃过美国预警系统，使美国海空军基地轻易遭受到热核武器攻击。[4]

通过对美国"自我"叙事和苏联"他者"建构的对比可以清楚地发现，美国冷战话语建构的"苏联威胁"虽然有物质层面因素，如核武器等，但是这些物质层面因素都是通过话语阐释将苏联建构为美国"自我"叙事中的对立面才获得威胁的意义的。在下面两节，笔者将详细分析威胁话语中的隐喻和叙事如何从复杂的美苏关系中建构一个连贯、合理和易于理解的"苏联威胁"故事。

---

① Robert Johnson, *Improbable Dangers: U.S. Conceptions of Threat in the Cold War and after* (New York: St. Martin's Press, 1997), pp.92-93.

② Office of the Historian of U.S. Department of State, "Sputnik, 1957," accessed December 12, 2015, https://history.state.gov/milestones/1953-1960/sputnik.

③ 范海虹：《苏联与美国外层空间竞争研究（1945—1969）》，九州出版社，2014，第64—65页。

④ Alton Frye, "Our Gamble in Space: The Military Danger," The Atlantic Monthly, August 1963, accessed December 12, 2015, http://www.theatlantic.com/past/docs/issues/63aug/frye.htm.

第二节 "苏联威胁"故事的初步建构

1945年，第二次世界大战结束，美苏反法西斯的盟友叙事随着盟国的胜利走向尾声，如何理解和处理战后秩序和战时盟友苏联是摆在美国人面前的一大难题。显然，与苏联对抗争霸并不是美国最初希望的。虽然在二战结束前美国国内就出现了一些对苏联的负面看法，但是直到1945年二战结束后，"苏联威胁"话语一直都是碎片化的，不是主流。对美国政府来说，当时主流声音还是希望寻求和苏联合作，实现和平共存。冷战政策设计者之一保罗·尼采曾指出，在二战结束时大多数人倾向于战后三点政策（three-point policy）：一是联合国及其机构的建立和运行；二是制定出与斯大林等合作的方法，只有这样才能保证联合国的正常运行；三是依靠英国处理战后政治问题。[1] 当时，美国商务部部长亨利·华莱士（Henry Wallace）是主张和苏联合作的人当中最激进的一位。他认为苏联在战后初期的要求是可以理解的，并为美苏和平相处指出了一条道路：苏联的战后重建为美国提供了巨大的商业机会，这反过来会培养双方的"相互信任和信心"，从而实现"长久的和平"。[2] 但是，美国总统杜鲁门的主要助手白宫办公厅主任威廉·莱希（William Leahy）和海军部部长詹姆斯·福莱斯特（James Forrestal）等人则对美苏关系采用了一种更加悲观的叙事，支持对苏联采取强硬政策。所以，1945年末，福莱斯特看到自己委托的研究报告得出美苏冲突"似乎无法避免"的结论时非常高兴。[3] 由于这一截然相反的叙事图景，美国决策者收到的苏联情报分析或是彼此矛盾或是模棱两可，美国的国家安全叙事正处在前文提到的"不稳定叙事情景"

---

[1] Paul Nitze, "The Grand Strategy of NSC-68," p.7.

[2] Alonzo Hamby, "Henry A. Wallace, the Liberals, and Soviet-American Relations," *The Review of Politics* 30, no. 2 (1968): 158-159; Henry Wallace, "The Way to Peace," in Ralph Levering et al., eds., *Debating the Origin of the Cold War* (New York: Rowman & Littlefield Publishers, 2001), p.78.

[3] Daniel Yergin, *Shattered Peace: The Origins of the Cold War and the National Security State* (Boston: Houghton Mifflin Company, 1977), p.165.

或"关键时刻"。这种主导性叙事认知框架的缺失不仅造成对苏联的认知不同，更会造成行动上的不一致。这一点在杜鲁门早期对待苏联的态度上非常明显。1945年4月，杜鲁门严厉斥责苏联外交部长莫洛托夫在波兰问题上的做法，并于6月派总统助理哈里·霍普金斯（Harry Hopkins）前往莫斯科平息此事；① 7月，杜鲁门参加波茨坦会议，与斯大林会面后，他在写给妻子的信中又这样评价斯大林："我喜欢斯大林。他是个坦率的人，知道他想要什么，当发现不能得到时将会妥协。"②

但是，1946年初，美国政府在对苏问题上的摇摆和不确定性开始发生戏剧性变化。导致这一变化的原因既不是苏联的行为也不是国际突发事件，而是美国关于苏联叙事框架的骤变。一个重要叙事认知框架是"长电报"。1946年2月22日，为了回答苏联为什么拒绝加入世界银行和国际货币基金组织，乔治·凯南从美国驻苏联大使馆发回了著名的"长电报"。③ 凯南并没有直接回答美国国务院的具体问题，而是从苏联对外部世界的认知与行为特征出发，分析其根源以及美国的对策，为理解美苏关系和苏联"他者"身份提供了一个全新的总体认知框架，构成了冷战故事的基本骨架。因此，这封电报被认为是外交史上的罕见现象——仅仅一个人的一篇文章"立即改变了一国的对外政策方向"。④ "长电报"传到美国国务院后引起很大反响，在政策圈被广泛传阅，被认为是"关于苏联过去和未来行为方式最有说服力的解释"。⑤ 另外一个重要叙事认知框架是"铁幕演说"。就在凯南发回"长

---

① Charles Nathanson, "The Social Construction of the Soviet Threat: A Study in the Politics of Representation," *Alternatives* 13, no. 4 (1988): 444.

② Robert Ferrell, *Dear Bess: Letters from Harry to Bess Truman* (New York: Norton, 1983), p.522.

③ 关于凯南发"长电报"的原因说法不一，凯南在回忆录中称是为了回复美国国务院询问苏联为何拒绝加入世界银行和国际货币基金组织，英国语言学家保罗·切尔顿（Paul Chilton）在研究冷战隐喻的著作中也采用了这一说法，而美国国务院的解密档案在该份电报的注解中称国务院要求凯南分析斯大林在选举前的几次演讲。但是，解密文件中并不包括该封电报中提到的国务院发给凯南的电报。本书采用了凯南本人的说法。

④ 约翰·加迪斯：《遏制战略：战后美国国家安全政策评析》，时殷弘、李庆四、樊吉社译，世界知识出版社，2005，第15页。

⑤ 同上书，第17页。

电报"后不到一个月，英国前首相丘吉尔于3月5日在美国密苏里州富尔顿发表了著名的"铁幕演说"，宣称"从波罗的海的什切青到亚得里亚海的的里雅斯特，一幅横贯欧洲大陆的铁幕已经落下"。[①] 这些话语建构的"苏联威胁"故事框架又在1947年杜鲁门关于希腊、土耳其危机的演讲中以官方公开的形式加以确认，成为建构苏联"他者"意义的最主要的认知框架。下面，笔者将详细分析"苏联威胁"故事是如何被初步建构起来的。

一、"苏联威胁"故事框架的搭建

（一）故事人物的登场

二战的胜利标志着新时代的来临，但是在1945年，人们对于新时代的图景还是非常不确定和模糊的。美国应该如何看待波兰问题？是苏联基于自身安全的正当需要还是扩张的开始？如何处理德国问题？如何看待苏联对罗马尼亚、希腊、土耳其等国的影响？如何处理朝鲜、越南等问题？这些问题连同其他问题时刻困扰着当时美国的对外政策决策者。人们需要一个连贯和统一的故事来理解周围发生的一切。"长电报"和"铁幕演说"等话语提供了一种新的故事认知框架，重新界定了美苏之间所发生事务的意义，并引导和制约着国家的行为。

那么，它们是如何建构这个冷战故事的呢？众所周知，故事的形式多样，但基本上都包括英雄、恶棍和情节三个要素。[②] 持续了40多年的冷战几乎一直都在上演着这样一个故事：美国是自由、民主、正义的"英雄"化身，而苏联则是独裁、"病态"、不断扩张并最终要推翻资本主义的"恶棍"，美国领导西方对抗"邪恶"的苏联在世界各地扩张，双方的斗争是一场善恶之战。

"长电报"和"铁幕演说"在"苏联威胁"建构中最重要的作用在

---

① Winston Churchill, "The Sinews of Peace," March 5, 1946, accessed January 10, 2017, http://www.winstonchurchill.org/resources/speeches/235-1946-1963-elder-statesman/120-the-sinews-of-peace.

② Sanjoy Banerjee, "Narratives and Interaction: A Constitutive Theory of Interaction and the Case of the All-India Muslim League," *European Journal of International Relations* 4, no. 2 (1998): 193.

于其开启了这个故事，明确地介绍了故事中的主要人物——"英雄"和"恶棍"，使冷战故事成为可能。在凯南将"长电报"发回国务院之前，一直困扰美国决策圈的难题是苏联复杂、难以捉摸，双方既有合作又有冲突，这种复杂关系很难给人以明确的认知指导。要使美苏关系成为"英雄"和"恶棍"的故事，首先要做的就是将两国关系进行极化（polarization）处理，而不能将两者纠缠在一起。凯南采取的方式是从意识形态上将两者区分开来。"长电报"伊始，他先通过直接引用1927年斯大林会见美国工人代表团时的发言来将美苏两国推向两个极端，他指出："在国际革命进一步发展的过程中，将会出现两个具有世界意义的中心：一个是社会主义中心，把倾向于社会主义的国家吸引过去；一个是资本主义中心，将倾向于资本主义的国家吸引过去。这两个中心对于世界经济控制力的战斗将会决定整个世界资本主义和社会主义的命运。"①

通过这种粗暴的二元对立，美苏冷战对抗故事中的"英雄"和"恶棍"就出现了，美苏关系变得清晰。波兰、希腊、意大利等国的共产主义运动不是一国之事或者传统的势力范围争夺，而是背后有着明确的政治议程。美苏两国之间的分歧不是简单的利益之争，而是社会制度之间的竞争。因为苏联认为其生活在敌对的"资本主义包围圈"中，所以会采取所有手段来增强其在国际社会的力量，并抓住一切机会来削弱资本主义国家的影响力。这就会使美苏两国之间不可能永远和平共存。②

需要指出的是，这种将两国关系置于两种主义的对立手法非常巧妙。第一，凯南引用的是斯大林的原话，给人一种苏联就是这样思考和处理美苏关系的感觉。但是，正如该电报所指出的，斯大林讲这些话的时候是1927年。尽管在1946年2月9日的一次演讲中斯大林也曾提到资本主义发展不平衡会导致战争，甚至《纽约时报》的一篇文章将该演讲看作斯大林拉开第三次世界大战的序幕，但是考虑到该演讲

---

① George Kennan, "Long Telegram," p.2.

② Ibid., pp.1-3.

的背景和听众，也完全可以将斯大林的目的理解为是在战后将苏联人民团结起来，为政府的相关政策找出合法性，以及为斯大林树立个人领导地位。[1] 第二，能够与十月革命后美国出现的"反共思潮"话语产生强烈的互文联想，形成共鸣。第三，社会主义和资本主义都是宏大的叙事建构，很难证伪，只要沿着这种框架思考就自然能够找到合理的证据，自动排除与故事不相关的或矛盾的事实。

如果说凯南的"长电报"对于美苏冷战故事认知框架的建构主要限于政府决策圈内部，那么丘吉尔的"铁幕演说"则是在大众和整个精英阶层起到了类似的作用，在欧洲上空人为地建构出一道铁幕，建构出两大阵营的认知图式。"铁幕演说"的认知建构作用主要是通过"铁幕"隐喻图式实现的。"铁幕"的英文是iron curtain，本意是指剧院中的一种防火设备。事实上，在19世纪末，由于剧院火灾频发，德法等国开始规定所有剧院必须安装"铁幕"，在起火时将铁幕降下可以避免舞台上的火势蔓延到剧院的其他地方。[2] 可见，"铁幕"明显有"隔离""界限"和"两个隔离区域"等蕴涵。"铁幕"隐喻并非丘吉尔首次使用，而是已经具有一定的话语互文基础。事实上，早在丘吉尔之前，这个词的隐喻用法就被用于苏联。1920年，英国社会主义者埃塞尔·斯诺登（Ethel Snowden）就曾使用"铁幕"来指代难以穿越的苏俄边界。[3] 1945年2月5日，德国纳粹宣传部部长保罗·戈培尔（Paul Goebbels）利用仇视共产主义的情绪来煽动士兵誓死一搏，称如果德国人放下武器，苏联就会占领东欧和东南欧以及德国的大部分国土，"铁幕"就会降临到这块土地上，"铁幕"之后的国家都将被屠杀。[4] 换言

---

① 更多相关讨论可参见：Frank Costigliola, "The Creation of Memory and Myth: Stalin's 1946 Election Speech and the Soviet Threat," in Martin J. Medhurst and H. W. Brands, eds., *Critical on the Cold War: Linking Rhetoric and History* (Texas: Texas A&M University Press, 2000), pp.38-54; Hannah Gurman, *The Dissent Papers: The Voices of Diplomats in the Cold War and beyond* (New York: Columbia University Press, 2012)。

② Patrick Wright, *Iron Curtain: From Stage to Cold War* (New York: Oxford University Press, 2007).

③ Ethel Snowden, *Through Bolshevik Russia* (New York: Cassell and Company, Ltd., 1920), p.32.

④ Norman Markowitz, "The History You Aren't Supposed to Understand: 'The Iron Curtain'," Political Affairs, August 29, 2007, accessed December 26, 2016, http://politicalaffairs.net/the-history-you-aren-t-supposed-to-understand-the-iron-curtain/.

之，在"铁幕演说"前，"铁幕"就有了"苏联威胁"的蕴涵。正如美国专栏作家马克斯·勒纳（Max Lerner）所说："（铁幕）几乎将30年前十月革命以来人们对俄国的忧惧都汇聚成了一个形象。"[1] 所以，丘吉尔说"一道横贯欧洲大陆的铁幕已经落下"，在"铁幕"之后的所有国家将无一例外地处在苏联势力范围之下受其高压控制，这是在利用隐喻映射将"铁幕"的蕴涵投射到欧洲大陆，从而人为地建构欧洲大陆正在被分为两个部分，一部分是苏联控制的，另一部分是自由民主的美英等国所支持的。换句话说，"铁幕"隐喻的认知模式将复杂的世界简单化，将国与国之间复杂的关系简化为苏联的社会主义阵营和美国的资本主义阵营。此外，"铁幕"隐喻认知模式的建构还与演讲中其他相关隐喻的支撑有关。例如，为了使无数家庭获得安全，必须以"盾牌"（shield）保护他们免受战争和暴政的侵犯；刚被盟国胜利所照亮的大地，已经被"阴影"（shadow）所笼罩。[2] 这里的"盾牌"和"阴影"隐喻都与"幕布"（curtain）本意有关，旨在创造危险降临而需要加以隔离保护的故事框架。最后，需要指出的是，"铁幕"隐喻改变的是人们的认知模式，而这种认知模式引导人们的行动。事实上，之后北大西洋公约组织（以下简称"北约"）和华沙条约组织（以下简称"华约"）的成立、"柏林墙"的修筑，以及其他经济、政治和意识形态上的封锁，都与这种认知框架是一致的。

（二）"恶棍"形象的刻画与故事的"情节编排"

一个好的故事除了要有"英雄"与"恶棍"的登场，还要对"恶棍"进行刻画和定性，并通过"情节编排"来将各种事件串联起来。

第一，苏联被贴上"暴政国家"的标签。在"长电报"和"铁幕演说"话语中，苏联被刻画成通过享有特权的党和庞大的警察队伍建立起来的警察社会，而且这种使用警察暴政统治的传统自沙俄时期就存在，他们使用一切手段不断扩充警察力量来实现对民众的控制，剥

---

[1] Max Lerner, "The Iron Curtain and the Great Fear," *The Gazette and Daily,* March 14, 1946, p.19.

[2] Winston Churchill, "The Sinews of Peace," March 5, 1946, accessed December 26, 2016, http://www.winstonchurchill.org/resources/speeches/235-1946-1963-elder-statesman/120-the-sinews-of-peace.

夺人民的基本人权。这与美国《大宪章》、《权利法案》、陪审团制度、《独立宣言》和宪法中的精神都是对立的。因此，"长电报"在指称苏联政府时更多使用"当局"（regime）一词，如"苏联当局"（Soviet regime）和"布尔什维克当局"（Bolshevist regime）。在英文中，"当局"有政权、统治和政府的意思，但是指政府的时候常常具有贬义，特别是那些没有经过西方所谓的民主公平选举的政府。

第二，对苏联敌视外部世界等一切行为根源进行叙事建构。凯南将苏联的行为根源刻画为本能的不安全感。凯南指出，苏联存在一种"本能的不安全感"，他们对于外部世界的判断"与苏联的外部情况没有什么关系"。[1] 这种不安全感是苏联农业文明与平原上凶猛的西方游牧文明相遇的自然产物。苏联在经济、技术方面要远远落后于欧洲大陆，这更加剧了这种不安全感。所以，苏联惧怕外国渗透和抵触西方世界的心理非常普遍。凯南进一步提出，马克思主义在苏联兴起并非偶然，因为它为苏联人这种传统且本能的不安全感提供了绝好的依据。[2] 只有打破美国社会内部和谐、摧毁美国传统生活方式以及削弱美国国际权威，苏联才有可能有安全感。[3]

这实际上否定了美国政府当时主导的"容纳政策"（accommodationist policy）。在此之前，因为两国"没有物质利益冲突"，"没有领土争端"，"没有具体的经济争端"，两国还可以合作。[4] 甚至直到1945年底，美国军方也主要从权力政治、苏联战略需要以及对英美行为的反应等角度考虑苏联行为。美国的情报分析和战略规划者也认为，苏联在东欧、波罗的海和远东等地只是要建立一个有效的安全缓冲地带，甚至认为苏联当时占有的土地仍未达到安全缓冲地带所要求的水平。即使那些强调苏联扩张的"鹰派"人士也承认有容纳妥协（accommodation）

---

① George Kennan, "Long Telegram," p.5.

② Ibid., p.6.

③ Ibid., p.14.

④ Fraser J. Harbutt, *The Iron Curtain: Churchill, America, and the Origins of the Cold War* (New York: Oxford University Press, 1986), p.132.

的可能性。[①] 因此，只要美国采取正确的方针，苏联就会与之合作。[②] 但是，根据"长电报"建构的"苏联威胁"，无论美国及其盟友如何行动，苏联注定要不断扩张，并将最终摧毁包围在外部的资本主义世界。

第三，疾病隐喻与"病态"的苏联认知框架建构。疾病隐喻是政治文本的常见隐喻，也是冷战话语建构"苏联威胁"认知的一个重要框架。凯南在电报中指出，苏联坚信资本主义社会滋生着"蔓延疾病的细菌"（germs of creeping diseases），注定会被其"不断增多的内部痉挛"（growing internal convulsions）所折磨破败，并最终被社会主义给予致命一击。[③] 而凯南给出的"药方"在很大程度上取决于美国社会自身的"健康和活力"（health and vigor），因为这些"共产主义细菌"像"寄生虫"（parasite）一样只能寄生于"生病的组织"（disease tissue）。[④] 这种疾病隐喻用法在十月革命后美国关于苏联的话语中就已经出现了，实现了互文。1917年俄国革命后，当时西方国家就将共产主义视为一种传染疾病，并采取一切措施限制"共产主义细菌"的蔓延，美国总统威尔逊使用了"检疫所"（quarantine）隐喻。[⑤] 凯南的疾病隐喻和威尔逊的"检疫所"隐喻都共同指向了所谓的"共产主义传染性"，两者在认知图式和后来的外交政策上都体现了一定程度的"政策连续性"，即"隔离病菌"的遏制政策。[⑥] 这种疾病隐喻认知框架被广泛用于建构苏联渗透美国等资本主义国家的威胁，以及在世界各地不断扩张蔓延的危险。[⑦] 一个典型的例子是，1946年4月1日，美

① Melvyn Leffler, "The American Conception of National Security and the Beginnings of the Cold War, 1945–1948," *The American Historical Review* 89, no. 2 (1984): 365.

② 约翰·加迪斯:《遏制战略：战后美国国家安全政策评析》，第16页。

③ George Kennan, "Long Telegram," p.6.

④ Ibid., p.17.

⑤ Peter Van Ham, *Western Doctrines on East-West Trade: Theory, History and Policy* (London: Macmillan Academic and Professional, Ltd., 1992), p.110.

⑥ Donald Davis and Eugene Trani, *The First Cold War: The Legacy of Woodrow Wilson in U.S.-Soviet Relations* (Missouri: University of Missouri Press, 2002), p.203.

⑦ Alexander Hinchliffe, "Contamination and Containment: Representing the Pathologised Other in 1950s American Cinema" (PhD diss., University of Nottingham, 2009), p.8; Jeff Smith, *Film Criticism, the Cold War, and the Blacklist: Reading the Hollywood Reds* (Los Angeles: University of California Press, 2014), pp.266-267.

国《时代周刊》绘制的"共产主义传染地图"分别标注出"隔离检疫"（quarantined）区、"感染"（infected）区和"易受感染"（exposed）区。[①]总之，疾病隐喻的使用使"苏联威胁"身份更加具体形象，所以美国政府采取的政策也变得明确，即美国政府作为"医生"既要清除体内的"病菌"和"寄生虫"，更要采取防护隔离措施使身体的其他部分免受感染，同时为了抑制这种"病菌"还要协助他人（欧洲）免受侵害。

除了疾病隐喻，凯南在"长电报"中还大量使用了"病态"隐喻指向苏联，如"克里姆林宫关于世界事务的神经质看法"，"狂热地致力于这种信念"，"对理智无动于衷"，"对武力极其敏感"，"更虚弱的力量"。在"长电报"中，苏联成了一个不理智的且近乎神经质的"病人"。因此，美国政府需要像医生诊断"任性和不理智的"病人那样展现冷静和客观，因为只有这样，才能真正解决当时面临的问题。[②] 这些"病态"隐喻至少产生了三点作用：首先，嵌入"神经病"的认知模式。当人们一旦接受和使用这种"神经病"隐喻，那些"病态"蕴涵就会投射到苏联，无论苏联说什么和做什么，人们都会依赖这种图式以神经病的标准看待。其次，"非理智""神经质"和"对武力极其敏感"等词语意味着苏联不仅是不可被信任的，更是危险和有害的。人们会进行隐喻推理，即像对待一个"神经病人"，首先要控制他，最好放到疯人院，这与遏制战略的认知逻辑是一致的。最后，在冷战中，苏联被刻画成的"非文明"（uncivilized）、"野蛮"（barbarian）和"冷酷无情"（inhumane）的形象与此是一致和相关的，因为如果一个人不正常就根本谈不上文明与仁慈。

第四，情节化。"苏联威胁"故事的形成还依赖于对事件的解读，将"恶棍化"的苏联与当时的事件串联成一个连贯且完整的故事。[③] 首先，讲述苏联一直以来推行扩张主义政策，通过扩大势力范围，最终

---

① 该地图与"长电报"有很大关系，具体参见：Daniel Yergin, *Shattered Peace: The Origins of the Cold War and the National Security State*, p.171。

② George Kennan, "Long Telegram," p.16.

③ 凯南等人所讲述的"威胁"故事只是对所发生的事件进行了合乎其自身故事逻辑的编排。对同一事件可以从不同角度进行解读，如苏联在东欧的很多行为也可以从其基于二战经历的正常安全需要角度阐释，还可以从大国权力政治角度解释，并非只有冷战故事编排的认知框架。

主导世界，消灭资本主义。例如，在讲述的这个故事中，苏联通过二战已经将华沙、柏林、布拉格、维也纳、布达佩斯、贝尔格莱德、布加勒斯特和索菲亚等中东欧大片土地纳入自己的势力范围，人们在上述地区根本没有所谓的自由和民主，到处是极权统治；苏联怂恿受其支配的波兰索取德国更多的领土，驱逐大量德国人；苏联还对土耳其施压，要求控制土耳其海峡和建立军事基地，甚至还有可能要求伊朗在波斯湾开放港口；对于前殖民地和落后地区，苏联施压联合国，要求参与联合国托管地事务，目的是削弱西方在这一地区的控制和影响。其次，"内鬼"故事编排。凯南指出，苏联在其他国家建立的共产主义"第五纵队"受其领导和严密控制，为苏联利益服务。除了"第五纵队"，苏联还会通过国内和国际组织等对其他国家进行渗透、施压和控制。在波兰、土耳其等国发生的事件都被解读为苏联背后操弄的政治阴谋。这种故事编排及其建立的认知模式实际上为随后出现的"麦卡锡主义"埋下了伏笔，制造了一种"红色恐慌"（Red Scare）。[①] 最后，讲述苏联加入国际组织只是为了扩充自己的实力和削弱对手的实力。例如，凯南认为，苏联加入联合国并不是为了实现永久和平，而是为了能够实现私利，而当苏联发现无法实现这一目的时就会抛弃这一机构或使机构停摆。对于苏联拒绝加入世界银行和国际货币基金组织并向之前加入的捷克斯洛伐克和波兰施压，也是因为这样就可以将各个"卫星国"牢牢控制在苏联模式的经济体制之下。[②]

二、"苏联威胁"故事的发酵与官方确认

凯南在"长电报"结尾的对策部分指出，"我们必须教育我们的公众了解苏联形势的现实"。[③] 虽然凯南建构的苏联"现实"还要等到一

---

① 关于"麦卡锡主义"，可参见：周琪主编《意识形态与美国外交》，上海人民出版社，2006，第447—478页。

② Joan Spero and Jeffrey Hart, *The Politics of International Economic Relations* (7th ed.) (Boston: Wadsworth, Cengage Learning, 2010), p.380.

③ George Kennan, "Long Telegram," p.16.

年后由《外交事务》刊登的文章《苏联行为的根源》才公之于众，但是他的"苏联威胁"故事认知模式却在华盛顿政策圈引起了强烈共鸣。丘吉尔的"铁幕演说"也如其所愿，对美国政策精英和公众产生了影响。1946年初，这一新故事框架不仅为渲染"苏联威胁"提供了"现实"图景，而且构成了人们理解苏联的主要认知方式，规范着人们对于事实的截取和理解，引导着人们采取行动。下面，笔者将首先分析"长电报"和"铁幕演说"的传播，以及公众的反应，然后以"杜鲁门主义"为例分析这一新的美苏认知框架在美国对外政策中的初步显现。

（一）"苏联威胁"故事的发酵

在"长电报"发出前的那些日子，凯南因为自己关于美国对苏政策的见解得不到赏识而郁郁寡欢，他甚至在1945年8月20日提交了辞呈。[①] 不过，"长电报"为他赢来了赞赏。美国时任国务卿詹姆斯·伯恩斯（James Byrnes）称其为"极好的分析"，海军部部长詹姆斯·福莱斯特更是非常喜欢，复印了几百份到处分发。[②] 很快，"长电报"在美国国务院、军界和情报系统等对外政策决策圈被广泛阅读和传播，并得到广泛赞同。

随着"长电报"在传阅和讨论过程中的不断发酵，美国政策决策圈人士在接受凯南对于苏联行为阐释的同时，实际上还不可避免地接受了这种威胁叙事的认知框架，而后者将会引导和限制他们对于随后事件和行为的解读，从而进一步强化苏联的"威胁"身份。在1946年春夏，这种认知图式效应在美国决策圈迅速显现，他们对于苏联的理解出现了显著的变化。国防部官员越发认为苏联的目的是打碎美国的国际权威，并且丝毫没有妥协的余地，海军部部长福莱斯特甚至提出"苏联的共产主义威胁比30年代纳粹的威胁还要严重"。[③] 这些决策圈

---

① John Lewis Gaddis, *George F. Kennan: An American Life* (New York: The Penguin Press, 2011), pp.201-203.

② Martin McCauley, *The Origins of the Cold War: 1941–1949* (3rd ed.) (London: Pearson Education Limited, 2008), p.76.

③ Melvyn Leffler, "The American Conception of National Security and the Beginnings of the Cold War, 1945–1948," p.366.

人士特别是军方人士的行为还发生了两个明显的变化：一是军事政策
规划者将越来越少的精力用于研究苏联的意图，而将越来越多的精力
放到分析苏联的能力上；二是当收到的情报信息与"苏联威胁"故事
不符时，这些信息要么就被忽略，要么就被解读为这只是苏联策略手
段的变化而不是最终目标的变化。[①] 例如，1946年7月美国参谋长联席
会议提交的一份报告甚至删掉了有关苏联虚弱的章节。[②] 这两点变化反
映了苏联"威胁"身份的确立，因为一旦接受凯南的威胁叙事，美苏
两国不可调和的敌我身份就出现了，苏联实力存在本身就是对美国的
威胁，无论它说什么和做什么都可以解读为权宜之计，最终目标都是
消灭对方。这种话语确认并强化着这种身份，而这种身份也会进一步
强化这种话语，最终成为主导话语。到1946年底，美情报和军事部门
已经就苏联的最终目的是建立苏联主导的共产主义世界达成了广泛的
共识。[③]

在这一阶段，最能反映"长电报"建构的"苏联威胁"叙事框
架已经成为美国决策圈共识的例证，可能就是《克利福德-埃尔西报
告》（Clifford-Elsey Report）。[④] 1946年夏，杜鲁门总统下令要求白宫
特别顾问克拉克·克利福德（Clark Clifford）起草一份评估美苏关系
的报告。9月24日，他向总统提交了报告。正如克利福德在报告的附
信（covering letter）中所言，他广泛征求了国务卿、战争部部长、海
军部部长、参谋长联席会议主席、中情局局长等几乎所有要员和专
家的意见，因此这份报告是所有被咨询官员"非常一致"（remarkable
agreement）的看法。[⑤] 这份长达近80页的报告大段引述了"长电报"
的内容，完全确认了凯南对于苏联的叙事和认知框架，即苏联是美国

---

① Melvyn Leffler, "The American Conception of National Security and the Beginnings of the Cold War, 1945–1948," pp.368-369.

② Ibid., p.369.

③ Ibid., pp.366-367.

④ 该报告的全称是《美国与苏联关系》（American Relations with The Soviet Union），因为该报告由克利福德和埃尔西起草，故又称《克利福德-埃尔西报告》。

⑤ 参见《克利福德-埃尔西报告》附信部分：Clark Clifford, "American Relations with The Soviet Union," September 24, 1946, accessed January 12, 2016, https://www.trumanlibrary.org/whistlestop/study_collections/coldwar/documents/pdf/4-1.pdf。

的威胁，两国冲突不可避免。例如，该报告指出，苏联领导人认为"共产主义和资本主义国家和平共存是不可能的"，"苏联和西方世界主要资本主义国家的冲突是不可避免的"，苏联的责任就是为"这场不可避免的冲突"作好准备，因此苏联作出的所有政策，无论对内或对外，都是"为了增强苏联力量，确保在可预见的共产主义和资本主义未来冲突中获胜"；对于与美国的协议，苏联也是根据自己的"最优利益"（best interests）选择遵守与否；在军事上，苏联不断针对美国进行部署，并抓住一切机会削弱美国的力量和影响力。[1] 最后，报告总结道："只要苏联政府坚持现在的政策，美国就应该保持足够的军事力量阻止苏联，将苏联的影响力限制在现在的地区，所有不在苏联势力范围内的国家都应被给予大方的经济和政治支持，用于阻止苏联对其渗透。"[2]

杜鲁门总统收到该报告后要求克利福德上交所有报告副本并立即封存。他并不是不同意报告的观点，恰恰相反，他说："这对我来说非常有价值。"他之所以这样做主要考虑到民主党内的罗斯福主义者、中期选举，以及一旦泄密将造成苏联爆炸性反应。[3] 虽然这份报告并未下发到决策圈，但是它充分反映了当时的共识，而且也可以从报告中看到后来实施"马歇尔计划"、成立北约的端倪。

事实上，"长电报"的发酵还表现在对其他不同话语的打击和限制上。一个非常明显的例子就是美国时任商务部部长亨利·华莱士的被迫辞职。华莱士是杜鲁门政府内阁中仅有的支持对苏合作和妥协的成员，而且直到1946年秋他还在倡导对苏合作。例如，同年9月12日他在纽约的一场集会上发表演讲主张承认苏联在东欧和东南欧的势力范围。演讲之后，美国时任国务卿伯恩斯威胁称，如果华莱士不辞职自己就辞职，保守派议员阿瑟·范德堡（Arthur Vandenberg）也对其施压。华莱士辩解称，杜鲁门总统同意他演讲中的观点。结果，为了维

---

① Clark Clifford, "American Relations with The Soviet Union," pp.3, 27-50, 59-70.

② Ibid., p.79.

③ Peter Grose, *Operation Rollback: America's Secret War behind the Iron Curtain* (New York: Houghton Mifflin Company, 2000), pp.92-93.

护内阁统一，华莱士被迫辞职。[1]

与"长电报"由于保密基本局限于对美国政策决策圈产生影响不同，"铁幕演说"的影响范围要大很多。1946年3月5日，丘吉尔在美国富尔顿发表演讲，该城虽然人口只有8000人，但是却吸引了众多国际媒体，丘吉尔成功地将演说传播到全美乃至世界各地。[2]演讲后，苏联方面对此作出了激烈的反应，斯大林在回答《真理报》记者关于"铁幕演说"的看法时称，这是"对苏联宣战"。[3]不过，更为重要的是，"铁幕演说"在美国公众中不断发酵。起初，丘吉尔的演讲虽然受到欢迎，但是很快就受到来自自由派和左派人士，如埃莉诺·罗斯福（Eleanor Roosevelt），以及商务部部长华莱士的批评，因为他们认为英美军事联盟会毁掉新的联合国。[4]但是，到3月20日丘吉尔返回英国时，这种认知框架已经开始被接受，舆论已经完全逆转，基本上都站在丘吉尔一方。[5]"铁幕演说"对美国公众的影响清晰地反映在公众意见的变化上。例如，在演讲结束时，只有18%的人支持美英同盟，而一个月后该比例达到了85%。[6]1946年3月5日至13日的多项公众意见调查都表明，丘吉尔成功地将美国公众的注意力转移到"苏联威胁"上。[7]

对于美国决策层来说，"铁幕演说"的影响也是显见的。事实上，尽管杜鲁门和伯恩斯都没有公开支持这一演说，但是该演说稿在酝酿过程中确实充分征求过美国决策层的意见。例如，在演讲前，丘吉尔

---

[1] Martin McCauley, *The Origins of the Cold War: 1941–1949*, p.77; "Truman Fires Wallace, Demands Cabinet Unity," *The Tuscaloosa News*, September 20, 1946, A1 edition.

[2] David Reynolds, *From World War to Cold War: Churchill, Roosevelt, and the International History of the 1940s* (New York: Oxford University Press, 2006), p.257; John Ramsden, "Mr. Churchill Goes to Fulton," in James W. Muller, ed., *Churchill's "Iron Curtain" Speech Fifty Year Later* (Columbia: University of Missouri Press, 1999), p.42.

[3] 《纽约时报》全文翻译并转载了《真理报》对斯大林的采访，具体参见："Stalin Interview with Pravda on Churchill," *The New York Times*, March 14, 1946, A4 edition。

[4] David Reynolds, *From World War to Cold War: Churchill, Roosevelt, and the International History of the 1940s*, p.258.

[5] John Ramsden, "Mr. Churchill Goes to Fulton," p.44.

[6] Fraser J. Harbutt, *The Iron Curtain: Churchill, America, and the Origins of the Cold War*, p.204.

[7] Ibid., p.207.

曾就演讲的定稿征求过白宫办公厅主任威廉·莱希等人的意见，莱希在日记中写道，"我没有发现任何错误"；丘吉尔在去往富尔顿的火车上还将讲稿呈送杜鲁门，他看后也认为很好，尽管觉得会引起争论。[①]从美国精英在"铁幕演说"前后的变化也可以看到这种话语的影响。例如，英国驻美大使哈利法克斯伯爵（Edward Frederick Lindley Wood, 1st Earl of Halifax）在1946年4月中旬写道，他发现美国人越来越理解和欣赏丘吉尔在富尔顿的演讲，而且很多他认为不会同意这一观点的人都告诉他，这一演讲让他们在认识现实时非常受益。[②]同年10月，杜鲁门对丘吉尔说，富尔顿演讲"一天比一天成为预言"。[③]

最后，需要指出的是，笔者并不是说这些"苏联威胁"话语机械地、直线式地导致了美国对苏联态度和行为的变化。相反，笔者认为，这是一个互构的过程，即"苏联威胁"叙事为认识苏联提供了一个认知框架，这一框架会影响人们对事物的认知，进而形成身份，而这种身份又反过来确认人们的认知和对新事物的理解，以此不断循环和强化。民意调查的变化也印证了苏联"敌人"身份的强化过程。民意调查显示，1946年3月至1947年3月，美国公众对苏联政策越来越持批评态度，更加倾向于接受苏联正在决心征服世界。[④]这种态度的变化正反映了美苏敌我身份的话语强化过程。

（二）"苏联威胁"故事框架的官方确认

随着"苏联威胁"建构的不断强化，美国开始"强硬地对待苏联"，外交政策开始逐渐向以下四个方向发展：不掩饰与苏联的分歧；划出界线，不对苏联扩张进行让步；重构美国军力，援助盟友；同苏联的谈判虽会进行，但主要是为了让苏联接受美国立场或揭露苏联来赢取

---

① David Reynolds, *From World War to Cold War: Churchill, Roosevelt, and the International History of the 1940s*, p.262.

② John Ramsden, "Mr. Churchill Goes to Fulton," p.45.

③ Ibid.

④ Fraser J. Harbutt, *The Iron Curtain: Churchill, America, and the Origins of the Cold War*, p.277.

支持。[①]

美国对苏政策新变化的"临界点"是1947年3月12日杜鲁门总统在参众两院就建议援助希腊和土耳其的演讲，即"杜鲁门主义"的出台。这篇演讲被认为是冷战时代关于美国脆弱性（vulnerability）最夸张的总统演说。[②] 当然，这只是人们在回顾历史时得出的一种看法。至少在当时，这篇演讲所建构的"苏联威胁"是被看作"事实"的。而且，在杜鲁门演讲时，美国国会是共和党人占多数，演讲前国会弥漫着强烈的孤立主义情绪，要求大幅压缩预算，但在演讲后国会高票通过了对希腊和土耳其的巨额援助。

下面，笔者将具体分析杜鲁门政府对希腊、土耳其危机的话语建构。该危机的直接起因是1947年2月21日英国照会美国，表示已经无力承担对希腊和土耳其的援助，希望美国能够从4月起承担英国撤出后的"真空"。那么，美国如何看待希腊和土耳其的状况呢？事实上，希腊和土耳其的情况对于美国并不意外，美国一直在关注事态的发展，仅1946年美国就对希腊援助了2.6亿美元。杜鲁门政府本可以像以前那样继续采取模糊政策，或者直接将希腊事态定性为内战，抑或"毫不张扬地"要求国会继续援助两国，然后将二战后的多余武器援助两国。[③] 但是，杜鲁门政府选择将之放在"苏联威胁"故事的叙事框架下理解，将其定性为美苏两种势不两立的意识形态冲突。正如当年这项政策的重要制定者美国时任副国务卿迪安·艾奇逊（Dean Acheson）在回忆录中所写的："就像一个烂苹果会传染一筐苹果，希腊的腐烂会感染伊朗，进而感染东方。它还会通过小亚细亚和埃及传染至非洲，也会通过意大利和法国传染至欧洲，而那里已经受到西欧地区国家中最强大的共产党威胁。苏联正在以最小的代价玩历史上最大的赌

---

① John Lewis Gaddis, *The United States and the Origins of the Cold War:1941–1947* (New York: Columbia University Press, 1972), p.282; 约翰·加迪斯:《遏制战略：战后美国国家安全政策评析》，第17—18页。

② Robert Ivie, "Fire, Flood, and Red Fever: Motivating Metaphors of Global Emergency in the Truman Doctrine Speech," *Presidential Studies Quarterly* 29, no. 3 (1999): 570.

③ 沃尔特·拉费伯尔:《美国、俄国和冷战：1945—2006（第10版）》，牛可、翟韬、张静译，世界图书出版公司，2010，第47—48页。

博之一。"①

在这种"苏联威胁"故事认知框架下，美国是代表自由民主的"英雄"，苏联是代表极权的"恶棍"，而希腊和土耳其则是被"恶棍"威胁的受害者，美国需要解救被困的受害者。因此，杜鲁门在演讲时将这两个国家纳入这种"威胁故事"，将事件"情节化"。他指出，希腊是"勤劳和爱好和平"的民主国家，85%的希腊议会议员都是经过选举产生的，而且外国观察者都认为这个选举是公平的，但是希腊的民主体制正在遭受共产主义分子领导的"恐怖活动的威胁"；同时，对于"世界热爱自由的人民"来说，土耳其问题的重要性不亚于希腊，它因领土问题正面临"苏联威胁"，迫切希望美国的帮助来保持国家完整。如果希腊落入少数派手中，就会立即影响邻国土耳其，可能还会传遍整个中东，甚至那些为自由和独立而挣扎的欧洲国家。杜鲁门不点名地指出，苏联就是极权主义的"恶棍"，代表的是将少数人的意志强加给多数人的生活方式。对于苏联在波兰、罗马尼亚、保加利亚和其他国家问题上采取的威压和恐吓，美国已经多次抗议。与此相对照的是，美国的生活方式建立在大多数人的意志上。美国需要帮助自由的人们"保持他们的自由制度和国家完整"，免受那些将极权统治强加给他们的侵略行为，因为"极权主义侵害国际和平的根基，并因此危害美国的安全"。② 总之，杜鲁门对希腊、土耳其危机选择的叙事模式与"长电报"以来的"苏联威胁"故事认知框架一脉相承。

笔者发现，在演讲中，杜鲁门战略性地使用了疾病隐喻认知框架。杜鲁门演讲的听众是国会议员和公众，他们不像政府政策圈已经基本接受了"苏联威胁"故事认知框架，需要借助隐喻引导听众接受故事。通过考察该演讲的起草过程、演讲内容和听众反馈可以明显看出，杜鲁门的演讲经过精心策划，向人们植入了疾病隐喻认知框架。杜鲁门演讲稿的起草始于1947年2月28日，美国副国务卿艾奇逊召集

---

① Dean Acheson, *Present at the Creation: My Years in the State Department* (New York: W. W. Norton & Company, 1969), p.219.

② 关于杜鲁门演讲的内容，请参见：Harry Truman, "Recommendation for Assistance to Greece and Turkey"。

起草小组开会，要求演讲避免直接控诉苏联，而是谈论共产主义的"蔓延"。3月3日，美国国务院、战争部和海军部协调委员会又对演讲稿的起草作出具体指示，强调世界"极易受到共产主义进一步蔓延的伤害"，要提出"一个康复项目"帮助希腊实现"自食其力"。演讲草稿完成后经过了多轮修改，如白宫特别顾问克利福德等人在演讲稿中加入"帮助希腊建立一种健康民主与繁荣的经济""健康经济"（sound economy）等词句，将"我们必须保持希腊人民希望的火焰不灭"（we must keep alive the flame of hope in the Greek people）改为"我们必须保持希望不死"（we must keep that hope alive），强调极权的"致命"后果。[①] 在杜鲁门最终发表的演讲中，希腊和土耳其是"病人"的认知模式更加明显。对于希腊，杜鲁门指出，"如果要希腊作为一个自由国家存活（survive）下去"就必须给予援助，因为它自1940年"遭受了入侵，经受敌人的残酷占领和痛苦的内部冲突"，"85%的儿童都有结核病"，"极度需要"（desperate need）经济援助来维持"生存"（subsistence）；对于土耳其，他强调"土耳其未来作为一个独立，且经济上健康的国家"的重要性。换句话说，希腊和土耳其都是"病人"，是不健康的，不能自理的。当然，仅仅将这两个国家刻画为"虚弱的病人"还无法证明美国巨额援助的正当性，需要将苏联与这一疾病隐喻联系起来。因此，杜鲁门指出，希腊当前面临的威胁来自共产主义分子，土耳其面临的领土完整问题也是来自苏联，[②] 而苏联和共产主义是"疾病"，会不断传染和蔓延。这样，希腊和土耳其是"虚弱的病人"，"苏联是疾病"的逻辑就建立起来。因此，为了能够避免两国因为"疾病"侵袭而死去，美国就需要像医生那样为其"输血"援助，最终使其恢复健康，实现"自食其力"（self-supporting）和"自我维持"（self-

---

① Robert Ivie, "Fire, Flood and Red Fever: Motivating Metaphors of Global Emergency in the Truman Doctrine Speech," pp.574-576; 关于该演讲的起草过程可参见：J. M. Jones, "Memo for the File: Drafting of President's Message to Congress," Harry S. Truman Library & Museum, March 12, 1947, accessed January 20, 2016, http://www.trumanlibrary.org/whistlestop/study_collections/doctrine/large/documents/index.php?documentdate=1947-03-12&documentid=7-2&pagenumber=1。

② 演讲稿中只是提到土耳其面临领土完整威胁，并没有直接提到苏联要求在土耳其海峡建立基地之事，但是对于听众尤其是国会议员来说这已经是常识。

sustaining）。杜鲁门演讲结束后，《纽约时报》在头版进行了专门报道，题为《杜鲁门采取行动拯救（save）国家免受红色统治》的报道指出，演讲中虽然没有明确提到苏联，但是可以肯定的是，他将这个国家确定为世界不安定的根源。[1] 很多国会议员也接受了这种认知框架，赞同极权主义势力会通过它的传染实现最终极权统治目的，就连反对援助的参议员埃德温·约翰逊（Edwin Johnson）也承认，"共产主义流行病"（epidemic of communism）正在"席卷欧亚"。[2] 总之，这种疾病隐喻成功将希腊、土耳其、美国和苏联完美地串联起来。

杜鲁门的演讲获得了巨大成功，将"苏联威胁"以官方形式公开确认，标志着美国对外政策的正式转变，这继而又强化了这种故事认知框架及其所建构的苏联"他者"身份。这种强化主要表现在五个方面：第一，它确认和强化了美苏关系是两种制度、两种生活方式不可调和的冲突。第二，它公开确认了美国对外政策中"苏联威胁"故事的认知框架，即希腊和土耳其等问题都被纳入两种制度竞争势力范围的故事。第三，杜鲁门政府有效地将"苏联威胁"通过"苏联威胁"故事传播给国会议员和美国公众。在杜鲁门演讲前的2月，美国国务院的报告发现，虽然有60%的公众对苏联持批评态度，但是有超过70%的公众反对采取对苏强硬政策。[3] 更为重要的是，共和党控制的国会还有很强烈的减税呼声和其他不同意见。[4] 但是，杜鲁门的演讲成功地将"苏联威胁"故事兜售给听众。政府情报部门的报告显示，民众和媒体对演讲"极其赞同"，参众两院的援助计划也高票通过。[5] 第四，"杜鲁

---

① Felix Belair, "Truman Acts to Save Nations from Red Rule," The New York Times, March 12, 1947, accessed April 25, 2016, https://archive.nytimes.com/www.nytimes.com/learning/general/onthisday/big/0312.html.

② Robert Ivie, "Fire, Flood and Red Fever: Motivating Metaphors of Global Emergency in the Truman Doctrine Speech," p.583.

③ Daniel Yergin, Shattered Peace: The Origins of the Cold War and the National Security State, p.283.

④ Melvyn Leffler and Odd Westad, The Cambridge History of the Cold War: Volume 1, Origins (New York: Cambridge University Press, 2010), pp.75-76.

⑤ Editorial Reaction to Current Issues, Greek Situation, Parts I and II, President's Secretary's Files, Truman Papers, March 19, 1947, accessed January 12, 2016, https://www.trumanlibrary.gov/library/research-files/editorial-reaction-current-issues-greek-situation-parts-i-and-ii.

门主义"强化了苏联的共产主义和极权主义身份。杜鲁门在演讲中大量使用了"极权主义"和"威压""恐吓"等词。虽然演讲中很少提及"共产主义",因为在他看来,"极权主义国家没有什么区别"。[①] 第五,"杜鲁门主义"为"苏联威胁"故事的进一步发展奠定了基础。例如,美国政府随后推出的"马歇尔计划"与演讲中提到的经济和金融援助在认知模式上是一致的,北约的成立与演讲中提到的两种生活方式的选择也有明显的认知关联。

最后,需要指出的是,杜鲁门关于希腊、土耳其危机的情节化是之前"苏联威胁"故事建构的苏联"他者"身份和这种话语认知框架下的产物,而非"纯粹"客观的。它只是对希腊、土耳其危机的解读之一,还存在多种不同解读。首先,实际上,希腊共产党收到的援助主要来自南斯拉夫而非苏联。当时,苏联对向希腊共产党提供援助非常克制,并要求南斯拉夫也不要援助,而且因此严重伤害了两国关系。[②] 希腊危机完全可以理解为国内内战或南斯拉夫欲将希腊拉入巴尔干联盟的结果,而与苏联无关。其次,希腊和土耳其根本不是民主的范例。当时,两国政府腐败,存在监禁政治对手等在杜鲁门的演讲中反对的"生活方式",杜鲁门实际上确立的是将敌视共产主义而非民主价值作为给予外国政府经济援助的标准。[③] 最后,苏土两国在1946年夏经过外交努力已经解决达达尼尔海峡问题,苏联没有再提出修改《蒙特勒公约》或者在土耳其海峡建立基地等要求;而且,1947年初,几乎没有证据表明演讲中所暗射的苏联扩张行为,甚至苏联对土耳其的政策出现了缓和(moderation)和妥协的迹象。[④] 此外,土耳其和希腊是"完全不同的情况"。凯南在回忆录中指出,土耳其没有共产党游击

---

① The President's Special Conference with the Association of Radio News Analysts, Truman Library, May 13, 1947, accessed January 20, 2016, http://www.trumanlibrary.org/publicpapers/index.php?pid=2155.

② Office of the Historian of the U.S. Department of State, The Truman Doctrine, 1947, accessed January 20, 2016, https://history.state.gov/milestones/1945-1952/truman-doctrine.

③ Oliver Edwards, *The USA and the Cold War, 1945–1963* (2nd ed.) (London: Hodder & Stoughton, 2002), p.44.

④ Melvyn Leffler, "The American Conception of National Security and the Beginnings of the Cold War, 1945–1948," p.368.

队，"土耳其人除恐惧'恐惧'本身之外，没有什么可以恐惧的"，"没有理由对土耳其启动特殊的援助项目"。[①] 所以，杜鲁门的国会演讲建构的"苏联威胁"具有明显的话语属性。

第三节 "苏联威胁"故事的演绎

上节分析了以"长电报"和"铁幕演说"为代表的话语如何建构了一个"苏联威胁"故事的基本认知框架，并不断发酵，最终以杜鲁门关于希腊和土耳其问题的国会演讲公开确认了这种威胁故事的认知框架。本节将以关于"遏制""冷战""多米诺骨牌"和《国家安全委员会第68号文件》等话语和文本为基础，分析隐喻和叙事在演绎"苏联威胁"故事时的角色。

一、"遏制""冷战"与"多米诺骨牌"

（一）"遏制"隐喻与遏制政策的出台

"杜鲁门主义"的提出使美苏冲突公开化，两国之间的问题不再是苏联是否是威胁的问题，而是美国应如何应对苏联这个"威胁"，即在"苏联威胁"故事中"英雄"应如何对付"恶棍"。1947年7月，凯南在《外交事务》杂志上发表了《苏联行为的根源》，提出了著名的遏制政策。这篇文章本是以非官方的笔名形式发表的，但是文章刚刚刊出不久，《纽约时报》的专栏作家阿瑟·克罗克（Arthur Krock）就在其7月8日发表的文章《关于苏联的官方思考指南》中披露，这篇文章代表了美国政府的观点，并引起广泛关注。虽然他没有明确指出该文作者是凯南，不过人们很快就知道了，《生活》《新闻周刊》等杂志随后摘登这篇文章时直接使用了凯南的名字，让这篇文章带上了浓重的官方

---

① George Kennan, *Memoirs: 1925–1950*, pp.316-317.

色彩。[1] 从内容上看，这篇文章基本重述了"长电报"中关于苏联的看法，即美国应该将苏联视为"对手"（rival）而不是"伙伴"，因为苏联不会相信社会主义和资本主义能永久地和平共存。[2] 但与"长电报"相比，凯南提出了应对"苏联威胁"的遏制政策，即"必须对苏联的扩张倾向采取一种长期有耐心但又坚定和警觉的遏制政策"，"对苏联在任何地方出现蚕食世界和平与稳定之利益的迹象都要给予坚定的反击"。[3]

作为一种国家战略，"遏制"（containment）本身是一种隐喻用法。该词源自其英文动词形式"控制"（contain），韦氏词典对其释义的第一项是"使其保持在一定界限内"，常与疾病搭配，比如"遏制致命疾病的蔓延"。显然，"遏制"与"长电报"中的疾病隐喻和"铁幕"隐喻在认知图式上是连贯一致的。当人们一旦接受和使用"遏制"这个隐喻时，"界限""限制""蔓延"和"疾病"等蕴涵会投射到苏联，从而界定"苏联威胁"故事中"英雄"和"恶棍"的斗争形式。按照"遏制"隐喻认知框架，从1947年下半年开始实施的大规模援助欧洲的"马歇尔计划"就顺理成章了，因为其主要目的是帮助欧洲恢复重建，抵抗共产主义的扩张。[4] 这一计划最初是包括苏联及其"卫星国"的，但这样做的目的是使它们分裂。[5]

对于遏制政策，一个非常有意思的现象是，当美国政策圈继续沿着"遏制"这一认知模式推行诸如组建北约、成立德意志联邦共和国等政策时，遏制政策的创立者凯南却坚决反对，并最终造成他离开美国国务院政策规划办公室。凯南认为，人们错误地理解了他的遏制政

---

① Donald Davis and Eugene Trani, *Distorted Mirrors: Americans and Their Relations with Russia and China in the Twentieth Century* (London: University of Missouri Press, 2009), p.130.

② X, "The Sources of Soviet Conduct," *Foreign Affairs* 25, no. 4 (1947): 580-581.

③ Ibid., pp.575, 581. 需要指出的是，这并非凯南第一次使用"遏制"这个词，如他曾在1946年秋使用该词，具体参见：George Kennan, *Memoirs: 1925–1950*。但是，作为一个专门的政策术语并广为人知是从这篇文章开始的。

④ Thorsten Kalijarvi, "Introduction and Chronology of the Marshall Plan: From June 5 to November 5, 1947," November 6, 1947, accessed January 10, 2016, http://marshallfoundation.org/library/wp-content/uploads/sites/16/2014/05/Chronology_of_the_Marshall_Plan_June_5_1947_to_November_5_1947-1.pdf.

⑤ 约翰·加迪斯：《遏制战略：战后美国国家安全政策评析》，第66—67页。

策,"遏制"并不是对苏联任何地方的扩张都给予狙击,要区分主要利益和次要利益。在凯南看来,苏联主要是意识形态和政治制度上的威胁,而不是军事威胁,因为苏联整体上还是一个比较虚弱的国家,而且在苏联感到对方力量强大时会妥协,因此他主张主要采取政治和经济方式而非军事方式的遏制政策。在回忆录中,凯南明确指出,自己从《苏联行为的根源》发表后一直在反对那种推论,即反对认为"苏联人正渴望侵略其他地区,美国政策的任务就是防止他们侵略的观点"。他一直坚持"苏联不想侵略任何人","那不是他们的传统","他们不想要任何一种战争",而且"不管苏联力量多么险恶,战争都不是必然的",并认为他的遏制政策根本不是"在苏联边境驻扎军队以防止苏联军队的侵略"。[1] 凯南作为遏制政策的提出者和实施者所持的态度与遏制战略的实际发展的背离恰恰反映了隐喻的建构作用,因为人们一旦接受"遏制"这个隐喻,就会按照这个隐喻框架思考和采取行动,采取一切防止共产主义蔓延的行动,而不是囿于提出者当初的想法。[2] 按照这一认知框架,美国在苏联边境部署军力,构建北约军事集团是迟早的事。

(二)"冷战"隐喻与"苏联威胁"建构

比"遏制"隐喻更出名的一个话语非"冷战"莫属,以至于人们用它来指代整个美苏对抗时代。"冷战"一词最初出现在1945年英国作家乔治·奥威尔发表的一篇文章中,但是作为描述美苏地缘冲突的词语最早出现在美国总统顾问伯纳德·巴鲁克(Bernard Baruch)1947年4月16日的一篇演讲中,演讲指出"我们今天处于冷战中"。[3] 不过,

---

[1] George Kennan, *Memoirs: 1925–1950*, pp.361-362.

[2] 笔者并不否认之后苏联原子弹试爆成功、朝鲜战争爆发等事件对于遏制战略形成的影响,但是这些事件的意义和影响有赖于人们的阐释。本书后文将提到,即使在这些事件之后,凯南等人也不认为苏联会武力攻击欧美。

[3] 很多历史学家认为伯纳德·巴鲁克创造了"冷战"一词,但其实该词来自他的演讲写手贝亚德·斯沃普(Bayard Swope)。不过,后者并未在公开场合使用过。可参见:Alan Axelrod, *The Real History of the Cold War: A New Look at the Past* (New York: Sterling, 2009), p.89; George Orwell, "You and the Atomic Bomb," Tribune, October 19, 1945, accessed January 10, 2016, http://orwell.ru/library/articles/ABomb/english/e_abomb。

"冷战"之所以能够广为人知与凯南提出的遏制政策息息相关。当《苏联行为的根源》发表并被蒙上浓厚的官方色彩后，政治专栏作家沃尔特·李普曼（Walter Lippmann）就发起了强烈批判。他在《纽约先驱论坛报》上发表了一系列文章批评遏制政策会导致美苏对抗加剧，造成"冷战"，国际紧张局势永远无法缓解。[①] 1947年底，这些文章结集成册，取名《冷战：美国对外政策研究》，从而使"冷战"隐喻为广大公众所熟知。李普曼对遏制政策的批评是基于他与凯南建构的不同现实。在他建构的现实中，苏联向西扩张的原因不是马克思主义等意识形态扩张的结果，而是苏联红军击败法西斯后才推进到中欧的。也就是说，"在苏军占领区之外没有共产主义国家"，所以美国外交的重点应是落实停战协议，落实"三个非欧洲国家如何撤出欧洲"。[②] 虽然李普曼的观点并没有被接受，但是"冷战"隐喻却被广泛接受，并在1950年提交的《国家安全委员会第68号文件》中被确认为实现自由社会的战略。"冷战"隐喻的关键是"冷"，当人们以这一隐喻界定和认识美苏冲突时，几乎排除了美苏直接对抗的选择。可以说，虽然美苏两国都认为彼此进行着你死我活的斗争，但是"冷"的认知框架使两国将对抗的烈度控制在避免双方发生直接武装冲突的限度内。

（三）"多米诺骨牌"隐喻与"苏联威胁"建构

1953年艾森豪威尔就任美国总统，同年3月斯大林逝世，这为"苏联威胁"故事的发展提供了新的契机。与前任政府相比，艾森豪威尔政府面临的最突出的"苏联威胁"来自美苏两国对第三世界国家的争夺。伴随着这场争夺，"苏联威胁"话语中又出现了新的隐喻，即"多米诺骨牌"隐喻。

"多米诺骨牌"描述的本是一种物理现象，即利用重力势能转化为动能的物理原理使骨牌产生连锁反应，依次倒下。这个隐喻是艾森豪

[①] Richard Trahair and Robert Miller, *Encyclopedia of Cold War Espionage, Spies, and Secret Operations* (New York: Enigma Books, 2009), p.187.

[②] Walter Lippmann, *The Cold War: A Study in U.S. Foreign Policy* (New York: Harper & Brothers Publishers, 1947), pp.33-35, 40.

威尔总统在1954年4月7日的一个记者招待会上回答关于印度支那问题时提出的。当时，有记者需要他解释印度支那对自由世界的战略重要性，艾森豪威尔在指出原料产地和人民处于独裁统治这两点原因之后说道："将其称之为'倒下的多米诺骨牌'理论，你就会考虑到更多随之而来的影响。竖起一排'多米诺骨牌'，推倒第一块，最后一块毋庸置疑也将非常迅速地倒下。因此，假如崩溃一旦开始，就一定会产生最深远的影响。"[1]

"多米诺骨牌"隐喻提出后被广泛接受，并深刻影响着冷战中的各届美国政府。[2] 就类型上说，"多米诺骨牌"隐喻属于物理机械隐喻，它将国家间及其内部的变化简化为一个物理过程。在这个隐喻中，源域"多米诺骨牌效应"投射到靶域"地缘政治形势"，任何国家与苏联交好或者与共产主义有任何联系都被认为是"倒向"共产主义。

这种新的认知框架具有以下特点：第一，所有国家都被看成同质的、没有区别的，只有"倒下"和"没倒下"之分，任何一个国家的"倒下"都会影响美国的核心利益，因为骨牌都是一样的。在这种认知模式下，美国在看待各国时自动过滤掉每个国家的多样性，即用其他视角解读事实的可能性。正如美国历史学家斯坦利·卡诺（Stanley Karnow）所指出的："那种认为如果共产主义者在越南获得胜利，整个地区将会塌向共产主义者的幼稚假定无视了东南亚地区复杂的民族主义多样性。"[3] 第二，过分强调所有国家发生的事件都是相互关联、相互依存的，排除了单独考虑具体国家情况的可能性。在此之前，美国解读苏联共产主义"威胁"时主要关注苏联对每个具体国家的渗透和颠覆，而较少关注被渗透国家与周围国家之间的连锁反应。但是，该隐喻框架成功地将焦点聚焦在国家之间的连锁反应，即任何一个国家倒向苏联都会导致周围国家倒向苏联，而事实上某些国家政局的变化

---

① *Public Papers of the Presidents of the United States: Dwight D. Eisenhower (1954)* (Washington, D.C.: U.S. Government Printing Office, 1960), p.383.

② Sam Tanenhaus, "The World: From Vietnam to Iraq; The Rise and Fall and Rise of the Domino Theory," The New York Times, March 23, 2003, accessed April 14, 2016, http://www.nytimes.com/2003/03/23/weekinreview/the-world-from-vietnam-to-iraq-the-rise-and-fall-and-rise-of-the-domino-theory.html.

③ S. Karnow, *Vietnam: A History* (New York: Viking Press, 1983), p.43.

主要是其内部某种因素推动的,很可能是孤立事件。例如,在1953年开始出现的危地马拉危机中,按照宪法正常程序当选的哈科沃·阿本斯·古斯曼总统本来推行的主要是国内改革运动,但是在这种框架下,美国只关注这位总统是共产党支持的,并从苏联社会主义阵营的捷克斯洛伐克运来武器等事实,就将改革运动定为倒向苏联的共产主义运动,进而派出特种部队颠覆该政权。[1]第三,"多米诺骨牌"隐喻使人们倾向将地缘政治变化归于外力作用,即苏联共产主义的扩张。多米诺骨牌的倒下是因为外力而非其自身意愿,而苏联共产主义就被投射为推倒第一块骨牌的外力,接着任何一个国家都可以将共产主义推向其他国家。第四,宿命性。多米诺骨牌的倒下具有客观规律性,一旦第一块倒下就不可逆转。以这种机械物理认知框架理解地缘政治形势就会产生宿命认知。为了摆脱这种宿命,人们需要不遗余力地防止第一块骨牌(国家)倒下。总之,"多米诺骨牌"隐喻将一个复杂的地缘政治问题简化为一种机械运动,造成国家"在冲突中拒不让步并不是因为该问题单独看起来重要",而是因为它会强烈影响其他问题的发展轨迹,尽管它们经常在时间和空间上是不相关的。[2]

二、《国家安全委员会第68号文件》

(一)新安全政策叙事出台的背景

1947年之后,随着苏联"威胁"身份的确定和遏制战略的实施,美国眼中的"苏联威胁"程度呈现螺旋式上升特征。例如,"马歇尔计划"的实施,特别是德国西占区的币值改革,导致苏联认为美国要建立一个忠于美国的德国西部国家,[3]苏联于1948年6月24日实施封锁柏林行动,开启第一次柏林危机;同年,美国与加拿大和布鲁塞尔条

---

① 沃尔特·拉费伯尔:《美国、俄国和冷战:1945—2006(第10版)》,第129—130页。

② Robert Jervis, "Domino Beliefs and Strategic Behavior," in Robert Jervis and Jack Snyder, eds., *Dominoes and Bandwagons: Strategic Beliefs and Great Power Competition in the Eurasian Rimland* (New York: Oxford University Press, 1991), p.22.

③ 徐天新、沈志华主编《冷战前期的大国关系——美苏争霸与亚洲大国的外交取向》,世界知识出版社,2011,第22—23页。

约组织成员国等就成立新的军事同盟达成一致，并于次年4月签订成立了军事同盟北约。北约是基于苏联军事威胁，特别是在苏联进攻西欧的威胁基础上成立的，似乎前因后果都很顺畅，但在很大程度上也不过是话语编排的故事逻辑所理解的一种"现实"而已。当时，凯南指出，欧洲人误将苏联本质上的政治威胁看作军事威胁，"迄今为止在莫斯科大概没有人认真打算过要发动这种进攻"。[1] 虽然不可否认封锁柏林是一场美苏冲突，但当时美苏双方都没有在欧洲开展对抗的想法和行为。[2] 相反，基于苏联军事威胁话语建立的北约为日后苏联成立华约埋下了伏笔。

不过，真正让美国杜鲁门政府切实感受到"苏联威胁"上升的证据是1949年秋到1950年夏发生的三件事，即1949年8月苏联试爆原子弹、1949年10月中华人民共和国成立和1950年6月朝鲜战争爆发。1949年9月23日，杜鲁门总统对外宣布，有证据表明苏联进行了原子弹爆炸试验，打破了美国的核垄断。[3] 按照"苏联威胁"故事的剧本，随着苏联军事威胁剧增，杜鲁门及其幕僚开始担心美国会处于苏联核攻击的威胁之下。[4] 同年10月1日，中华人民共和国成立。翌年2月，中苏签订《中苏友好同盟互助条约》，这被杜鲁门政府看作共产主义扩张浪潮的出现。[5] 这些事态的发展及解读促使杜鲁门于1950年1月31日下令重新审视美国的对外政策，最终导致《国家安全委员会第68号文件》（以下简称《68号文件》）的出台。对于这些用于说明美国"迅速变为不利地位"的"证据"，其实是前文所提到的"苏联威胁"故事框架认知的结果，而不是唯一可能的"现实"。对于这份文件，美国时任国务院顾问查尔斯·波伦（Charles Bohlen）曾指出，其分析没有

---

① 约翰·加迪斯：《遏制战略：战后美国国家安全政策评析》，第73页。

② "The Berlin Crisis: A Report on the Moscow Discussions," Department of State, 1948, accessed January 9, 2016, https://www.trumanlibrary.gov/library/research-files/berlin-crisis-report-moscow-discussions-1948?documentid=NA&pagenumber=1.

③ *Public Papers of the Presidents of the United States: Harry S. Truman (1949)* (Washington, D.C.: United States Government Printing Office, 1964), p.485.

④ Michael Lacey, *The Truman Presidency* (New York: Cambridge University Press, 1989), p.227.

⑤ 徐天新、沈志华主编《冷战前期的大国关系——美苏争霸与亚洲大国的外交取向》，第24页。

准确反映苏联的行为，朝鲜战争和中国军队的介入不能作为支持该文件分析正确性的证据。[①] 这个故事框架的创立者凯南当时明确指出，苏联制造原子弹的能力和共产主义在中国的胜利都是很久以前预料到的，苏联人不可能像苏联控制东欧国家那样控制中国，中国的情况不会比两年前更糟糕，苏联原子弹对于整个情势也"没有添加任何根本性的元素"，那种认为苏联会用原子弹威胁美欧的想法不过是"我们自己的虚构"（our own manufacture）；相反，他认为，在军事领域美国应该摒弃在战争规划中对核武器的依赖。[②] 不过，那时凯南已经不是杜鲁门外交政策圈的核心人物，美国对苏政策已经由接受"苏联威胁"叙事框架的决策者沿着故事脚本演绎，而开启这个故事的人已经不重要了，因为真正起作用的是话语建构的故事认知框架。对于已经接受"苏联威胁"故事认知框架的决策精英来说，将这一系列事件解读为苏联和共产主义扩张似乎更符合他们脑中"苏联威胁"故事的预期和逻辑。

（二）《68号文件》对"苏联威胁"故事的再建构

1. "苏联威胁"叙事的发展

《68号文件》确认了1946年2月以来关于"苏联威胁"叙事的基本内容和框架，指出世界权力愈加被吸引到"两个中心"——美国和苏联。苏联有着与美国对立的"狂热信念"，性格"变态"（perverted），旨在把绝对权威强加于世界各地，而美国的根本目的是确保"自由社会"的完整和活力，因此是克里姆林宫的"首要敌人"。该文件最后指出，处于自由世界权力中心位置的美国需要承担起"美国领导地位的重任"，从而"挫败苏联主导世界的企图"。[③] 同时，该文件还多次使用之前故事中的"铁幕""遏制"和"冷战"等隐喻，形成前后话语互

---

① Memorandum by the Counselor (Bohlen) to the Secretary of State, *Foreign Relations of the United States,* Volume I, 1950, Document 47, pp.177-178.

② Draft Memorandum by the Counselor (Kennan) to the Secretary of State, *Foreign Relations of the United States,* Volume I, 1950, Document 62, pp.160-167.

③ NSC, "A Report to the National Security Council - NSC 68," April 14, 1950, pp.4-6, 63, accessed February 10, 2016, https://www.trumanlibrary.gov/library/research-files/report-national-security-council-nsc-68?documentid=NA&pagenumber=1.

文。可以说，该文件所代表的美国决策圈主导话语是对之前"苏联威胁"故事认知框架的集中确认。

《68号文件》不仅继承了之前的故事，还推动了故事的发展，成为美苏争霸演绎的新剧本。它从美苏冲突的根源、苏联的意图和能力以及美国如何应对等多个方面进行了详细阐述，得出苏联对美国自由制度的威胁比历史上任何时刻都要大的结论。[1] 这种叙事的新变化主要体现以下方面：

第一，美苏对抗根源新表述。在"新剧本"中，苏联之所以成为美国的威胁是因为苏联对美国立国以来的价值观构成了威胁。《68号文件》直接引述了《美利坚合众国宪法》《独立宣言》和《权利法案》原文中论述的美国根本目标，即保持"自由社会"（free society）的完整和活力，为自由和民主体制繁荣创造条件；而苏联则保持和强化其绝对权力，争夺世界霸权统治。[2]《68号文件》很自然地将苏联与《美利坚合众国宪法》等所代表的美国价值观对立起来。同时，苏联"现在对自由制度的攻击遍布世界"。[3] 因此，自由社会正遭到苏联体制的"致命挑战"：它将自由社会"最危险和最具离间性的趋势"为其所有；没有哪种制度比苏联制度与美国制度更不可调和，更激发人的非理性，更支持不断增长的军事权力中心建设。[4] 美国对于美苏关系的前景更为悲观，是考虑到苏联"非常有可能掌握了制造裂变式原子弹的能力和可能的热核炸弹能力"，美苏两国的竞争不可能有持久的减缓，除非"苏联体制的本质出现了变化"。[5]

第二，遏制政策的界定。"新剧本"明确了遏制政策：一是阻止苏联势力的进一步扩张；二是揭露苏联主张的虚伪性；三是促使克里姆林宫控制力和影响力的收缩；四是培育苏联体制内部毁灭的种子。新的遏制政策与凯南的遏制政策不同，后者主要区分利益和边缘利益，

---

[1] NSC, "A Report to the National Security Council - NSC 68," p.34.

[2] Ibid., pp.5-6, 13.

[3] Ibid., p.8.

[4] Ibid., p.9.

[5] Ibid., p.10.

因为它建立在资源有限的假设基础上，而前者只强调苏联对于自由制度的威胁和美国的领导责任，只要求在没有战争、不造成长期预算赤字和过重税负的情况下增加国防开支，因为仅"苏联威胁"的存在就足以使任何受到威胁的利益变得生死攸关。[①] 换言之，苏联的任何发展或举动都可以被看作对美国及其盟国根本利益的伤害。

第三，"新剧本"从经济、政治和军事三个方面详细分析了苏联的意图和能力。[②] 首先，与之前叙事基本一致，苏联在经济方面几乎无法对美国构成威胁。这主要是因为经济互助委员会的成立几乎使苏联同美国和西欧国家断绝了经济联系；即使从经济增长潜力和科学技术能力方面比较，美国也占据绝对优势。如果说苏联在经济方面能对美国造成威胁，那也只能通过经济的发展来增强其整体力量。其次，"新剧本"对苏联的政治威胁有了更全面的表述。苏联"威胁"自由世界，其意图是将世界纳入其暴君式的寡头统治。这种统治首先应用于苏联及其"卫星国"，对于那些不在其控制下的地区，苏联会采取摧毁其抵抗意志的措施，以及扩张其影响力和控制力。具体而言，这种威胁表现为对美国主导的自由世界的渗透威胁。苏联被认为会采取渗透方式破坏美国自由制度，工会、企业、学校、教会和媒体首当其冲成为渗透的主要目标。不仅如此，任何尊重美国制度的事物都可以成为苏联合适的攻击对象，以达到羞辱美国及其体制的目的。[③] 这是将"苏联威胁"泛化，似乎美国国内的一切都在成为"苏联威胁"的目标。需要指出的是，冷战中盛极一时的"麦卡锡主义"就是从这一年开始的，两者在认知框架上是一致的。最后，突出和强化苏联对美国及其盟国的军事威胁是"新剧本"最引人注目的变化。苏联被刻画成穷兵黩武的国家，它的目的是建立压倒性的军事力量，向自由世界宣示武力，那些站在克里姆林宫一方而缺乏武力的人注定失败。[④] 该文件还通

---

① John Gaddis and Paul Nitze, "NSC 68 and the Soviet Threat Reconsidered," *International Security* 4, no. 4 (1980): 166-167.

② NSC, "A Report to the National Security Council - NSC 68," pp.13-20.

③ Ibid., pp.34-35.

④ Ibid., p.35.

过一系列假设和推测塑造苏联军事威胁的紧迫性。例如，假设1950年发生战争，苏联会蹂躏西欧，空袭不列颠群岛和西方力量在大西洋和太平洋的海上交通线，以及选择一些目标如阿拉斯加使用核打击，这给人一种苏联就要发动攻击的印象。美国认为，苏联的军事威胁更突出地表现在苏联有可能使用核武器对美国实施"突然袭击"（surprise attack）。[①] 苏联没有对美国发动战争仅仅是因为美国的核报复能力足以阻慑苏联的直接军事攻击，但随着苏联核能力的提高，苏联有可能试图使用核武器。[②] 据估算，这种危险的临界值将出现在1954年，即苏联拥有200颗核弹头的时候。为此，美国需要增加军费来建设防空预警指挥系统、研制防空武器，以及推动民用国防项目。[③] 在这一"新剧本"中，美国还将苏联的军事力量建构成盟国的威胁，而且对后者更具现实性。按照美国情报部门的估算，如果西欧国家仍以现在的速度增加防务力量，那么直到1960年这些国家在和苏联交战时也不能有效反击苏联武装力量，所以美国还要加速武装盟友。[④] 美国及其盟国并未宣布不首先使用核武器，因其在常规武器方面未作好准备，如果宣布不首先使用核武器，苏联会将其解读为美国软弱，美国盟友会认为美国将弃之不顾。[⑤]

2."苏联威胁"叙事中的新隐喻认知框架

《68号文件》在刻画"苏联威胁"时除了继续使用之前话语中的疾病隐喻、"病态"隐喻、"铁幕"隐喻、"遏制"隐喻、"冷战"隐喻，还使用了一些新的隐喻，如"邪恶""卫星"等隐喻。这些新的隐喻在后来的冷战话语中被广泛使用，以致人们已经习以为常，成为理解苏联的常识和基本认知框架。

（1）"邪恶"等宗教性隐喻

《68号文件》称苏联是"邪恶之人"（evil men），实行"邪恶体制"

---

① NSC, "A Report to the National Security Council - NSC 68," p.35.

② Ibid., p.38.

③ Ibid., pp.37-38.

④ Ibid., p.19.

⑤ Ibid., p.40.

（evil design），做"邪恶之事"（evil work），像"撒旦"一样具有"破坏"（subversive）能力。与"错误"（wrong）、"坏"（bad）相比，"邪恶"不仅包含正确与否的问题，还包含道义上的谴责，是"用来谴责人的最坏用语"，"邪恶的行为来自邪恶的动机"。[①]"邪恶"实际是宗教语言。在二战中，人们一般将"邪恶"字眼用于形容德国纳粹屠杀犹太人。因此，当用"邪恶"建构苏联时，"罪恶""纳粹"和"撒旦"等负面蕴涵都会投射到苏联。透过"邪恶"滤镜看到的苏联已经不再是简单的对手，而是一个骨子里就充满"邪恶"的"撒旦"，双方冲突的性质不仅是意识形态和政治制度之战，而且是上帝和恶魔之间正义与邪恶之战。笔者发现，无论是1946年的"长电报"和"铁幕演说"，还是1947年的"杜鲁门主义"演讲和《苏联行为的根源》，都没有使用"邪恶"描述苏联。[②]1948年11月23日发布的《国家安全委员会第20/4号文件》中只出现了一次"邪恶的共产主义"（evils of communism），但1950年4月7日提交的《68号文件》中则出现了三次。这一方面表明"苏联威胁"的程度在加深，另一方面也可以看出美国政策圈越来越频繁使用"邪恶"隐喻理解苏联的意图和行为。此外，笔者发现，1983年3月8日里根总统提出的"邪恶帝国"隐喻在《68号文件》中已经初具雏形。"邪恶"和"帝国"在该文件中被多次提及，"邪恶帝国"的出现很可能是这种隐喻认知框架的自然结果。[③]

（2）非民主社会制度方面的隐喻

第一，"奴隶（制）"隐喻。"新剧本"大量使用"奴隶（制）"隐喻指涉苏联，而这在之前的故事中几乎很少出现。例如，美国和苏联冲突的性质被定性为"法治政府下的自由理念和克里姆林宫残忍寡头统治下的奴隶制理念"（slavery under the grim oligarchy）之间的冲突。[④]

---

① Marcus Singer, "The Concept of Evil," *Philosophy* 79, no. 308 (2004): 190.

② "长电报"中提到了"邪恶"一词，但是指苏联将外部世界看作"邪恶、敌对和威胁的"，而不是说苏联是邪恶的，尽管这也将美苏关系的讨论带入"善"与"恶"的话语框架。

③ 里根总统是否看过《68号文件》，或者从中获得灵感已无从可知。但显然，1950年，人们已经用"邪恶"和"帝国"等认知图式理解苏联，并成为理解苏联的一种认知框架。此外，《68号文件》出台后，明确要求向公众宣传"苏联威胁"。

④ NSC, "A Report to the National Security Council - NSC 68," p.7.

在《68号文件》中，"奴隶制"（slavery）、"奴隶（的）"（slave）和"奴役"（enslave）共出现10次。事实上，这种"奴隶（制）"隐喻也广泛出现在大众媒体，甚至将苏联当时的劳改营刻画成"奴隶集中营"，使之更像一个真正的奴隶社会。[①]"奴隶（制）"本意是指一个人被其他人像财产一样占有的状态，其蕴涵通常包括"压迫"（oppression）、"束缚"（bondage）、"奴役"（servitude）、"苦工"（drudgery）和"没有自由"（no freedom）等。美国民众对于奴隶制有着深刻的历史记忆：19世纪中叶，美国掀起废奴运动，奴隶制的存废问题是美国内战爆发的根本原因。经过这段历史的洗礼，奴隶制成为美国主流价值观的对立面。当使用"奴隶（制）"隐喻认知图式理解苏联时，这些负面蕴涵不但会投射到苏联，而且将美国人对于那段历史的共同记忆投射到苏联，它甚至比"极权主义"这些词语更能引发美国人的憎恶和敌意，因为从历史经验上看，他们对奴隶制的理解更直接、更深刻。

第二，"帝国"类隐喻。在"新剧本"中，苏联被认为必然是"好战的"（militant），因为它是俄国"帝国主义"（imperialism）的继承者；苏联的"卫星国"会接受莫斯科的"帝国权威"（imperial authority），甚至这些地区被称作苏联的"殖民地区"（colonial areas）；在应对"苏联威胁"时，美国可能采取的四种方式中有两种都将苏联称为"苏联帝国"（Soviet empire）。[②] 在英语中，"帝国"是指由一个统治者控制多个国家或地区的政治实体。比如，罗马帝国、二战前的大英帝国。"帝国"（empire）和"帝国主义"（imperialism）最主要的蕴涵就是"扩张和兼并领地"、"侵略"（aggression）、"统治"（domination）和"控制"等。因此，使用"帝国"类隐喻认知框架理解苏联时，"帝国"的特征就会投射到苏联。苏联当时的行为很容易被建构为一个连贯的"威胁"故事，即苏联在欧亚到处扩张就是要争夺世界霸权（world

---

① David Dallin, "The Slave Empire within the Soviet Empire," *The New York Times Magazine*, October 14, 1951, p.182; Nathaniel Kleitman, "Soviet Held Guilty in Retaining Poles for Slave Labor," *The New York Times,* April 2, 1952, p.32; "In USSR, the Soviet House Organ, Slave Camps Aren't News," *The Saturday Evening Post* 229, Issue 45 (1957): 10; Julius Adler, "The Free Press versus The Slave Press: To Rule Intelligently the People Must Know the Facts," *Vital Speeches of the Day* 20, Issue 1 (1953): 14-16.

② NSC, "A Report to the National Security Council - NSC 68," pp.13-15, 50, 52.

domination），统治世界，建立"帝国"。

第三，极权统治类隐喻。除了被描述为"极权"和"独裁"，苏联的政权形式还被称作"专制暴君寡头统治"（despotic oligarchy），因而苏联领导人被称作"暴君"（despot）。"寡头统治"是指由少数人掌握政权对多数人实行统治。以这种隐喻视角看待苏联，斯大林就是"暴君"，以其为中心的少数人对善良、友好的苏联人民进行残酷统治，这和西方关于斯大林施行"大清洗"的叙事相匹配。但是，这一视角使问题简单和极端化，苏联和斯大林在其他方面，如在二战中的贡献，都被这一隐喻滤镜自动过滤。① 为了使人们更加强烈地感受到苏联统治后的样子，该文件还使用了"集中营"（concentration camp）隐喻，指出苏联的根本目标就是让人民屈从于其独裁统治，这种社会的"原型"（prototype）就是"集中营"。经过二战的洗礼，"集中营"对于美国人来说就是纳粹德国的代名词，纳粹德国残忍虐待和毒杀犹太人的情景都会投射到苏联，美国对抗苏联的行为具有了更多合法性。

（3）"卫星""轨道"和"极"等物理隐喻

苏联的盟国被称作"卫星（国）"（satellites 或 satellite states），与苏联结盟被认为是进入苏联"轨道"（orbit）。② "卫星"和"轨道"在当时只是天体物理学概念。"卫星"是指围绕某个行星按照一定轨道周期运行的天体，如月亮围绕地球运行。这是一个自然天体现象，用这一物理隐喻描述和理解苏联与其盟国的关系是将复杂的社会现象降格为自然现象，两者之间的互动变成了盟国机械、死板地服从苏联的关系，强化了苏联盟国没有自我意志、完全受控制的印象。因此，在这一物理隐喻下，所有"卫星国"都是一样的，是其"爪牙"。美国冷战史学家约翰·加迪斯（John Gaddis）在批评《68号文件》时指出，该文件虽然将分裂共产主义作为长期目标，但是坚持将所有共产主义国家（除了南斯拉夫）都看作一样的危险。③ 需要指出的是，二战时，"卫

① 此处不是说苏联和斯大林不存在这一认知滤镜下的某一侧面，而是说它过滤了其他方面。

② 人们现在提及"卫星"基本指"人造卫星"，但当时"卫星"主要是一个天体物理概念，因为当时还没有人造卫星，世界上第一颗人造卫星是1957年10月由苏联发射的。

③ John Gaddis and Paul Nitze, "NSC 68 and the Soviet Threat Reconsidered," p.168.

星国"隐喻曾用于与德国、日本法西斯站在一边的国家，后来由于大量用于描述苏联盟国而演化为一种常识，专指苏联的盟国，几乎没有用于指称过美国的盟国。[①] 但当回顾这段历史时，很容易发现，美国对当时其盟国的政治、经济影响一点也不亚于（如果不是更强的话）苏联对其盟国的影响，而且苏联与其盟国的关系要比美国与其盟国的关系还要复杂和脆弱。从某种程度上说，"卫星国"隐喻用于美国的盟国更合适。但由于话语霸权，"卫星国"隐喻就成了人们理解苏联的常识和基本框架。

另一个典型的物理隐喻是"极"的概念。"新剧本"将美苏两国称为"处在对立极上的两个大国"（two great powers at opposite poles），世界正出现"权力的极化"（polarization of power）。[②] "极"（pole）本是物理学中常用的概念，指磁或电的两个完全对立的极端或者地球的南北两端。[③] 一般来说，"极"的蕴涵至少包括"两者对立""完全相反的极端"。用"极"隐喻滤镜理解美苏关系，加上之前故事中的资本主义和社会主义两个中心叙事，美苏两国的关系更加极端化和不可调和。

总之，《68号文件》重新框定了"苏联威胁"叙事框架，美苏冲突演变为"文明"与"邪恶"、"民主"与"奴隶制独裁"之间的较量。同时，一些物理隐喻的使用使两国的对抗变得更加机械、必然和不可逆转。美国出兵朝鲜、重新武装联邦德国，以及北约从松散政治实体真正转变为军事实体并吸收希腊和土耳其加入（1952年）等都顺理成章地成为这个故事框架的合理情节。

---

① "卫星国"这一隐喻用于德国的用法可参见：Henry Morgenthau, "Bretton Woods and International Cooperation," *Foreign Affairs* 23, no. 2 (1945): 182-194。

② NSC, "A Report to the National Security Council - NSC 68," pp.7-35.

③ 除了磁或电，韦氏词典还指出，"极"是球体中心轴的任意一端。

第四章

"日本威胁"的话语建构

不管怎样，德国人几乎没有引起美国人的怨恨。因为我们懂他们的文化，在那里建立美国工厂也没有遇到障碍。而日本人却激起了美国人的愤怒，因为他们的文明是封闭、不开放的文明，对我们无声的恐惧还之以隐藏在面纱下的蔑视。[1]

——白修德（Theodore White）

但是他们（日本人）未能学会向我们那样行事。日本不是一个西方工业国家，它的组织方式很不一样。而且，日本还发明了一种新的贸易类型——敌对贸易，将贸易看成战争，贸易的目的是彻底摧毁竞争，而美国几十年来未能明白这些。[2]

——迈克尔·克莱顿（Michael Crichton）

---

[1] Theodore White, "The Danger from Japan," The New York Times Magazine, July 28, 1985, accessed January 10, 2016, http://www.nytimes.com/1985/07/28/magazine/the-danger-from-japan.html?pagewanted=all.

[2] Michael Crichton, *Rising Sun* (New York: Ballantine Books, 1992), p.393.

与前一章的"苏联威胁论"相比，本章所要分析的"日本威胁论"似乎现在已经被美国人"忘记"。例如，2015年4月28日，为纪念二战后美日建交70周年，美日联合发表《美日共同愿景声明》。该声明指出："今天美国和日本共同纪念伙伴关系，70年来，这种伙伴关系对全球和平、安全和繁荣作出了持久的贡献。今年是二战后的第70个年头，我们两国的这种关系堪称大国和解的典范：之前的宿敌变成了坚定的盟友……我们协力赢得冷战，管控其结束后的余波；2011年'9·11'事件之后，我们共同努力打击恐怖主义；全球金融危机之后，我们强化国际金融体制合作……"[1]

这一声明将二战之后美日两国的关系描述成双方始终同心协力，互为坚定盟友，且未曾改变的关系。然而，事实远非如此。[2] 从二战到冷战结束，美日关系还经历了一段"从敌人到朋友，再从朋友到敌人"的历史。[3] 众所周知，随着美国在日本广岛和长崎投下两颗原子弹，日本天皇宣布投降，以道格拉斯·麦克阿瑟（Douglas MacArthur）为最高统帅的美军对日本进行了单独而非多国分区占领的统治，然后开始按照美国价值观改造日本政治、经济与社会。1947年，日本颁布实施了《日本国宪法》（又被称为"和平宪法"）。1951年，美、英、法等国与日本签订《旧金山对日和约》。同年，日美签订《日美安全保障条约》，奠定了日美同盟的基础，并在此基础上于1952年和1960年分别签署了《日美行政协定》和《日美共同合作和安全保障条约》，日本完成了"宿敌"到"盟友"身份的正式转换。到了20世纪70年代，在大部分西方人眼中，日本已经是"一个可以信赖的盟友和一个负责任的国际社会成员"。[4] 但是，随着日本战后经济的持续崛起和美日贸易摩擦的逐渐增多，"日本问题"和"敲打日本"等关于"日本威胁"的声

---

[1] The White House, "U.S.-Japan Joint Vision Statement," April 28, 2015, accessed January 1, 2016, https://www.whitehouse.gov/the-press-office/2015/04/28/us-japan-joint-vision-statement.

[2] 这一声明将20世纪80年代和90年代初的美日冲突略去不谈，恰恰说明了叙事对事实的选择性建构。

[3] George Friedman and Meredith LeBard, *The Coming War with Japan* (New York: St. Martin's Press, 1991), p.1.

[4] Narrelle Morris, *Japan-Bashing: Anti-Japanism since the 1980s* (New York: Routledge, 2011), p.1.

音不断显现，到80年代中后期和90年代初，美国多项民意调查显示，日本正成为美国新的主要威胁。[①]

研究这段被忽视的"威胁历史"具有重要意义：一是日本是美国联盟内部出现的威胁，与"苏联威胁"和"中国威胁"出现的背景不同；二是"日本威胁"很大程度上被看作因经济崛起造成的威胁，这一点和中国如今面临的问题有相似之处，研究美国对日本的威胁身份话语建构具有重要的现实意义；三是"日本威胁"是美国出现的苏、日、中三种对手威胁话语中美国国内主导话语对抗和竞争表现最突出的一种，即自始至终都存在"盟友"和"威胁"双重话语的激烈对抗，淋漓尽致地表现出威胁是话语建构而非物质变化自然而然的结果。

那么，20世纪80年代和90年代初，美国的"日本威胁论"是如何形成的呢？毋庸置疑，美国出现的"日本威胁论"与经济等物质因素有密切关系，而且从表面上看，现实主义理论从物质力量变化解释"日本威胁"似乎也符合情理。日本在二战的废墟上迅速恢复，经过50年代至80年代的高速发展，从战后破败的废墟发展为世界第二经济强国，并在持续发展，似乎有赶超美国的节奏，因此"日本威胁"是实实在在的。但是，仔细观察美日之间物质力量的变化，这种基于现实主义的解释似乎并不十分合理。第一，笔者发现，60年代是日本国内生产总值年均增长最快的时期，年均为11%，而70年代年均增长为5.4%，80年代为4.1%，并且日本早在1968年就超过联邦德国成为西方世界第二大经济体。[②] 相比之下，美国在六七十年代经受越战泥潭、国内民

---

① 这样的调查结果有很多，例如：在1989年8月的一项调查中，68%的公众选择日本对美国构成更严重威胁，而选择苏联的只有22%；在1990年的另一项调查中，60%的公众和63%的精英认为在接下来的10年日本的经济力量是美国的严重威胁，而只有32%的公众和20%的精英认为苏联的军事威胁是美国的严重威胁。具体参见：Robert Neff, Paul Magnusson and William Hostein, "Rethinking Japan: The New, Harder Line toward Tokyo," *Business Week*, August 7, 1989, p.51; John Rielly, "Public Opinion: The Pulse of the '90s," *Foreign Policy*, no. 82 (1991): 79-96; Ronald Elving, "How Americans View Japan," *CQ Weekly* (March 31, 1990): 968。

② William H. Cooper, "Japan's Economic Miracle: What Happed?" CRS Report for Congress, October 1, 2001, accessed June 14, 2016, http://congressionalresearch.com/RL30176/document.php; OECD, "OECD Economic Surveys: Japan," August 1969, p.5, accessed June 14, 2016, https://www.oecd-ilibrary.org/economics/oecd-economic-surveys-japan-1969_eco_surveys-jpn-1969-en.

权运动和两次石油危机，国内生产总值增速达到历史"最低点"。① 从美日双方物质变化速度和程度来看，60年代末和70年代初盛行"日本威胁论"似乎更合理。第二，日元被低估及其造成的美国巨额贸易赤字是现实主义者宣称"日本威胁"的重要方面。但笔者发现，日本在1985年就已经签订《广场协议》，并允许日元大幅升值，而且美日贸易赤字在1987年达到创历史新高的560多亿美元后开始大幅下降，至1990年下降到410多亿美元，而这段时间正是"日本威胁论"迅速抬头的时期。与此相对照的是，20世纪90年代中后期以来，特别是21世纪以来，美日贸易逆差不仅远远大于"日本威胁论"最强势的80年代末，而且持续不断扩大，2012年达到760多亿美元，但"日本威胁论"并未甚嚣尘上，似乎美日贸易逆差本身并不是"日本威胁论"的症结。② 正如1985年美国负责东亚和太平洋事务的助理国务卿保罗·沃尔福威茨（Paul Wolfowitz）③ 在一次公开讲话中所指出的："我们与日本的贸易问题不是我们双边贸易赤字的问题，尽管赤字很大。经济学家已经多次说过，双边贸易并不需要是平衡的。"④ 第三，"日本威胁"的另一个重要方面是日本对美国的大量直接投资，而美国很难进入日本市场。但是，统计数字似乎也不完全支持这种观点。就直接投资规模而言，1987年底，美国成为日本最大投资国，而当年日本对美直接投资虽然由于日元升值高达330亿美元，但却远远低于英国和荷兰对美直接投资的750亿美元和470亿美元，而且美国80年代中后期在日本的投资回报率高达21%，比在其他地区的投资回报率都高。⑤ 即使到1991年这一状况依然如此，美国的主要外国直接投资依然来自欧洲，占比

---

① 王缉思：《大国战略——国际战略探究与思考》，FT中文网，2016年5月6日，http://www.ftchinese.com/story/001067422?page=2，访问日期：2016年10月1日。

② Census Bureau, "Trade in Goods with Japan," accessed January 12, 2017, https://www.census.gov/foreign-trade/balance/c5880.html.

③ 保罗·沃尔福威茨是美国新保守派和"鹰派"的代表人物，曾任美国负责东亚和太平洋事务的助理国务卿、美国驻印尼大使、约翰斯·霍普金斯大学高级国际问题研究院院长、美国国防部副部长、世界银行行长等职。

④ Paul Wolfowitz, "U.S.-Japan Relations: Dangers and Opportunities, Myths and Realities," U.S. Department of State, 1985, p.3, accessed January 12, 2017, https://catalog.hathitrust.org/Record/100755527.

⑤ Mike Mansfield, "The U.S. and Japan: Sharing Our Destinies," *Foreign Affairs* 68, no. 2 (1989): 5-6.

达63.3%，其中英国占比26%，远超日本（21.3%）。^①就日本收购美国公司数量而言，1978—1987年，日本收购了94家美国公司，排名第五，远低于同期英国收购的640家、加拿大收购的435家和德国收购的150家。^②比较具有讽刺意味的是，20多年后的2013年，英国和日本依然维持在对美直接投资的前两位，^③而两国中没有任何一国被指责威胁美国；相反，两国都被美国看作坚定的盟友。同时，在市场开放方面，20世纪80年代中期以来，在日美两国各种双边协议影响下，日本在通信、医药等领域不断大幅开放市场，关税水平达到世界较低水平，日本工业制成品进口占日本总进口的比重从1985年的31%上升到1988年的50%，美国对日本的出口也不断猛增，在1988年增长了34%。^④

因此，物质因素不足以清楚解释美国20世纪80年代中后期形成的"日本威胁论"。笔者认为，物质事实只有通过话语才能获得意义，美国的"日本威胁论"本质上是美国"自我"身份话语建构中塑造的对立的日本"他者"身份，而不是简单的物质事实反映。所以，人们应当将关注的焦点转移到话语如何建构威胁上。当然，话语作为分析"变量"并非否认现实主义所称的"日本威胁"背后的物质现实（material reality），而是揭示同一"事实"在不同话语建构下会呈现不同甚至完全相反的解读。本章的"日本威胁"案例在这一点上表现得尤为突出。对于同样的日本，在20世纪80年代和90年代初，美国的传统主义者^⑤认为日本经济在本质上属于西方自由资本主义，日本是美国的坚定盟友，而"日本威胁论者"则认为日本经济天生就是封闭的，日本进行

---

① Robert Lipsey, "Foreign Direct Investment in the United States: Changes over Three Decades," in Kenneth Froot, ed., *Foreign Direct Investment* (Chicago: The University of Chicago Press, 1994), p.137, accessed January 12, 2017, https://www.nber.org/system/files/chapters/c6536/c6536.pdf.

② Mack Ott, "Is America Being Sold Out?" Federal Reserve Bank of St. Louis, 1989, p.57, accessed January 2017, https://files.stlouisfed.org/research/publications/review/89/03/America_Mar_Apr1989.pdf.

③ Organization for International Investment, "Foreign Direct Investment in the United States: 2014 Report," accessed October 10, 2016, http://www.ofii.org/sites/default/files/FDIUS2014.pdf.

④ Mike Mansfield, "The U.S. and Japan: Sharing Our Destinies," p.5.

⑤ 传统主义者认为日本是美国的盟友，日本的政治经济体制在本质上属于美欧等市场经济模式，本书下文有具体介绍，还可参见：Robert Uriu, *Clinton and Japan: The Impact of Revision on US Trade Policy* (New York: Oxford University Press, 2009), p.27。

敌对贸易，是美国治下世界秩序的威胁。两大话语阵营的任何一方似乎都没有完全胜出，成为官方的主导叙事。

本章主要解决的问题是从隐喻和叙事路径分析"日本威胁"是如何被建构的，即话语如何赋予这些事实具有威胁内涵。本章共分三节：第一节主要分析隐喻和叙事框架在"日本盟友论"与"日本威胁论"转换中的角色。第二节主要分析"日本威胁论"的基本话语（basic discourse），即"日本威胁论"中常见的隐喻认知框架和图式叙事模板，亦即隐喻和叙事将事实转化为现实的认知框架。[①] 它们构成了"日本威胁"话语互文性网络中的关键节点，人们通过它们获得事实的"意义"，并框定着人们的认知，从而建构了"日本威胁"的共识。这些基本话语虽然在具体的威胁话语文本中有所差异，但是它们都反映着类似的故事情节，即日本威胁美国。为了更好地体现这种基本话语对"现实"的选取和建构作用，本章在讨论"日本威胁"基本话语时还会讨论其他可能的意义建构来解构这些基本话语的"真理性"。第三节主要分析这些隐喻和叙事认知框架在美日关系重要事件中的具体建构作用。笔者选择了"日本威胁论"甚嚣尘上的20世纪80年代中后期的两个重要事件，即"东芝事件"和"FSX战机事件"。

本章话语分析使用的文本将继续使用美国精英话语，即对"日本威胁论"阐述比较明显、在"日本威胁论"发展中起到重要作用的关键文本。这些文本涵括政府、国会、学者和精英媒体等方面。但与"苏联威胁"话语分析以政府文本为主要对象不同，"日本威胁"话语的文本主要来自学者、国会或退休官员和媒体等。这主要是因为本书研究的问题是"日本威胁"话语是如何被建构的，而"日本威胁论"的建构和存在话语空间主要来源于以上方面。从既有文献来看，在"日本威胁"建构中还没有发现"苏联威胁"建构中出现的类似"长电报"的系统性、一锤定音式的官方叙事文件。这一方面可能因为"日本威

---

① 关于"基本话语""隐喻认知框架"和"图式叙事模板"，除了参见本书第二章，还可参见：James Wertsch, "The Narrative Organization of Collective Memory," *Ethos* 36, no. 1 (2008): 120-135; L. Hansen, *Security as Practice: Discourse Analysis and the Bosnian War* (London: Routledge, 2006), pp.51-54; George Lakoff and Mark Johnson, *Metaphors We Live By* (Chicago: The University of Chicago Press, 1980).

胁"并没有完全成为美国官方主导叙事,另一方面可能由于档案还有待解密。不过,是否是官方文本并不是本书的主要关注点,本章选择分析文本的主要根据是其在"日本威胁"话语中的地位。

第一节 从盟友到威胁的叙事转换

一、盟友叙事与"日本奇迹"隐喻

从二战结束到20世纪70年代,美国关于日本的话语基本处于稳定的冷战盟友主导叙事框架之下。美国政治精英以此框架认知日本,并按照这一框架提供政策的合法性,进而延续和强化着这种叙事。日本战后经济的复苏和高速发展正是在这一叙事背景下完成的,而美国在80年代以前对于日本高速发展的物质结果——"日本奇迹"(Japanese miracle),也基本按照这一叙事赋予其意义。换言之,日本的繁荣是西方自由市场制度优势的反映,对于冷战中的美国是福不是祸。

下面,笔者将简要回顾冷战盟友叙事与"日本奇迹"隐喻的出现。1945年日本投降后,日本国内几乎已是一片废墟,经济凋零,军队被解散,军工生产停止,海外日本人被迫返回国内,几种因素叠加造成日本约1300万人失业;同时,粮食、能源短缺,工资被压至很低的水平,政府雇员的工资仅够基本的食品消费,私营企业的情况甚至更糟。[1]众所周知,当时美国人类学家鲁思·本尼迪克特(Ruth Benedict)撰写的《菊与刀》建构了美国对于日本的认知,直接影响了其战后的对日政策。他认为,日本适合搞民主政治。按照这一建议,以麦克阿瑟为首的盟军开始对日本进行占领统治,对日本政治、经济和社会进行民主改造,1946年底公布了《日本国宪法》,并在翌年开始实施。[2]

---

[1] William K. Tabb, *Japanese System: Cultural Economy and Economic Transformation* (New York: Oxford University Press, 1995), p.86.

[2] 鲁思·本尼迪克特:《菊与刀》,胡新梅译,中华书局,2014; M. Heale, "Anatomy of a Scare: Yellow Peril Politics in America, 1980–1993," *Journal of American Studies* 43, no. 1 (2009): 34。

但是，随着1947年3月"杜鲁门主义"的出台，美苏冷战叙事开始正式成为美国对外政策的主导安全叙事，应对以苏联为代表的"共产主义威胁"成了美国对外政策的主要目标。对于欧洲国家和日本，美国的主要担心是它们经济上的崩溃导致政治上的崩溃，最终倒向共产主义。[①] 按照这一新的冷战故事，美国的占领政策开始由非军事化和民主化改革转变为经济复兴，将日本纳入西方经济体系。1948年10月，美国国家安全委员会在向杜鲁门提交的对日政策建议报告《国家安全委员会第13/2号文件》（NSC 13/2）中指出，"考虑到苏联咄咄逼人的共产主义扩张政策造成的严峻国际形势"，"今后美国对日政策的主要目标应该是经济复兴"。[②] 随后，美国总统派遣底特律银行家约瑟夫·道奇（Joseph Dodge）作为麦克阿瑟将军的经济顾问，实施恢复日本经济的"道奇计划"。1950年，朝鲜战争爆发，日本在美国冷战叙事中的盟友角色功能进一步增强。在朝鲜战争期间，美国选择日本加入以美国为首的所谓"联合国军"，提供战争物资的生产和服务，而这对于日本经济的恢复带来了"无以复加"的好处，到了1952年，日本民众的生活水平已经恢复到战前水平。更为重要的是，朝鲜战争期间，美军允许日本发展生产军用物资的基础工业，并将美国先进的生产技术逐渐转移给日本，不仅救活了大量濒临倒闭的大公司，而且为日本随后的经济腾飞奠定了工业基础。[③] 进入20世纪六七十年代，日本经济增速加快，经济规模迅速扩大，到了1968年，其经济规模超过联邦德国成为世界第二大经济体。以采矿和制造业为例，朝鲜战争结束时日本的产值只相当于1975年的12%左右，1960年达到26%，1968年达到将近70%，1978年已超过122%。[④]

---

① Stephen Krasner, "Trade Conflicts and the Common Defense: The United States and Japan," *Political Science Quarterly* 101, no. 5 (1986): 788.

② Foreign Relations of the United States, Note by the NSC Executive Secretary (Souers) to President Truman, NSC 13/2, 1948, Vol. 6, Document 588, accessed October 10, 2016, https://history.state.gov/historicaldocuments/frus1948v06/d588.

③ George Friedman and Meredith LeBard, *The Coming War with Japan*, pp.117-118.

④ Chalmers Johnson, *MITI and the Japanese Miracle: The Growth of Industrial Policy, 1925–1975* (Stanford: Stanford University Press, 1982), p.5.

那么，美国如何看待日本物质力量尤其是经济力量的快速上升呢？在20世纪六七十年代，美国关于日本的主导话语依然是美苏冷战话语下的盟友叙事，这些客观的事实也因此获得意义：日本作为美国的盟友，其经济快速发展不但不是威胁，反而"被看作防范共产主义的疫苗"，日本经济的成功被看作日本学习和实践西方自由、民主和市场化等现代化理论的"典范"，其对西方模式的模仿被看作对美国"最真诚的恭维"。[①] 这种解读能够成功被接受还得益于冷战后特别是朝鲜战争后美国对日本叙事的"消毒"（sanitized）叙事：二战中野蛮、封建、嗜血和背信弃义的日本人突然变成了"友善、有魅力和有礼貌的人"，日本也逐渐变成了"鲜花、庙宇、身着和服的妇女、禅宗和优雅生活浪漫组合"的"和谐之地"，"勤劳和富有远见"的日本人成为美国的盟友。[②] 因此，"经济奇迹"和"日本奇迹"成为这一话语背景下诠释日本这个盟友经济高速发展的最常见的词语。

"奇迹"（miracle）属于常规隐喻，其本意是指不寻常或令人惊奇的事，超出正常的自然规律，其蕴涵包含"秘诀"。因此，从1962年9月《经济学人》杂志刊登的《正视日本》（Consider Japan）一文，到1969年彼得·斯通（Peter Stone）出版的《日本的大飞跃：一部经济奇迹的故事》、1982年弗兰克·吉布尼（Frank Gibney）出版的《有意为之的奇迹：日本经济成功的真实原因》等，都在探寻和解释日本成功的奥秘。[③] 这些作者对日本战后经济成功的解释基本都是在美苏冷战话语和日本盟友叙事的认知框架内进行的，日本的成功被看作新古典自由主义经济学的样板，市场力量、民主制度、独特的管理方式和文化

---

① Stephen Krasner, "Trade Conflicts and the Common Defense: The United States and Japan," p.788; Masao Miyoshi, *Off Center: Power and Culture Relations between Japan and the United States* (Cambridge: Harvard University Press, 1991), p.67; Andrew Schmookler, "An Overview of Japan's Economic Success: Its Sources and Its Implications," *The Journal of East Asian Affairs* 3, no. 2 (1983): 356.

② Robert Crawford, "Reinterpreting the Japanese Economic Miracle," *Harvard Business Review* 76, Issue 1 (1998): 180; Akira Iriye, *Mutual Images: Essays in American-Japanese Relations* (Cambridge: Harvard University Press, 1975), pp.138-377.

③ Peter Stone, *Japan Surges Ahead: The Story of an Economic Miracle* (New York: Praeger, 1969); Frank Gibney, *Miracle by Design: The Real Reasons behind Japan's Economic Success* (New York: Times Books, 1982).

特点等因素造就了日本的成功，其经验和模式值得探索，以便其他国家学习和效仿。美国学者傅高义（Ezra F. Vogel）的论著《日本名列第一：对美国的教训》在这方面表现得尤为明显。[1] 傅高义认为，"日本奇迹"和美日贸易不平衡的主要原因是日本工业竞争力强于美国，其技术水平在不断提高，产品功效更高。这主要得益于日本能够创造一种环境：大家集思广益，以最小的代价获取最多的情报，重视协商一致，同时政府正确领导，综合平衡各种利益，重视教育，建立讲究实效的福利制度，以及忠于职守的警察和群众通力合作建立的良好治安环境等。因此，他最后提出，美国应该拜日本为师，"向人家学习应该学会的东西"。虽然傅高义承认日本成功经验的移植有困难，但认为美日两国的价值观"惊人一致"。[2]

二、"日本奇迹"再阐释与"敲打日本"隐喻的出现

在冷战宏大叙事背景下，美日关系还存在一种微弱的边缘声音，即美日贸易摩擦话语。在20世纪50年代，日本对美国棉纺织品出口激增，美国政府开始要求日本设定限额，日本被迫开始实行"自愿出口限制"（voluntary export restraints）措施。在1969年尼克松总统上台后，两国贸易的紧张关系又进入一个小高潮，美国要求日本将自愿出口限制扩大到所有人造和羊毛纺织品、钢铁产品等。到了70年代末，这种限制的范围不断扩大，波及彩电、机床等产品。[3] 但是，直到70年代末，这些边缘话语始终处于冷战盟友主导叙事的边缘地带，而且两国间的这种贸易摩擦也主要被看作单纯的经济问题，而非安全问题。

进入80年代，美日盟友叙事主导话语下的"日本奇迹"解读开始出现危机，美国关于日本的话语开始进入"不稳定性叙事情景"，或者

---

① 傅高义是埃兹拉·沃格尔（Ezra F. Vogel）的中文名。参见：埃兹拉·沃格尔《日本名列第一：对美国的教训》，谷英、张柯、柳丹译，世界知识出版社，1980。其英文原著参见：Ezra F. Vogel, *Japan as Number One: Lessons for America* (Cambridge: Harvard University Press, 1979)。

② 埃兹拉·沃格尔：《日本名列第一：对美国的教训》，第239—240页。

③ William McClenahan, "The Growth of Voluntary Export Restraints and American Foreign Economic Policy, 1956–1969," *Business and Economic History* 20, no. 2 (1991): 180-190.

历史制度主义所称的"关键时刻"：对于同一个日本出现了越来越强的不同故事解读，它们在同一公共话语空间进行激烈博弈。以下三方面的变化催化了美国关于日本"他者"身份的叙事危机：第一，布雷顿森林货币体系的终结、两次石油危机等"外部性休克"（exogenous）构成了话语危机的物质性背景。20世纪六七十年代，美国一直深陷越战泥潭；1971年，尼克松总统宣布美元停止兑换黄金，布雷顿森林货币体系崩溃；1973年和1979年，西方世界发生了两次石油危机。这些因素造成美国经济出现持续"滞胀"，贸易赤字不断攀升，日本于1985年从净债权国变为债务国，不断吞噬冷战中美国霸主身份的物质基础，而这与美国冷战中的"自我"叙事愈加背离，美国开始怀疑自我，不断出现"美国衰落论"。第二，进入80年代，美国经济困境和美日关系中新出现的事实越发难以纳入原有的冷战叙事框架，越发难以"编出"（emplotment）一个合乎情理的故事。同时，由于石油危机，美国经济社会面临高通胀、高失业率和低增长的怪圈，而日本的纺织、钢铁、汽车等产品开始充斥美国市场，受到最严重冲击的蓝领工人迫切需要新故事框架获得解释。例如，1982年7月，两名失业的底特律汽车工人误将美籍华人陈果仁（Vincent Chin）当作日本人，指责日本人将他们的工作夺走造成自己失业，并将其打死，引起全美轰动。如果说日本低端制造业在美国的成功被看作自由市场经济下日本发挥了比较优势，那么日本在半导体、超导体、高清电视等高科技领域追赶和取代美国则开始动摇美国长期以来在高科技领域的霸主身份。以半导体行业为例，20世纪六七十年代，美国公司基本主导着世界市场集成电路的设计和制造，但1976年日本开始进入这一领域，1980年日本设计和生产的半导体元件已经超过美国，1986年日本已经占据65%的世界市场份额，而美国则下降到30%以下，1988年日本占据世界兆位记忆体晶片85%的市场份额，而美国则下降到8%。[1] 而且，从80年代中期开始，日本加速对美国的直接投资，出现收购美国的狂潮，洛克

---

[1] B. Inman and Daniel Burton, "Technology and Competitiveness: The New Policy Frontier," *Foreign Affairs* 69, no. 2 (1990): 119.

菲勒中心、哥伦比亚电影公司等代表美国身份的地标和文化符号落入日本囊中。这些都与原有的盟友叙事格格不入，或者说，原有的盟友叙事框架对于认知美日这一新变化失去了解释力。第三，经济问题越来越被看作国家安全的一部分。在冷战叙事下，美国国家安全话语被局限在政治与军事领域，主要被美国国防部和国务院把持，它们通常认为，美国为了整体安全可以牺牲一些经济利益。但是，80年代以来，美国经济部门如商务部和贸易代表办公室在安全领域越来越具有话语权。

这些变化迫切要求美国对"日本奇迹"的原因和美国自身的经济问题作出新的"合理"解释。最终，在80年代初，压倒日本作为美国冷战盟友主导叙事的最后一根稻草终于出现了。1982年，美国加州大学教授、日本政策研究所所长、美国艺术与科学院院士查默斯·约翰逊出版了《通产省与日本奇迹：产业政策的成长（1925—1975）》一书，成为"日本威胁论"的话语基石。之后，美国关于日本的话语迅速分裂为两大实力相当的对立阵营。一派常被称作"传统主义者"（traditionalists）或"日本游说团"（Japan lobby）或"菊花俱乐部"（chrysanthemum club）。他们继续坚持按之前的冷战盟友叙事来认知日本，主要从正统的新古典经济学解释"日本奇迹"，认为日本的资本主义政治经济体系与美国的体系在本质上无异，都坚持市场经济，"日本奇迹"是可以按照新古典主义进行解释的，日本也一直是美国的重要政治和军事盟友。另一派则是"日本威胁论者"，常被称作"敲打日本者"（Japan-basher）或"修正主义者"（revisionists）。他们认为，日本本质上是"封闭的"（closed）、"铁板一块的"（monolithic），在政治、经济和文化上都是与西方"不同的"。"日本奇迹"并非因为日本是自由市场经济国家，而是因为日本为"发展型国家"（developmental state），采取"敌对贸易"（adversarial trade）政策。日本是美国面临的"问题"，其最终目的是与美国争夺世界主导权和建立"日本治下的和平"，美国应该"遏制"日本，为"即将来临的对日战争"作好准备。①

三、"敲打日本"：一个被植入"木马"的威胁论

在下一节分析话语如何建构"日本威胁"之前，笔者先简要分析
一下"日本威胁论"的名称本身是如何被建构的，因为这对于理解下
文中的"日本威胁论"、展示话语建构的作用以及破除美国当前建构
"中国威胁"话语都是十分重要的。与美苏敌对时期的"苏联威胁"或
目前的"中国威胁"不同，美国话语中很少出现"日本威胁"（Japan
threat 或 Japanese threat）。"日本威胁论"最常见的指称是"敲打日本"，
而那些主张"日本威胁论"的人则常被称作"敲打日本者"或者"敲
打者"（basher）。就美国主流媒体而言，"敲打日本"一词最早出现在
1982年8月5日《纽约时报》的一篇文章中。②不过，在20世纪80年
代初，这个词的使用还主要局限在美国日本问题专家的小圈子里，直
到1985年前后，特别是白修德③在《纽约时报杂志》发表《来自日本的
威胁》一文之后，"敲打日本"开始在美国主流话语中"绽放"（full-
blown），很快成为一个被广泛使用的政治词汇。④对于"敲打日本"的
使用，可以通过"敲打日本"一词在《华尔街日报》出现的次数进行
窥测。如图4-1所示，含有"敲打日本"的文章数量在1985年出现第
一次井喷，之后虽有波动，但在20世纪80年代中后期基本呈快速上升
趋势，到90年代初达到顶峰，之后出现下降。该图所呈现的"日本威
胁"话语趋势与澳大利亚学者娜瑞尔·莫里斯对同期《纽约时报》和
《华盛顿邮报》使用"敲打日本"词频的研究结果基本一致。⑤

---

① Chalmers Johnson, *MITI and the Japanese Miracle: The Growth of Industrial Policy*, p.17; Karel van Wolferen, "The Japan Problem," *Foreign Affairs* 65, no. 2 (1986): 303; Ezra Vogel, "Pax Nipponica?" *Foreign Affairs* 64, no. 4 (1986): 752-767; James Fallows, "Containing Japan," *The Atlantic Monthly* 263, Issue 5 (1989): 40-54; George Friedman and Meredith LeBard, *The Coming War with Japan*.

② Narrelle Morris, *Japan-Bashing: Anti-Japanism since the 1980s*, p.42.

③ 白修德是西奥多·怀特（Theodore White）的中文名。他在二战期间曾是美国《时代周刊》派驻中国的记者，还是1972年尼克松总统访华的随行记者。

④ Masao Miyoshi, *Off Center: Power and Culture Relations between Japan and the United States*, p.63.

⑤ 关于莫里斯的研究，参见：Narrelle Morris, *Japan-Bashing: Anti-Japanism since the 1980s*, p.44。

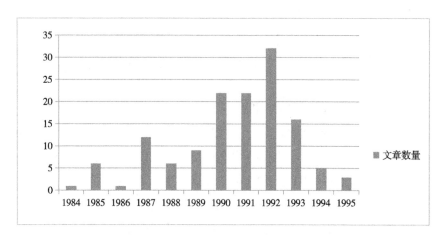

图4-1 《华尔街日报》关于"敲打日本"的报道

图片来源：笔者根据ABI/INFORM Complete经济管理期刊全文数据库的检索数据自制。

　　但笔者发现，在美国主流话语中，任何批评日本、讲述日本威胁的人都会被扣上"种族主义者"或"仇外主义者"的帽子，似乎公开承认日本是美国的威胁是一件不光彩的事，即使是在20世纪80年代末和90年代初"日本威胁"话语最流行的时期也是如此。"敲打日本"是如何与种族歧视联系到一起的呢？这与"敲打日本"这个隐喻命名有很大关系。"敲打日本"并不是美国英语中固有的词汇，而是一个被日本游说者植入种族主义"木马"的词汇。不过，这件事直到1992年被美国政治分析家、资深记者约翰·朱迪斯（John Judis）披露后才为世人所知。

　　将"日本威胁论"植入种族主义"木马"蕴涵的人是罗伯特·安杰尔（Robert Angel）。他曾在1978年至1984年供职于一家位于美国首府华盛顿的智库，该智库名为日本经济研究所，资金由日本外务省资助，安杰尔是该所的主席和首席执行官。20世纪70年代末，美国开始出现大量批评日本贸易政策的言论，为了应对这些日益强烈的批评，安杰尔开始"四处寻找"合适的表达方式。20世纪50年代至70年代，美国经历了轰轰烈烈的民权运动，到了80年代，反对种族主义早已是美国精英话语中的"政治正确"。在这样的社会文化和话语背景下，安杰尔希望给那些日本批评者扣上"种族主义和仇外心理"的帽子，让他们名誉扫地。安杰尔发现，支持以色列的游说者通过使用"反犹太主义"（anti-Semitism）可以很好地将对方污名化，使其偃旗息鼓，因此他首先尝试了"反日主义"（anti-Japanism）这个词语，但是发现效果不好。后来，他受到当时英国社会"敲打巴基斯坦（人）"①（Paki-bashing）措辞的启发，将"反日主义"改为"敲打日本"，这一修改非常奏效，很快在日本研究圈和美国媒体中使用。② 因此，从词语来源上看，"敲打日本"就带有种族主义的蕴涵，而当人们讨论"日本威胁"的各种文章和书籍并广泛使用该词指称"日本威胁论"时，这一蕴涵就不可避免地投射到"日本威胁论者"身上，种族主义者的印象就会形成。换句话说，"敲打日本"一词在一定程度上框定了"日本威胁"话语的议程，那些反对"敲打日本者"会将"日本威胁"问题转化为种族问题。之后的事实也正如安杰尔所期望的，那些"敲打日本者"常被扣上种族主义的帽子，被描述成"对日本人和日本文化抱有某种与生俱来的偏见"，一旦批评"日本市场对外来者是封闭的，就要被迫辩护自己不是种族主义者"。③

对于这个污名化的隐喻标签，"日本威胁论者"一直嗤之以鼻。1990年，"对日修正主义四人帮"——詹姆斯·法洛斯（James Fallows）、查默斯·约翰逊、克莱德·普雷斯托维茨（Clyde V. Prestowitz）和卡瑞尔·范·沃尔夫伦（Karel van Wolferen）首次共同联合撰文为其"日本威胁"话语辩护，斥责"敲打日本"是"愚蠢标签"，使人们不能对日本进行正确批判。在他们看来，"修正主义"这个标签要比"敲打日本"

---

① "敲打巴基斯坦（人）"是指当时英国出现的某些白人无缘无故对巴基斯坦、印度移民或后裔进行恶意身体攻击，带有种族歧视内涵。

② John Judis, "Trade: Economic Labels that Lie," *Columbia Journalism Review* 31, no. 4 (1992): 38-39.

③ James Fallows, Chalmers Johnson, Clyde V. Prestowitz and Karel van Wolferen, "Beyond Japan-Bashing: The 'Gang of Four' Defends the Revisionist Line," *U.S. News & World Report* 108, Issue 18 (1990): 54; Martin Tolchin, "'Japan-Bashing' Becomes a Trade Bill Issue," *The New York Times*, February 28, 1998, p.5.

好一些，尽管他们认为该词有马克思主义派系之间内斗的弦外之音。[①]但是，不管"日本威胁论者"是否喜欢这个隐喻标签，它已经被美国主流精英广泛使用，成为称呼"日本威胁论"的主要标签。

第二节 "日本威胁"的基本话语建构

正如本章第一节所提到的，在美国国家安全话语争夺战中，美国国内对日政策的传统主义者和修正主义者[②]基于同一个日本却建构了两个完全不同的日本。本节笔者将主要分析持修正主义观点的"日本威胁论者"是如何使用话语框定"日本威胁"认知的，并利用传统主义者的不同叙事解构这种认知的"事实"存在其他阐释的可能性。整体而言，修正主义者编织的是一个经济受害者叙事，即"日本奇迹"和美国在美日经济竞争中节节败退是因为日本代表了一种不同于西方的政治经济模式和"文化他者"，造成美日之间的经济竞争是不公平的，进而威胁到美国的霸权。这一受害者叙事主要包括以下五种话语认知框架："发展型国家"隐喻与叙事、"珍珠港"等战争隐喻与叙事、"敌对贸易"隐喻与叙事、"文化与政治他者"隐喻与叙事，以及"代理人"和"经济间谍"隐喻与叙事。本节主要关注的是威胁话语的基本框架，因此分析文本以"日本威胁"话语中的"关键文本"为主，即"反复被引用、在互文网络中起到节点功能"的文本。[③]

一、"发展型国家"隐喻与叙事

与传统主义者不同，"日本威胁论者"几乎都认为日本并未实行西

---

① James Fallows, Chalmers Johnson, Clyde V. Prestowitz and Karel van Wolferen, "Beyond Japan-Bashing: The 'Gang of Four' Defends the Revisionist Line," p.54.

② 修正主义者即"日本威胁论者"。

③ L. Hansen, *Security as Practice: Discourse Analysis and the Bosnian War* (London: Routledge, 2006), p.74.

方自由市场经济体制。他们认为，"日本奇迹"是因为日本的产业政策，政府实行重商主义，追求贸易顺差，日本企业在政府的领导和帮助下与美国企业玩着"不公平的游戏"。笔者将这种话语认知框架称为"发展型国家"叙事模板。"发展型国家"叙事模板来源于1982年美国加州大学教授查默斯·约翰逊出版的《通产省与日本奇迹：产业政策的成长（1925—1975）》一书。约翰逊认为，日本问题从根源上说"不是一个经济问题"，而是一个不同政治体制的问题，这也是经济学家难以解决两国经济问题的原因。[1] 他提出，日本是"发展型国家"（developmental state），"日本奇迹"的产生原因不是自由市场经济，而是其无处不在的产业政策。[2] 正是因为这一划时代的话语贡献，该书成为"日本研究专家写过的阅读最广泛和最有影响力的学术著作"，被称为"日本威胁论"的"智力之锚"（intellectual anchor），也奠定了约翰逊作为"日本威胁论教父"的地位。[3] 这种新叙事最大的贡献在于它为理解战后日本提供了一个新的总体性认知框架，将人们对于"日本奇迹"的理解从冷战叙事框架下西方自由市场经济的成功案例转移到日本政府的产业政策和日本的非市场经济身份。这样，冷战叙事中追随美国，实行民主、自由和市场经济的"日本神话"就被解构了，盟友身份也就不复存在了。

约翰逊是如何建构"发展型国家"故事框架的呢？首先，对照冷战叙事，约翰逊重设了故事场景和故事人物。他认为，政府和经济活动之间的关系一直都是政治经济学的基本问题，但由于受冷战中资本主义和共产主义的长期论战影响，人们简单地将政治经济体制分为以英美为代表的自由市场经济和以苏联为代表的"统制经济"，非此即彼。然后，他指出事实远非如此，在这两者之间还存在另外一种类型："作为一个开发较晚的特殊模式，日本既不同于西方市场经济国家，也

---

[1] Chalmers Johnson, *Japan: Who Governs? The Rise of the Developmental State* (New York: W. W. Norton & Company, 1995), p.100.

[2] Chalmers Johnson, *MITI and the Japanese Miracle: The Growth of Industrial Policy, 1925–1975.*

[3] John Kunkel, *America's Trade Policy towards Japan: Demanding Results* (New York: Routledge, 2003), p.136.

不同于共产主义极权发展模式或二战后的新兴国家。"[1] 为此，他发明了"发展型国家"这一新的概念隐喻来指代这种发展模式。这就打破了原有冷战叙事设定的东西方非此即彼的故事背景，日本作为另一种模式人物登上舞台。最后，他对这个新的故事人物进行脸谱涂色。他指出，美国和日本代表了两种不同的政治经济体制："美国是监管（regulatory）导向占主导地位的国家，而日本则是发展导向占主导地位的国家。实行监管或市场理性的国家关心经济竞争的形式和程序或者说规则，但是不关心具体的经济活动。例如，美国政府制定了许多涉及企业规模的反垄断法规，但是不关心哪些产业应该存在，哪些产业不需要存在。相反，发展型或计划理性的国家的主要特征就是详细制定具体的社会和经济发展目标。"[2]

同时，日本政府和企业的关系与美国不同。日本政府和企业是合作关系，企业、经济官僚和政府之间存在着环环相扣的网状关系，日本就是一家"日本股份公司"（Japan Inc.）。日本强调的是计划理性、结果导向、追求整体的经济发展。因此，日本通产省、自民党和大企业为了整体的经济发展制定产业政策和经济发展目标，政府为企业服务，而企业则采取与政府合作的方式实现这些目标。日本政府和企业的这种特殊关系被认为是"建立在某种深层的，可能是日本文化和民族特性基础上的"。[3]

那么，"发展型国家"叙事模板如何阐释日本的行为、方式（或手段）和目的呢？约翰逊提出，日本通产省在近现代日本政治经济发展中一直都占据着中心位置，"不提及通产省的功绩，日本经济增长的速度、方式和结果就难以理解"。[4] 日本通产省主要通过产业政策确立优先目标来指导和干预经济。为了将日本行为和方式情节化，约翰逊全景式分析了1925—1975年日本的产业政策，认为无论是早期为应对1927年日本金融危机商工省（通产省的前身）开启产业政策，还是二

---

① Chalmers Johnson, *MITI and the Japanese Miracle: The Growth of Industrial Policy, 1925–1975*, p.viii.

② Ibid., p.19.

③ Ibid., p.265.

④ Ibid., p.vii.

战中的军需省，甚至是战后高速增长的"日本奇迹"，都有着明显的政府产业政策作用。例如，为了在二战之后实现高速发展，通产省通过控制外汇和技术进口来确定优先发展行业，通过优先贷款、税收优惠和保护政策来降低所选产业的发展成本，通过组建卡特尔、财团为基础的大型企业联合体来监督竞争，甚至在风险太大或花费太多的情况下仍决定建立公私合营公司。[①] 合成纺织（1953年）、塑料（1955年）、石油化工（1955年）、汽车（1956年）和电子（1957年）等产业也都受益于这些产业政策。[②] 到了20世纪七八十年代，通产省更加注重高科技行业和基础研究的发展。它在1976年组织实施了为期5年的"超大规模集成电路"项目，使日本企业从后来者变为行业领先者，迅速挤占美国市场份额并最终占据世界绝大部分市场份额。[③] 因此，日本产品充斥美国，美国贸易逆差、产业衰败、工人失业等事实似乎都得到合理的因果解释。关于日本的目的，发展是"发展型国家"所有行为的要义。面对这样一个对手，约翰逊认为，美国应该采取贸易保护主义措施，认真考虑建立一个类似日本通产省那样的"领导机构"。[④]

约翰逊建立的"发展型国家"叙事模板革命性地重塑了人们对于战后日本的认知，赋予了日本非西方身份——"发展型国家"，成为之后几乎所有"日本威胁论"的话语基石，关于"日本威胁论"的重要文章和著作都有这一认知框架的影子。例如，"对日修正主义四人帮"之一、荷兰驻日记者卡瑞尔·范·沃尔夫伦在《外交事务》杂志上发表的关于"日本威胁论"的名篇《日本问题》，以及他被翻译成十多种文字的畅销书《日本权力结构之谜》，都引用约翰逊的"发展型国家"来论述日本非西方、非自由市场的"他者"身份。[⑤] "对日修正主义四人帮"之一、

---

① Chalmers Johnson, *MITI and the Japanese Miracle: The Growth of Industrial Policy, 1925–1975*, pp.199-237.

② Ibid.

③ 1979年，该项目迫于美国压力叫停。

④ Chalmers Johnson, *MITI and the Japanese Miracle: The Growth of Industrial Policy, 1925–1975*, p.323.

⑤ Karel van Wolferen, "The Japan Problem," pp.288-303; Karel van Wolferen, *The Enigma of Japanese Power: People and Politics in a Stateless Nation* (New York: Alfred A. Knopf, 1989).

美国商务部前顾问克莱德·普雷斯托维茨在其《美日博弈：我们如何让日本领先》一书中以自己的亲身经历讲述日本政府官员注重长期战略，并如何通过产业政策一个接一个地攻陷半导体、机床、光纤等产业。[①] 再如，威廉·迪特里希（William Dietrich）1991年出版的《旭日阴影之下：美国经济衰退的政治根源》一书与该认知框架如出一辙，结论是应对日本这样的威胁，美国必须要实行日本那样的产业政策。[②]

人们一旦接受这一故事框架，就会产生路径依赖，框定对日本当时和未来行为的阐释。按照这一认知框架，战前和战后的日本发展模式是具有连续性的，这等于解构了冷战叙事中二战时凶残、野蛮的日本和战后追随美国、按照美国模式改造后的日本。日本和美国的关系也从"我们"变成了"我与他"的关系，因为日本没有采用西方古典经济学的市场经济模式，认为"日本奇迹"是美国模式的成功不过是一种错觉。因此，日本不仅没有向美国为首的西方发展模式趋近，反而一直沿着自身的政治经济体制前进，甚至很快取代"美国治下的和平"。

这种"发展型国家"叙事模板虽然建立在研究材料翔实的基础上，并对20世纪80年代美国人眼中的日本行为具有很强的解释力，但用这一框架认知当时的美日经济问题，尤其是以此为基础的更多威胁故事，在很大程度上只能算是一种话语建构，而非纯粹的"事实"。第一，通产省在战后"日本奇迹"中的作用可能被扩大了。虽然通产省确实对一些行业发展有影响，但是它对日本工业企业没有实际的控制力，大部分公司对政府的态度友好却独立。一些发展势头很好的行业，如摩托车、相机和大部分家用电器行业，并没有受惠于通产省的产业政策。日本政府对相关行业的补贴与美国在国防和航空领域的补贴相比也是小巫见大巫，换句话说，这种政府扶持产业的政策包括美国等

---

① Clyde V. Prestowitz, *Trading Places: How We Allowed Japan to Take the Lead* (New York: Basic Books, 1988).

② William Dietrich, *In the Shadow the Rising Sun: The Political Roots of American Economic Decline* (Pennsylvania: The Pennsylvania State University Press, 1991).

很多国家都有。[1] 第二，正统经济学可以解释"日本奇迹"和日本当时的经济行为。例如，对于"日本奇迹"，休·帕特里克（Hugh Patrick）等人认为，"日本的经济增长并不是什么奇迹，普通的经济学原理可以很好地理解和解释它"，而对于众人皆知的日本很少进口工业品，市场经济的要素禀赋理论就可以解释，并且对于战后日本，"经济增长的主要推动力一直是私营领域"而非政府。[2] 第三，日本政府和大企业通过经济官员纽带形成的紧密关系不仅在日本存在，在美国有过之而无不及，典型的例子就是"军工复合体"和"旋转门现象"。第四，日本社会是多元的，并非"刻板化"的铁板一块。实际上，日本政府内部各个部门之间充满内斗，工人与企业也并不和谐，日本工人罢工与美国工人罢工没什么本质区别，所谓的企业与政府的密切合作关系也并不完全正确。例如，一位日本大企业首席执行官曾说："我们（指政府和企业）都在拉一条绳子，但是我们都在向相反的方向拉。"[3] 对于"日本威胁论者"常用来佐证日本产业政策和对美"侵略"的汽车工业，通产省更是从20世纪60年代开始就一直坚定反对发展日本汽车产业。[4]

二、"珍珠港"等战争隐喻与叙事

与"发展型国家"叙事将战前和战后日本发展模式统一起来为人们认知日本提供新的认知框架类似，"珍珠港"认知框架通过大量战争隐喻将二战时的太平洋战争和20世纪80年代美日经济摩擦统一起来建

---

① Kenichi Ohmae, "Beyond the Myths: Moving toward Greater Understanding in U.S.-Japan Business Relations," *Vital Speeches of the Day* 48, Issue 18 (1982): 556; Yasukichi Yasuba, "Review of MITI and the Japanese Miracle: The Growth of Industrial Policy, 1925–1975," *The Journal of Economic History* 43, no. 2 (1983): 521.

② Hugh Patrick and Henry Rosovsky, "Japan's Economic Performance: An Overview," in Hugh Patrick and Henry Rosovsky, eds., *Asia's New Giant: How the Japanese Economy Works* (Washington, D.C.: Brooking Institution, 1976), pp.6-47; Stephen Krasner, "Trade Conflicts and the Common Defense: The United States and Japan," p.792.

③ Peter Drucker, "Behind Japan's Success," *Harvard Business Review* 59, Issue 1 (1981): 83.

④ Ibid., pp.83-84.

构"日本威胁论"新的认知框架。虽然在商业、贸易等经济活动中也经常使用战争隐喻，但是由于二战特别是珍珠港事件后爆发的太平洋战争已经成为美国"自我"身份叙事中不可分割的重要部分，在美日贸易关系中使用战争隐喻更能激起美国人内心深处的记忆，从而产生强烈的威胁共鸣。白修德1985年7月28日在《纽约时报杂志》上发表的文章《来自日本的威胁》对于这一认知框架的形成和传播起到了至关重要的作用。

白修德是美国著名政治记者、普利策奖获得者，自1939年起就从事亚洲事务报道。1945年9月2日，他见证了麦克阿瑟将军在日本东京湾美军"密苏里"号军舰上接受日本投降的仪式。《来自日本的威胁》这篇文章发表在日本宣布无条件投降40周年之际，通过这篇文章，他让很多美国公众开始了解"敲打日本"。白修德是如何建构"日本威胁"叙事模板的呢？首先，故事场景的设定。在文章开头，白修德通过细描将读者带入当年日本投降仪式的情景，以及日本在"毫无根据和毫无掩饰"的情况下血洗珍珠港并最终被美国击败的情节。整个描述非常具有画面感和历史感，读者会自然而然地进入两国战争故事场景。接着，他通过使用战争隐喻将当时的美日经济摩擦框定为二战时美日战争的延续，他写道："第二次世界大战结束40年后的今天，日本人又在进行历史上最为成功的商业进攻（offensives），他们正在着手拆除美国的工业。接下来的10年将证明他们仍然是唯一聪明的，或者说已经最终学得比我们更加高明。只有到那时，我们才能知道谁赢得了50年前的那场战争。"[1]

显然，通过战争场景的叙事和战争隐喻的使用，白修德将当时的美日经济冲突设定在两国正在交战的故事场景下。然后，他又对这一新叙事中的人物——日本进行人物刻画，他写道：美国在战后给他们提供技术支持，派遣技术人员指导，让他们加入《关税及贸易总协定》，但如今日本人"正在一个接一个地破坏美国的产业"；日本人建立了一种"政府–产业伙伴关系"（government-industry partnership），

---

[1] Theodore White, "The Danger from Japan".

大藏省负责提供导弹"发射台"（launching pad），而通产省则负责"指引（direct）贸易进攻的导弹"。[①]

最后，他用这一新的战争叙事框架给予当时的美日经济摩擦新的解释。他写道：日本使用巨额出口盈余，大量投资美国中西部，日本资本从渗透开始走向控制，为美国科技提供风险投资，仅在洛杉矶就已经建立1500家公司；使用特别关税保护脆弱产业，使用非关税壁垒保护日本国内市场；只进口谷物、矿石等原材料。这样，日本节节胜利，美国节节败退。以"第一批被日本贸易进攻打击的"美国汽车和钢铁行业为例，1966年日本出口到美国的汽车数量为6.3万辆，但是在通产省的鼓励下，1970年增加到41.5万辆。这种攻势的结果就是美国大量工人失业。日本通产省还着手将主要目标定为美国电子产业，计划"彻底摧毁"美国在这一领域的霸主地位。对于日本的行为，白修德最后警告："他们过分地执行贸易战术可能会激起无法估计的反应。日本可能清楚地记得40年前从珍珠港到美国'密苏里'号战舰甲板上的过程。"[②]通过"珍珠港"等一系列战争隐喻与叙事手法的运用，白修德成功地唤起美国人内心深处对太平洋战争的历史记忆共鸣，成功地建构了理解美日经济摩擦的新认知框架。

此外，"对日修正主义四人帮"之一、《大西洋月刊》专栏作家詹姆斯·法洛斯在这一战争认知框架的建构和传播中也起到了重要作用。1989年5月，法洛斯在《大西洋月刊》上发表了关于"日本威胁论"的文章《遏制日本》并广为传播。他认为，美日之间存在根本性的利益冲突，两国经济是不公平的竞争，日本是"资本主义发展型国家"，采取的是"单向的和破坏性的经济力量扩张"（one-sided and destructive expansion of its economic power），对美国和全世界不断"发动新的产业攻击"（launch new industrial assaults），而外国公司包括那些反应最快的也很难"打入"（penetrate）日本市场，经常因为非关税壁垒和同业联盟而被"挫败"（thwarted），日本这种单向而非互惠的贸易行为最

---

① Theodore White, "The Danger from Japan".

② Ibid.

终将"毁灭"战后自由贸易体系。因此，他提出，美国必须"遏制日本的扩张"（containing Japan's expansion）。① 通过这些战争隐喻，特别是美苏冷战中使用的隐喻，如"扩张""遏制"，他将美日关系投射到美苏关系。按照隐喻推理，美国应该采取美苏冷战的对外政策对付日本。乔治·弗里德曼（George Friedman）等人的《即将到来的美日战争》更是将这一认知框架从经济领域推至未来两国的真正军事战争。②

伴随美国经济的衰落和工人无处释放的愤怒，这一认知框架充斥媒体等公共话语空间。例如，1987年美日两国因为半导体芯片又生争端，自二战以来美国首次对日本进行贸易报复，美国传统基金会称之为"美日贸易战之首次战斗"，《时代周刊》的封面文章称之为《贸易对峙：一次危险的美日对抗》（*Trade Face-Off: A Dangerous U.S.-Japan Confrontation*），并将美国加征关税看作"一场贸易战斗（battle）"，还将这个经济制裁与1941年美国对日制裁并导致"偷袭珍珠港"事件进行类比。③ 再如，1989年4月4日，《纽约时报》的一篇文章称一小撮日本人几小时之内就可以让美国和全球市场不稳，日本人"正在对我们发动经济战争，是时候让我们认识到他们就是那个敌人"。④

在日本收购象征美国身份的公司和地标时，这一认知框架表现得更加明显。例如，1989年9月，正值日本买下哥伦比亚电影公司之际，《财富》杂志刊登了封面文章《日本下一个袭击（strike）的地方是哪儿》，讲述日本"装上现金弹药"（loaded with cash）在美国金融、建筑、航空、消费电子品和高科技等领域攻城略地。⑤ 在日本买下洛克菲勒中心后，《国家评论》刊登了一篇名为《日本佬占领了洛克菲勒中心》（*The*

---

① James Fallows, "Containing Japan".

② George Friedman and Meredith LeBard, *The Coming War with Japan*.

③ The Heritage Foundation, "U.S.-Japan Trade War: The Opening Battle," April 24, 1987, accessed January 10, 2016, http://s3.amazonaws.com/thf_media/1987/pdf/bg577.pdf; George Russell and Gisela Bolte, "Trade Face-Off: A Dangerous U.S.-Japan Confrontation," *Time* 129, Issue 15 (1987): 28-36.

④ "Japan Waging Economic War against U.S.," The New York Times, April 4, 1989, A26 edition, accessed January 10, 2016, http://www.nytimes.com/1989/04/04/opinion/l-japan-waging-economic-war-against-us-118489.html.

⑤ Gene Bylinsky, "Where Japan Will Strike Next," *Fortune* 120, Issue 7 (1989): 42-52.

Japs Capture Rockefeller Center）的文章。[1] 在1991年，即纪念珍珠港事件50周年之际，各种纪念活动将"珍珠港战争叙事"送上了顶峰。沃尔夫伦在《纽约时报》发表《一场经济珍珠港事件？》，指出虽然1941年珍珠港事件发生时的世界与今天的世界不同，但是"两者非常关键的相似点是日本已经失去控制，而美国无法应对日本力量或理解日本意图的真相"，日本为了更安全就会"无限经济扩张"，"美国无法承受等到下一次珍珠港事件才醒来的后果"。[2]

这一认知框架在蓝领工人中更为普遍。例如，1991年，通用汽车计划关闭21个工厂，美国汽车工会所属商店的反日宣传册上这样写道："（我们）号召所有美国人拿起武器，向日本产品和所有非美国制造产品宣战！当日本轰炸珍珠港后，我们就进入战争状态！……当日本威胁美国人工作安全时，我们必须与其作战，完全抵制（boycott）所有非美国制造的产品！"[3]

不过，正如前文所指出，隐喻建构的事物意义不是事实本身，而是源域的一种映射。将美日经贸冲突理解为珍珠港事件或二战中美日冲突虽有合理之处，但是它掩盖了其他阐释的可能性。实际上，笔者发现，日本对美国基本上采取合作态度，无论是从20世纪50年代开始的自愿出口限制，还是1985年《广场协议》对日元进行大幅升值，都是如此。此外，美国制造业衰落和工人失业也不一定是日本"进攻"的结果，很有可能与经济学中的分工理论和美国产业外移有关。有研究表明，20世纪八九十年代，美国的贸易赤字不是外国不公平贸易政策导致的，而是美国储蓄和投资比例及其对国际资本流动影响造成的。[4]

---

[1]　William Buckley Jr., "The Japs Capture Rockefeller Center," *National Review* 41, Issue 23 (1989): 53.

[2]　Karel van Wolferen, "An Economic Pearl Harbor?" *The New York Times*, December 2, 1991, A17 edition.

[3]　Dana Frank, *Buy American: The Untold Story of Economic Nationalism* (Boston: Beacon Press, 1999), p.163.

[4]　Bruce Arnold, "Causes and Consequences of the Trade Deficit: An Overview," U.S. Congressional Budget Office, March 2000, accessed August 23, 2016, https://www.cbo.gov/sites/default/files/106th-congress-1999-2000/reports/tradedef.pdf.

三、"敌对贸易"隐喻与叙事

"日本威胁论"认为，美国实行的是坚持互惠原则的自由贸易，而日本则进行不公平竞争的敌对贸易，本书称这一认知框架为"敌对贸易"故事框架。"敌对贸易"隐喻是由美国现代管理学之父彼得·德鲁克提出的，他于1986年4月1日在《华尔街日报》发表了《日本与敌对贸易》一文[①]，之后这篇文章被收录到同年出版的《管理前沿》一书中，之后他又在1989年出版的《管理新现实》一书中加以论述。[②]"敌对贸易"隐喻是一个典型的隐喻概念，源域中的"敌对（的）"源自其名词形式"敌人"或"对手"，使用这一隐喻滤镜理解美日贸易，只能看到负面信息或从负面角度阐释客观事实。这样美日"问题的本质并不是日本的出口要远高于进口，而是其出口在系统性地损害西方工业"。[③]

那么，德鲁克是如何建构"敌对贸易"这一叙事框架的呢？首先，通过概念分类确立日本在新叙事中的角色。德鲁克提出，18世纪以来共出现过三种国际贸易模式，即"补偿贸易""竞争贸易"和"敌对贸易"。"补偿贸易"是指18世纪亚当·斯密倡导的国家间贸易形式，各国各取所需，如葡萄牙生产红酒用来交换英国的羊毛。到了19世纪中叶，这种贸易形式被"竞争贸易"所取代，国家间相互进口，同时也生产同类产品，产品之间相互竞争。例如，按人均水平，瑞士是世界上最大的机床和纺织品出口国，同时也是这两种产品最大的进口国。美国被归类为"竞争贸易"的代表，也就是其一直倡导的"自由贸易"。在前两种贸易模式中，每个贸易国最终都是赢家。但是，德鲁克认为，20世纪60年代以来，日本这个"新的非西方贸易国家"采取了

---

① Peter Drucker, "Japan and Adversarial Trade," The Wall Street Journal, April 1, 1986, accessed August 18, 2016, http://search.proquest.com/docview/398060310?accountid=150587.

② 关于《管理前沿》和《管理新现实》，本书参考的是其他出版社的再版书，参见：Peter Drucker, *The New Realities* (New York: Routledge, 2011); Peter Drucker, *The Frontiers of Management* (New York: Routledge, 2011)。

③ Karel van Wolferen, "The Japan Problem," p.303.

一种"敌对贸易"模式。① 在敌对贸易中，国家间贸易是零和游戏，敌对贸易国采取只卖不买的方式，目的是"通过摧毁敌人来控制市场，或者为了获得让后来者几乎无法挑战的市场主导者地位"。② 他在建构这一框架时还使用了"离间"对手的策略，将联邦德国归为"我们"范畴，而日本则是敌人。但是，联邦德国和日本都是战后经济迅速崛起的国家，都与美国有着巨大且还在不断扩大的贸易赤字。按照这个逻辑，从物质指标来看，联邦德国和日本应该具有类似的威胁身份，但德鲁克通过分类和概念发明使联邦德国与美国具有了共同的身份，即"竞争贸易"。联邦德国虽然是仅次于美国的世界第二大工业制成品（manufactured goods）出口国，但它同时也是仅次于美国的世界第二大工业制成品进口国，美国对联邦德国远没有对日本那样愤怒。因此，日本被认为是"唯一一个现代敌对贸易实践者"，美国叉车、电视机、录像机、机床和半导体等行业的衰败和消失就是日本实施敌对贸易的结果。③

在这一认知框架下，美日巨额贸易赤字、美国工业衰落与工人失业、日本市场的产品准入等一系列经济现象都具有了危及美国身份的意义：日本的贸易行为是对原有自由贸易规则的破坏，目的是"将竞争者完全逐出市场，让他们无法继续生存下去"。④ 对于日本在美国投资设厂，如生产汽车，也同样被看作"抢劫"，因为这只是取代了原来被摧毁的美国工业企业。

"敌对贸易"隐喻提出后引起强烈共鸣，"对日修正主义四人帮"在发表"日本威胁论"时都使用过这个隐喻。在主流大众媒体、国会，"敌对贸易"也是一个常见词语。例如，1986年8月，美日签订了关于半导体的协议，《洛杉矶时报》的一篇文章称其为"旨在结束日本的敌对贸易做法"，是美日关系的一个"转折点"。美国政治学家亨廷顿也指出，日本一直采取"设定某些产业先在国内发展，然后推向国外市场"，

① Peter Drucker, *The New Realities*, p.123.
② Ibid., p.124; Peter Drucker, "Japan and Adversarial Trade".
③ Peter Drucker, *The Frontiers of Management*, p.101.
④ Peter Drucker, *The New Realities*, p.124.

追求的是"相对收益"而非"绝对收益",同时限制进口和外国直接投资的战略,目的是获得藐视一切的贸易盈余。[1] 畅销小说《升起的太阳》的作者迈克尔·克莱顿在小说后记中解释创作目的时表达得更直白:"日本人发明了一种新的贸易类型——敌对贸易,像战争一样进行贸易,目的是消灭竞争,而几十年来美国对此一直没有明白过来。"[2]

"敌对贸易"叙事框架成为"日本威胁论"的有力武器,但是这一叙事框架赋予日本行为的意义只是众多可能中的一种而已。比如,对于一些美国衰败的产业,如录音机制造业,衰败的原因到底是日本将美国这些产业清除的结果,还是生产成本优势的结果,是有待探讨的。换句话说,假如日本当时全部退出这些产业的竞争,美国这些产业很可能一样会转移到其他国家而衰落。再如,简单地将国际贸易分为"敌对贸易"和"竞争贸易"这两种非白即黑的模式是值得商榷的,在实际操作中更是很难确定哪笔贸易是"敌对贸易",哪笔贸易是"竞争贸易"。对于20世纪80年代日本对美国的投资是"敌对的"还是"中性的"或"友好的"都有待探讨。例如,美联储的一份研究发现,80年代外国对美国的投资整体上都是国外技术发展的结果,而且这些外国公司对美国都是有益的。[3]

四、"文化与政治他者"隐喻与叙事

二战之后,美国主流话语出于冷战的需要将日本和日本人建构成正面形象,正如傅高义在《日本名列第一:对美国的教训》中所言,他们是"好学敏求""技术好""功效高"和"领导有方"的"新样板"。[4] "日本威胁论"采取相反的话语,从文化和政治体制角度将日

[1] Samuel Huntington, "Why International Primacy Matters," *International Security* 17, no. 4 (1993): 73-75.

[2] Michael Crichton, *Rising Sun* (New York: Ballantine Books, 1992), p.393.

[3] Cletus Coughlin, "Foreign-Owned Companies in the United States: Malign or Benign?" accessed August 23, 2016, https://files.stlouisfed.org/files/htdocs/publications/review/92/05/Foreign_May_Jun1992.pdf.

[4] 埃兹拉·沃格尔:《日本名列第一:对美国的教训》,第20—224页。

本从"我们"建构为"危险的他者"，即通过美日之间的二元对立话语将日本人建构成野蛮的、低等的、卑躬屈膝的、同质的、铁板一块的、排外的、封闭的、狡猾的、没有道德的、威权主义的，而美国人则是文明的、自由的、民主的、多元的、开放的、讲究规则的、坚持道义的、注定的世界领导者。

"黄祸论"是这一威胁身份建构的重要认知框架。"黄祸"本身是提喻，即本书广义上所说的隐喻。"黄"本身是指黄皮肤，代指亚洲的黄种人，尤其是指中国人和日本人。在种族主义严重的19世纪，"黄祸论"主要是说种族上"落后愚昧"的东亚黄种人是西方世界的"威胁"。在近代西方历史话语中，日本长期被看作处于蒙昧期的民族，还未跨入文明的门槛，即意大利传教士范礼安（Alessandro Valignano）所说的"欧洲世界的反面"。[①] 美国对日本的认知一般追溯到1854年美国海军准将马修·佩里（Matthew Perry）率领舰队打开日本国门。在佩里前往日本之前，美国国务院代理国务卿查尔斯·康拉德（Charles Conrad）对于此行任务的指示为[②]：日本是"排外体制"（system of exclusion），由于其在地理上远离欧美"文明国家"，因此一直处于"半野蛮民族"状态，缺乏人性，对待美国遇难船只人员"非常野蛮"（great barbarity），是"人类共同的敌人"。[③] 美国历史学家亨利·亚当斯（Henry Adams）随后访问日本时也表达了相同的看法，他发现日本还是一个"儿童期的国家"，"日本佬个个都像猴子，而那些女人更是造物时没造好的猴子"。[④] 这种"日本封闭、低等"的话语形象在第二次世界大战中得到进一步确认和加强。太平洋战争异常残酷，无论是

---

① Michael Cooper, "A Mission Interrupted: Japan," in R. Po-chia Hsia, ed., *A Companion to the Reformation World* (Oxford: Blackwell, 2004), p.399.

② 康拉德本人并没有直接对佩里进行指示，而是通过海军部部长肯尼迪，他向肯尼迪解释了此行的目的和主要任务。

③ C. Conrad, "Letter of Mr. Conrad to Mr. Kennedy," November 5, 1852, Message of the President of the United States, 33rd Congress, 2nd Session, Ex. Doc. No. 34, accessed December 16, 2022, https://www.govinfo.gov/content/pkg/SERIALSET-00751_00_00-032-0034-0000/pdf/SERIALSET-00751_00_00-032-0034-0000.pdf.

④ John Dower, *War without Mercy: Race and Power in the Pacific War* (New York: Pantheon Books, 1986), p.156.

美国军人还是战地记者都使用大量动物隐喻，如蚂蚁、大猩猩、老鼠、毒蛇、日本兽群（the Japanese herd）[1] 等将日本人建构成非人形象。例如，美国著名二战战地记者厄尼·派尔（Ernie Pyle）在战地报道中指出："在欧洲，我们感觉我们的敌人虽然可怕和致命，但他们至少还是人。在这里，我迅速意识到日本人被看作非人的、令人厌恶的东西，就像我们见到蟑螂或老鼠的感觉。"[2]

"黄祸论"叙事在"日本威胁"话语中的一个显著表现就是"日本佬"（Japs）又回归到主流话语中。"日本佬"这个词带有极强的种族主义意味，是早期西方人对日本人的蔑称，在二战战事报道中更是常用词。从理论上来说，20世纪80年代使用这种带有种族主义色彩的词语在美国政治上是不正确的。但当日本收购洛克菲勒中心时，《国家评论》杂志刊登了《日本佬占领了洛克菲勒中心》；在纪念珍珠港事件50周年之际，《新闻周刊》刊发了题为《我的邻居叫我们"日本佬"》的文章，文章作者抱怨珍珠港事件纪念活动演变成歌颂美国正义性和再次妖魔化日本的活动。[3]

事实上，从20世纪80年代初期开始，美国主流精英话语越来越将美日经济问题与美日文化身份对立结合，创造观察美日经济问题的新叙事认知框架。1982年，美国日本协会主席大卫·麦凯克伦（David MacEachron）在《外交事务》杂志上发表了一篇文章，指出美日两国在历史、文化、世界观和性格等方面完全不同，却被强拧成"一个不可能的伙伴关系"（unlikely partnership）。他写道："美日两国合作的障碍是深深根植于两国历史和社会结构中的。日本是同质性社会，而美国显然是异质性社会……日本人从一出生就意识到国土面积狭小，语言、文化、历史和地理位置都很独特……相比之下，美国是由松散整合的种族和人种因对于统治方式和争议解决方式达成一致而走到一起的……所以，日本人在没有成型法律和规定的情况下能解决争端、决

---

① 英文herd是指兽群或者动物群，既表达日本人的非人形象，又反映美国人认为日本人是毫无个体主义和个人价值的。

② John Dower, *War without Mercy: Race and Power in the Pacific War*, p.78.

③ G. Oishi, "Our Neighbors Called Us 'Japs'," *Newsweek* 22, no. 22 (1991): 10.

定政策和管理自己的事务，这在某种程度上对于美国是无法想象的，因为人口异质性，那些事情必须明确化。"①

80年代中期之后，美日文化身份对立的叙事框架变得越来越突出。法洛斯出版的《更像我们美国：让美国再次伟大》②一书专门论述了美日对立的文化身份：日本是静态的、封闭的，并强调秩序，其强大是因为群体；而美国是开放的、不强调秩序（disorder）的，其强大是因为个体主义。他认为，日本的儒家思想已经开始产生不健康的影响，"是时候承认文化威胁（cultural danger）了"。③

这一叙事框架的突出特征就是将经济问题还原为文化对立，甚至认为"除非日本社会发生根本性改变，否则很难想象日本的权力中心——银行和制造商，会和非日本人分享权力"。④整体而言，这种文化对立和经济政治问题的关联主要表现在三个方面。

第一，日本人"有钱没有道义"（money without politics），追求自给自足的"自前主义"（Jimae-shugi），不关心与自己经济利益不相关的国际事务，甚至在"他们的语言中就没有'善'与'恶'这种词根"；相比之下，美国等西方文明都相信一种绝对和普遍的价值，关心天下普罗大众。⑤

第二，日本独特的文化和历史造就了战后日本"难以捉摸的政府系统"（elusive state）⑥，没有人为国家行为负责，日本政府对美国的承诺也无法兑现。沃尔夫伦是这一看法的代表。他认为，美日经济问题一直都得不到解决主要是因为美国人一直假定日本和美国等其他国家一样，有着一个负责的中央政府决定什么对国家有益，并为政府决

① David MacEachron, "The United States and Japan: The Bilateral Potential," *Foreign Affairs* 61, no. 2 (1982): 408.

② 这本书的英文书名 *More Like US* 中的 US 是双关，US 既可以指"我们"，也是"美国"的缩写。

③ James Fallows, *More Like US: Making America Great Again* (Boston: Houghton Mifflin Company, 1989), p.4.

④ James Fallows, "Containing Japan," p.52.

⑤ Chalmers Johnson, *Japan: Who Governs? The Rise of the Developmental State*, p.95.

⑥ 笔者认为，英文中 state、country 和 nation 虽然都可以翻译为"国家"，但是它们在很大程度上对应着中文常说的"国之三宝"，即"政事""土地"和"人民"（或"人口"）。因此，这里译为"政府系统"。

定最终负责，而事实上，日本是一个有着"作弊的一党体制"（rigged one-party system）的"威权官僚国家"。[1] 他指出，几个世纪以来，日本国家权力都被两大"半自治群体"分享，一个是有权势的部分政府官员和官僚商人群体，另一个是由权力相对较弱的农业合作社、警察、媒体和黑帮等组成的群体，但两者谁也不最终负责，而是在各自范围内使用自己的自由裁量权侵害国家的权威。[2] 所以，当日本政府和美国达成协议时，其国内的这种体制基本上使这些承诺成为一张废纸。

第三，美日文化的差异最终将美日经济问题变成敌友问题。在"日本威胁"叙事建构中，虽然日本和德国在二战中都是美国的敌人，二战后都变成了美国冷战盟友，都实现了经济腾飞，都同美国有着贸易摩擦问题，但后来日本成为美国的敌人，而联邦德国仍是盟友的原因被阐释为美国同其在文化上的亲缘性。例如，白修德在《来自日本的威胁》中写道："不管怎样，德国人几乎没有引起美国人的怨恨。因为我们懂他们的文化，在那里建立美国工厂也没有遇到障碍。而日本人却激起了美国人的愤怒，因为他们的文明是封闭、不开放的文明，对我们无声的恐惧还之以隐藏在面纱下的藐视。"[3]

亨廷顿的"文明冲突论"也持有相似观点。他认为，虽然日本在某些方面是西方式的，但是"在重要的维度明显不是西方的"，因而加剧了两国的经济冲突，面临同样经济问题的美欧关系则要好得多。[4]

这一文化对立叙事框架将美国人的注意力从强调共同点转变为强调两种文化的不可调和，建构了美日之间的经济和政治问题。但是，这一认知框架对事实的意义建构也只是日本社会文化众多可能叙事中的一种。例如，美国日本问题研究专家、美国前驻日大使埃德温·赖绍华（Edwin Reischauer）曾夸赞日本在一代人的时间内从废墟变成世界经济强国，称其"拥有非常自由和稳定的社会、高效运行的民主政

---

①   Karel van Wolferen, *The Enigma of Japanese Power: People and Politics in a Stateless Nation*, pp.5-6, 29-33.

②   Ibid.

③   Theodore White, "The Danger from Japan".

④   Samuel Huntington, "The Clash of Civilizations?" *Foreign Affairs* 72, Issue 3 (1993): 34-45.

府制度和充满生机的文化生活"。[1] 再如,"日本威胁论"将日本人的形象刻板化,如经常提及日本人逆来顺受,愿意忍受大米和牛肉等农产品的高物价。但事实要复杂得多,日本《每日新闻》曾刊登过一篇读者来信,讲述在城里居住的妻子早就受够了——在美国可以花一两美元买的同样品质的100克牛肉,在日本却要500—700日元。[2] 最后,在"日本威胁论"已经过去20多年后的今天,所谓的日本"他者"文化显然不会有大的改变,但当前的美日关系仍然是盟友关系。

五、"代理人"和"经济间谍"隐喻与叙事

在"日本威胁论"中,还有一类叙事认为日本正在从美国内部"威胁"美国经济和政治安全,主要包括"代理人"和"经济间谍"认知框架。首先分析"代理人"隐喻与叙事。在这一认知框架中,日本人正在利用美国政治的漏洞采用雇用美国人的办法从美国内部改变美国政策和美国人对日本的看法,以此实现日本在美日经济竞争中"侵蚀"美国国家利益、壮大日本自己的目的,美国成了被日本"操纵"的木偶。在"日本威胁论者"看来,美国市场对日本开放,而日本市场则对美国关闭,"唯一可能的原因就是美国政府的大门对日本是敞开的,而日本政府的大门对我们是关闭的"。[3]

尽管"代理人"叙事在"日本威胁论"中普遍存在,但将这一叙事浓缩为"代理人"隐喻并让其广泛传播的是美国经济学家帕特·乔特(Pat Choate)。他在其1990年出版的《影响力代理人:美国的日本游说者如何操控美国的政治和经济系统》一书中提出该词,同年他将该书的主要观点发表在《哈佛商业评论》杂志上。[4] 乔特认为,"影响力代理人"主要通过以下五种方式为日本利益服务:通过游说者和公

[1] Edwin Reischauer, "The Postwar 'Miracle'," *The Wilson Quarterly* 1, no. 4 (1977): 55.

[2] Murray Weidenbaum, "Japan Bashing and Foreign Trade," *Society* 23, Issue 4 (1986): 44.

[3] Lee Iacocca, "Is Japan 'Buying' U.S. Politics," *Harvard Business Review* 68, Issue 6 (1990): 184.

[4] Pat Choate, *Agents of Influence: How Japan's Lobbyists in the United States Manipulate America's Political and Economic System* (New York: Touchstone, 1990); Pat Choate, "Political Advantage: Japan's Campaign for America," *Harvard Business Review* 68, Issue 5 (1990): 87-103.

关公司收集美国情报，高薪雇用退休官员等游说与影响美国政策，深耕美国插手地方政治，对美国展开"洗脑"宣传，通过交流和资助等方式操纵美国教育来影响美国对日本的态度和看法。

"影响力代理人"①是一个冷战时期的词语，是指"利用自己的威望和职位影响公众意见和决策，以产生有利于其情报服务国家的结果的特工"，主要指那些影响美国公众或决策者意见的苏联间谍。②"日本威胁论者"用这个词语指代"日本游说团"或"菊花俱乐部"等与自己意见不一致的人，实际上是将源域中的"间谍""为敌国服务"和"叛国者"等形象投射到他们身上，当他们发表与"日本威胁论者"不一致的观点时，既验证了这一看法，又强化了这一框架。按照"影响力代理人"认知框架，很多美国智库、大学和公关公司等机构及其人员都是日本"影响力代理人"。按照乔特的说法，日本每年花费1亿美元雇用1000多名美国游说者、专家、政治顾问等，另外花费3亿美元用于在全美建立草根政治网络来影响公众舆论，在美国华盛顿州首府的公关公司数量达92家，远超过加拿大和欧洲国家。③这一叙事同《新共和》杂志的一篇封面文章如出一辙："在智库、大学和华盛顿法律公司的办公室里，日本的钱财正在使关于贸易、产业和美国未来的辩论倒向一方。"④

"代理人"隐喻与叙事框定了一个阴毒险恶、操纵美国政治、毒害美国人思想的日本"他者"身份。但是，很多时候并不是"代理人"叙事中提到的"事实"不存在，而是这一认知框架的滤镜作用遮蔽了其他意义建构的可能性。比如，日本公司资助地方社区可能是出于保

---

① "影响力代理人"对应的英文是agents of influence，也可以直译为"影响力特工"。agent本身是"代理人"，也有"特工"的意思。agents of influence本身是指美苏冷战时苏联对西方渗透的特工或间谍，该书出版时还处于冷战尾声，乔特使用这个隐喻是为了给"日本威胁"加上一层冷战时苏联渗透的蕴涵，所以翻译成"特工"似乎更好，但在当前中文语境中，"代理人"似乎更加贴切，故采用后者。

② Federation of American Scientists, "Terms & Definitions of Interest for Counterintelligence Professions," June 9, 2014, p.9, accessed August 23, 2016, https://fas.org/irp/eprint/ci-glossary.pdf.

③ Pat Choate, "Political Advantage: Japan's Campaign for America," pp.87-92.

④ John Judis, "The Japanese Megaphone," *The New Republic* 202, no. 4 (1990): 20-25.

持企业与地方的良好关系，做一个好的企业公民。[①] 试想，如果日本企业只专心赚钱，不与当地社区建立联系，是否又有可能被归类为只认钱而没有道德和责任呢？再如，那些所谓的"代理人"是在为日本服务，还是他们认为其观点和建议更符合美国真正的国家利益，都是有待商榷的，如里根总统卸任后收取日本天价演讲费被看作典型的"代理人"故事。

除了"代理人"隐喻与叙事，"日本威胁"话语还建构了"经济间谍"叙事，认为美国在经济领域特别是高科技领域正在遭受日本经济间谍的伤害，威胁美国的工业和经济竞争力。自20世纪80年代初，美国政府就开始关注涉及盟友的技术问题，并不断出现有关"日本经济间谍"的话语。例如，1982年，《华盛顿邮报》爆料，日本日立公司窃取美国IBM公司的计算机技术，称其是"史上最大的工业间谍案"，引起轩然大波。[②] 随着时间的推移，美国国内关于"经济间谍"的声音越来越大，美国认为日本是在美从事经济间谍活动的重要国家，日本政府和企业的伙伴关系帮助其建立了很好的商业情报系统，甚至可以匹敌中等国家的情报机构。[③]

第三节 "东芝事件"和"FSX战机事件"

第二节主要分析了"日本威胁"话语中常见的五类隐喻与叙事认知框架。这些话语建构的认知框架是从具体的威胁话语中抽象出来的，必然也表现在具体的威胁话语之中。本节将通过分析两个重要事件——"东芝事件"和"FSX战机事件"来揭示这些认知框架在具体事件威胁建构中的作用。

---

① Tomohito Shinoda, "Is Japan 'Buying' U.S. Politics," *Harvard Business Review* 68, Issue 6 (1990): 190.

② Mark Potts and Mary Thornton, "Plot to Steal IMB Data Is Charged to Japanese," *The Washington Post*, June 24, 1982, A1 edition.

③ Peter Schweizer, "The Growth of Economic Espionage: America Is the Target Number One," *Foreign Affairs* 75, no. 1 (1996): 12.

一、"东芝事件"与"日本威胁"建构

（一）"东芝事件"概述

所谓"东芝事件"，是指美国20世纪80年代中期曝光日本东芝集团下属子公司东芝机械株式会社（以下简称"东芝机械"）违反西方联盟规定，向苏联出口可以用于制造静音潜艇螺旋推进器的9轴数控机床的事件。[①] 该事件可以追溯到1974年东芝机械与一家法国公司竞争苏联订单时败北。前者认为，在竞争中失败的主要原因是过于严格地遵守了巴黎统筹委员会（Coordinating Committee for Multilateral Export Controls）[②] 对于苏联出口管制的规定。所以，1980年，苏联又与东芝机械接触，表示愿意购买一种型号为MBP 110的螺旋桨制造铣床。1981年，东芝机械与苏联签订了协议，出口总值1743万美元的4台9轴数控机床。[③] 为了避开出口管制规定，双方同意由挪威康斯伯格公司协助完成这项交易，即该公司先将数字控制器运到日本，然后东芝机械再将其与铣床一起出口到苏联，最后再由康斯伯格公司调试设备。1982年12月至1983年6月，这批设备从日本运往苏联。1984年，这批机床设备开始投入使用，并改进了软件，增强了机器性能。同时，在执行合同期间，苏联另一家进口公司也和东芝机械进行了接触，最终双方签订了价值1072万美元的4台5轴MF型号铣床的合同。

东芝机械和苏联的交易始终都在秘密状态下进行，一直风平浪静。但是，1985年4月，参与交易的日本和光贸易公司驻莫斯科办事处首席代表熊谷独辞职，并于同年12月向美国商务部和巴黎统筹委员

---

① Legislation to Prohibit the Importation of Products Made by Toshiba Corp. and Kongsberg Vaapenfabrik Co., Hearing before the Subcommittee of Trade of the Committee on Ways and Means of House of Representatives, 100th Congress, July 14, 1987, Washington, D.C.: U.S. Government Printing Office, pp.22-24; Jere Morehead, "Controlling Diversion: How Can We Convert the Toshiba-Kongsberg Controversy into a Victory for the West," *Northwestern Journal of International Law and Business* 9, Issue 2 (1988): 277-295.

② 巴黎统筹委员会成立于1949年，目的是限制西方国家向社会主义阵营国家出口战略产品和高科技敏感技术。

③ 该价格是当时市场价格的10倍。

会揭发了东芝机械的违法出口行为。日本政府从美国政府处获知情报后开始展开调查，但东芝机械高层采取损毁证据等方式瞒过了调查，日本政府初步认定东芝机械没有违反出口规定。1987年3月26日，美国向日本阐明立场并出示了证据。1987年4月30日，日本东京警视厅对东芝机械提起诉讼。但是，"东芝事件"在1987年春夏之际发生重大转折，美国中央情报局向美国国会议员汇报了东芝机械和挪威康斯伯格公司违规向苏联出售可以降低潜艇噪音的高科技技术的事件，并通过《纽约时报》等主流媒体在公众中发酵。

（二）"东芝事件"的话语阐释与发酵

"东芝事件"本身只是东芝机械为了"经济利益"而进行的交易，属于独立的个案，虽然确实增强了"苏联威胁"，但是这种威胁对日本也是增加的，而且与日本政府无关，更不要说和美日经济矛盾有什么本质联系。[①] 然而，该事件一经媒体曝光立即引起广泛关注。美国军方发言人对此表示"严重关切"。共和党众议员邓肯·亨特（Duncan Hunter）指责日本仅仅为了获得1700多万美元的生意，却让美国不得不付出300亿美元重新获得因日本违规销售失去的优势。同时，苏联潜艇因静音技术的提高可以更加逼近美国本土，导弹飞到美国只需10分钟，而美国情报部门也证实，大约半年前就发现苏联潜艇比以前更轻易地躲避了美国的监测。[②] 在听取美国中央情报局的汇报后，5名国会议员于当年4月30日提出了一份议案，要求完全禁止从这两家公司进口。

但是，"东芝事件"并未就此结束，美国国内的"日本威胁论者"通过使用新的隐喻与叙事将该事件与日本经济威胁和军费负担等问题结合起来，重塑了"东芝事件"的意义以及美国对日政策议程。例

---

① 对于东芝机械违规出口的内在驱动力，中国学者侯文富和崔丕的研究都认为是出于经济目的。参见：崔丕《冷战转型期的美日关系——对东芝事件的历史考察》，《世界历史》2010年第6期，第44—56页；侯文富《"东芝事件"及其影响刍议》，《日本学刊》2000年第1期，第44—54页。

② Clyde Farnsworth, "Toshiba, Norway Concern Assailed in Soviet Sale," *The New York Times*, May 1, 1987, D5 edition.

如，在讨论该事件时，《纽约时报》引用美国国防部前副助理国务卿埃伦·弗罗斯特（Ellen Frost）的话，"日本对于军费支出毫无兴趣，除非那能促进新技术的发展"，从而将该事件纳入美日军费争议的故事。[①] 不过，这种话语对"东芝事件"的意义和政策议程的建构在国会辩论中表现得更加明显。1987年6月和7月，美国国会对于"东芝事件"举行了多场听证会。参议员艾伦·迪克逊（Alan Dixon）称其"对自由世界造成的伤害是无法估量的"；众议员邓肯·亨特则在国会辩论中使用了"代理人"叙事框架，称"将会有很多来自美国公司的游说者，或许也有来自东芝公司的人，告诉你他们认为如果禁止东芝公司的产品将承受'无法忍受的经济损失'"；众议员唐纳德·卢肯斯（Donald Lukens）将这种出卖敏感技术的行为称为"背叛"（treason），两家公司就是"叛徒"（traitor），并采用"发展型国家"叙事框架论述要对日本进行坚决制裁："我在那儿（指日本）生活过4年半，能够读写日语。在那段时间，我与那里的情报人员也一起工作过。他们做生意与我们做生意不同，他们都是在通产省指导方针下进行，使用与美国完全不同的出口方式。"[②]

1987年7月2日，一些国会议员为了表达对"东芝事件"的愤怒，在国会山草坪向公众展示他们用锤子"敲打"（bash）摆好的东芝收音机。[③] 这一事件被媒体广泛报道，更加激起美国民众对于日本的憎恨，也使美国更加怀疑日本的战略意图。更为重要的是，"东芝事件"还与其他事件联系起来建构新的叙事，将日本刻画为越发为了自身商业利益而损害西方特别是美国安全利益的形象。例如，美国传统基金会的肯尼斯·康博伊（Kenneth Conboy）在其撰写的一份政策研究报告中指

[①] Susan Rasky, "U.S.-Japan Tensions over Trade Said to Imperil Security," *The New York Times*, August 7, 1987, A11 edition.

[②] Toshiba-Kongsberg Technology Diversion Case, Statement of Senator Alan Dixon, Hearing before Senate Committee on Banking, Housing and Urban Affairs, June 17, 1987, Washington, D.C.: U.S. Government Printing Office, p.10; Legislation to Prohibit the Importation Products Made by Toshiba Corp. and Kongsberg Vaapenfabrik Co., pp.8, 12, 29.

[③] 关于参加此次事件的国会议员数量的报道存在不一致的情况，如《华尔街日报》称有10人，而《外交事务》杂志称有9人。

出：1985年，美国对尼加拉瓜施行禁运，日本却成了该国除苏联外的最佳贸易伙伴；美国对古巴进行经济制裁，而日本却成为该国最大的非社会主义贸易伙伴；美国和大多数东南亚国家对越南实施援助禁运，但日本却是该国最大的非社会主义贸易伙伴。这些事实和"东芝事件"一起都在证明日本在损害美国安全利益。[1]

"日本威胁论者"通过话语建构成功地将"东芝事件"从一个违规销售敏感技术的安全事件转化为"日本经济威胁"的叙事，进一步催化了对日贸易制裁的贸易保护主义话语，日本被看作"不要脸的重商主义者"，"对于军费支出毫无兴趣，除非那能促进新技术的发展"这种狭隘的自我利益观让"西方人感到非常讨厌和可鄙"。[2] 这种话语和之前已存在的保护主义话语掀起新一波"痛击日本"浪潮，共同促成美国于1988年8月23日出台《1988年综合贸易和竞争力法案》（Omnibus Foreign Trade and Competitiveness Act of 1988，以下简称《1988年贸易法案》）。针对之前的"东芝事件"，它明确规定将对违反巴黎统筹委员会规定的外国实体给予强制制裁，并允许美国对于造成的损失向违规者进行索赔。这部法案虽然名义上适用于所有国家，但是从其条文规定（如美国贸易协议谈判总目标是获得"更加开放和公平的市场准入"和"减少或消除壁垒及其他贸易扭曲做法"）中可以明显看出，它针对的是当时的日本。一位参议员的法律助理这样写道："《1988年贸易法案》的很多条款都与日本有关。一些条款规定了对于日本采取的具体行动；一些条款是针对日本的国会意见（sense of Congress）的声明，但没有要求采取措施；还有一些条款本质上是一般性条款，但是将对日本产生明显潜在影响。"[3]

此外，"东芝事件"还被"日本威胁论者"用来作为建构"代理人"认知框架的案例。"影响力代理人"提出者乔特指出，美国惠普公司首席执行官约翰·扬（John Young）曾在1983年被里根总统任命为产业

---

① Kenneth Conboy, "Is Tokyo Fulfilling Lenin's Prediction?" Heritage Foundation, August 3, 1987, accessed August 25, 2016, http://www.heritage.org/trade/report/tokyo-fulfilling-lenins-prediction.

② Susan Rasky, "U.S.-Japan Tensions over Trade Said to Imperil Security," A11 edition.

③ Ira Wolf, "The Congressional Agenda for Japan," *Cornell International Law Journal* 22, no. 3 (1989): 493.

竞争委员会主席，主张发展美国本土产业和提升产业竞争力。当"东芝事件"发生后，约翰·扬发现自己不但不能支持国会禁止所有东芝公司产品的销售，而且还被迫动用公司在华盛顿的游说人反对限制全面禁售，因为包括他所在的惠普公司在内的很多美国公司如果没有东芝公司的配件就无法进行生产。他认为，这正是"代理人"存在的表现，日本人使用了"杠杆游说"（leverage lobbying）方法让美国人和美国公司为其利益服务。[1]

当回顾整个事件和话语发展时，这种话语的建构性就更加明显了。因为违反巴黎统筹委员会的规定向苏联出口类似设备的并非只有日本公司，法国的弗雷斯特–里内（Forest-Line）机床公司是第一个卖给苏联用于锻造这种潜艇螺旋桨铣床的西方国家公司。但美国官方给出的说法是："法国的机器已经在那儿了，但直到东芝员工进入后那些潜艇才开始可以静音（get silent）。"[2] 这似乎在说明是否违反出口条例并不是美国关心的，而是谁最终帮助苏联潜艇静音才是判断标准。姑且不论这一说法是否违背美国一向重视规则的理念，仅就该事件而言，日本也只是提供了铣床，而挪威康斯伯格公司则是为铣床运行提供计算机控制器的公司，没有这种控制器，铣床是无法正常工作的。更为重要的是，1987年10月23日，《纽约时报》报道，康斯伯格公司向苏联出售的设备是之前怀疑的数量的"十倍多"，而且它还和多个北欧国家合作，向苏联出口了其他高科技设备。[3] 可以说，在违规出口武器方面，挪威的情况甚至比日本还要严重。虽然国会议案中提到了应制裁挪威康斯伯格公司，但是在整个事件的话语发酵过程中，日本始终是被关注的重点，美国国会议员也没有像打砸东芝产品那样打砸挪威和法国那两家公司的产品。话语的霸权性和选择性使日本在整个事件中成为众矢之的。

---

[1] Pat Choate, "Political Advantage: Japan's Campaign for America," p.97.

[2] Robert Rosenblatt, "Toshiba: Soviets Already Had Technology: French Submarine Equipment Found in USSR, Company Claims," Los Angeles Times, September 10, 1987, accessed July 18, 2016, http://articles.latimes.com/1987-09-10/business/fi-6976_1_toshiba-machine.

[3] David Sanger, "Wider Sale to Soviet Disclosed," The New York Times, October 23, 1987, D1 edition.

二、"FSX战机事件"与"日本威胁"建构

（一）"FSX战机事件"概况

在美国政界围绕"东芝事件"研究如何通过"超级301条款"制裁日本之际，美日之间又冒出了"FSX战机事件"。事情的起因是：为了应对"苏联威胁"，20世纪80年代初，日本防卫厅提出需要研制一种更先进的战机FSX用来取代60年代日本三菱重工生产的F-1战机。日本防卫厅、通产省、日本飞机制造商及日本航空自卫队等倾向于日本自主研发这种战机，当时并没有与美国合作生产的任何具体计划。1985年9月，日本政府通过了1986—1990财政年度内的《中期防卫计划》，FSX战机研发被正式提上议程。同月，日本防卫厅发布了日本国内研发这种新型战机的可行性报告。报告称，除发动机外，研发FSX战机可在10年内完成。对于日本计划研发战机一事，美国在同年6月与访美的日本防卫厅官员提及。7月1日，美国副国务卿告知美国代理贸易代表，他们会将FSX战机项目作为一个防务问题而非经济问题与日本谈判。9月3日，美国主管亚太事务的执行助理国务卿威廉·舒曼（William Sherman）及主管政治和军事事务的执行助理国务卿约翰·霍斯（John Hawes）在发往美国国务院的一封电报中指出，日本开发FSX战机有4种可能的方式，即购买国外战机、授权生产国外战机、与美国或其他第三国合作开发以及本土设计和生产。其中，本土开发选项可能对美国防务政策的负面影响最大，并强调FSX战机项目主要是防务问题而非贸易问题。[①] 10月，美日两国共同防卫援助办公室（Mutual Defense Assistance Office）副主任格雷格·鲁宾斯坦（Gregg Rubinstein）作为美国国务院和国防部的联络官向华盛顿发送了一份关于FSX战机项目的电报。电报建议采取"共同开发"（co-development）

---

① Japan's FSX fighter, Memo, United States Department of State Acting Assistant Secretary for East Asian and Pacific Affairs, United States Department of State Acting Assistant Secretary for Politico-Military Affairs, September 3, 1985, accessed October 8, 2016, http://search.proquest.com/docview/1679140827?accountid=10086.

方式，因为这样既可以满足日本获得技术和民族自尊心的要求，也能保证战机符合美国防务要求，并防止日本游离于美国管控之外。这份电报引发美国国务院和国防部的强烈共鸣，"共同开发"开始成为美国在FSX战机项目上的官方立场。11月，美国国防部派出主管日本事务的主任詹姆斯·奥尔（James Auer）与日本防卫厅接触商讨两国共同开发FSX战机。之后，美日双方也多次举行会谈讨论合作事宜。在多次谈判中，日本虽然没有明确拒绝美国的建议，但是始终强调开发本土战机是日本的重要目标，并强调美国当时提供的机型不能满足他们的要求。事情在1987年出现了转机。4月，美国国防部代助理部长杰拉尔德·沙利文（Gerald Sullivan）带领技术团队赴日谈判，建议日本采用或者改造战机，F–16或F–18甚至F–15战机都可以满足日本对新战机的要求。但是，日本仍然没有妥协。因此，同年6月，美国国防部助理部长理查德·阿米蒂奇（Richard Armitage）明确告知日本方面，美国不能接受日本国内开发和联合生产（joint production）战机的方案，并强调日本新型战机必须建立在美国当时某种战机型号的基础上。同月，美国国防部长卡斯珀·温伯格（Caspar Weinberger）访问日本并正式提出共同开发新战机的建议，强调此事事关美日关系大局，并建议新战机以某种美国机型为基础进行研发。由于当时正值"东芝事件"发酵，美国国会反日呼声高涨，日本最终不得不妥协。同年10月，日本防卫厅正式宣布FSX战机将以美制F–16战机为基础共同开发。之后，美日双方经过大约一年的具体细节谈判，并于1988年11月签署了关于FSX战机共同开发的谅解备忘录。[①] 按照谅解备忘录，美国生产F–16战机的通用动力公司将和日本三菱重工合作开发FSX战机，其中通用动力公司会得到40%的研发费用。

（二）"FSX战机事件"的话语阐释与发酵

从上述概况来看，美日之间的FSX战机合作开发项目不过是一个

---

① 关于FSX战机项目的发展历程，请参见：Shinji Otsuki, "Battle over the FSX Fighter: Who Won?" *Japan Quarterly* 35, no. 2 (1988):139-145; Thomas Griffin, "The Debate over International Armament Programs: Integrating Current Knowledge and the FSX Case" (master's thesis, Air University, 1989)。

非常普通的美日防务合作项目：双方共同分担军事研发成本，共同应对"苏联威胁"。从项目发展过程来看，日本是迫于美国压力才选择和美国合作开发FSX战机的。从美日防务合作历史来看，也没有什么特别出乎意料的。早在20世纪50年代，美国就授权日本生产F–86战机，之后又授权日本合作生产过F–4战机、F–15战机，日本自己还开发了F–1战机。因此，直到1988年底，这个项目在美国国内也基本处于风平浪静的状态，"几乎没有人反对"。[①]

但是，1989年1月29日，《华盛顿邮报》发表的一篇题为《给日本发救济》（Giving Japan a Handout）的长篇批评文章将FSX战机项目描述为"日本威胁"的最新例证，整个项目的叙事逆转，并迅速成为美国各大主流媒体、国会和美国政府部门密切关注的焦点问题。这篇文章的作者是克莱德·普雷斯托维茨，曾在里根政府时期任美国商务部日本事务顾问，美国国会议员理查德·格普哈特（Richard Gephardt）称其在国会有"真正影响力"，是能影响贸易政策制定的人。[②]这篇文章能对"FSX战机事件"产生如此大的影响是因为它重塑了该项目的叙事认知框架，即从之前美日合作开发战机应对"苏联威胁"、共同承担防务费用的冷战传统安全叙事，转变为日本为了获取美国技术发展日本航空业并最终取代美国仅存的优势产业之一的经济安全故事。普雷斯托维茨在文章开头写道："最初是电视机，然后是录像机，接着是半导体。而如今，除非国会和行政当局迅速行动，不然美国将会很快给日本提供巨大助力，实现其梦寐已久的目标——飞机制造业的领导者，而那是美国最后主导的几个高科技行业之一。"[③]

显然，文章伊始就将读者带入日本不断蚕食美国工业的美日经济竞争叙事，而非两国军工合作有效对抗苏联的叙事。在新的叙事框架

---

① Elaine Sciolino, "Agencies at Odds on Japan's Role in Fighter Plan," The New York Times, February 15, 1989, accessed August 6, 2016, http://www.nytimes.com/1989/02/15/world/agencies-at-odds-on-japan-s-role-in-fighter-plan.html.

② Clyde Farnsworth, "Scholar Stirs Passions of Japan's Friends and Foes," The New York Times, March 22, 1989, accessed August 8, 2016, http://www.nytimes.com/1989/03/22/us/washington-talk-trade-policy-scholar-stirs-passions-of-japan-s-friends-and-foes.html.

③ Clyde Prestowitz, "Giving Japan a Handout," The Washington Post, January 29, 1989, D4 edition.

下，日本投入经费研发新战机不但会变相增加美国保卫日本的负担，更为重要的是，这项交易"几乎没有考虑"它对美国工业竞争力和美日贸易赤字的长期影响。普雷斯托维茨指出，通用动力公司将提供所有技术，这也意味着美国不得不向日本转让技术，而转让技术就会推动日本飞机制造业的发展。更为严重的是，日本如果对研制的原型机不满意的话，可以取消合同，这样就可以白白将技术带走。他还通过回顾美日之间关于FSX战机项目的谈判过程指出，日本在美日贸易赤字恶化、增加防务分担比重以及可以直接购买美国现有机型的背景下还是坚持研发，主要是因为日本的主要兴趣根本不是防务，而是赶超美国在飞机和其他高科技领域的优势，这严重威胁了美国经济安全。此外，普雷斯托维茨在文章中还称，美国在和日本处理贸易问题时温顺得就像一只"猫咪"（pussycat），试图建构美国在与日本打交道时总被日本算计的隐喻映射，而这正是他此前出版的关于"日本威胁论"的重要著作《美日博弈：我们如何让日本领先》的主要观点之一。

正如普雷斯托维茨所期望的那样，他建构的故事框架引起了美国国会和商务部等部门的共鸣。事实上，美国国会对于FSX战机项目的关注从1989年1月老布什总统新一届政府官员的国会听证就开始了。在美国国务卿詹姆斯·贝克（James Baker）任职的国会听证会上，北卡罗来纳州参议员杰西·赫尔姆斯（Jesse Helms）建议贝克在FSX战机项目上要放慢脚步，"确保你明白你在做什么"。[①] 听证会后不久，即普雷斯托维茨在《华盛顿邮报》撰文后的第三天（1月31日），赫尔姆斯等多位参议员致信老布什总统，要求在该项目未被国务院、商务部、国防部、能源部等多部门重新审查之前不要提交国会批准。2月9日，艾伦·迪克逊等参议员提出参议院61号决议案（S. Resolution 61），呼吁老布什总统延期60天向国会正式通报通用动力公司向三菱重工出售F–16战机技术事宜，以便国务院、商务部、劳工部、国防部、能源部和贸易代表办公室等多部门对FSX战机项目进行审查；同时，该决议

---

① Elaine Sciolino, "Agencies at Odds on Japan's Role in Fighter Plan".

案对于FSX战机项目对美国航空业竞争力的长期影响深表忧虑。[1] 2月14日，梅尔·莱文（Mcl Levine）等24位国会众议员致信老布什总统，称如果以最初美日之间达成谅解备忘录的内容提交国会，他们会通过立法阻止FSX战机项目。[2] 不仅如此，国会各委员会及其下属委员会还通过听证会对行政部门施压。据统计，关于FSX战机项目听证会的时间总计超过了18个工作日。[3] 面对国会的压力，老布什政府于2月16日决定成立一个以国防部和商务部官员为主席的跨部门委员会，对FSX战机项目进行审查。以商务部、劳工部和贸易代表办公室等为代表的美国经济部门对FSX战机项目的谅解备忘录持批评态度，认为该谅解备忘录会导致美国航空技术流失，从而对美国飞机制造业长远利益造成伤害。4月28日，老布什总统宣布已和日本对FSX战机合作谅解备忘录达成一致，美国将得到战机项目工作量的40%，而且所担心的技术流失问题也将得到有效控制，因此准备提交国会审议。[4] 5月1日，老布什政府正式向国会提交了FSX战机项目建议。同日，艾伦·迪克逊提出了参议院113号共同决议案，旨在阻止该项目。

在美国国会，对FSX战机项目持反对和保留意见的人占据了话语主导权，他们将该战机项目建构成对美国霸主地位的威胁。在这些国会议员看来，FSX战机项目是与美国国防部之前的叙事不同的另一番叙事："自二战以来，我们（美国）的经济主导地位已经被侵蚀"，FSX战机项目的决定将关乎美国在世界上的经济与军事领导地位，将"对美国未来的经济和国家安全产生非常重要的影响"；日本与美国合作开发战机的目的很简单，"他们不是要研发一种飞机"，而是"要发展一个行业"，为日后建立"一个日本的麦道公司"，这就如同朝鲜战争中

① A Resolution Expressing the Sense of the Senate on the Sale of F-16 Fighter Aircraft Technology from General Dynamics to Japan's Mitsubishi Heavy Industries as Part of the United States-Japan FSX Co-development Fighter Program, S. Res. 61, 101st Congress, 1989.

② Pat Towell, "U.S.-Japanese Warplane Deal Raises a Welter of Issues," *Congressional Quarterly Weekly Report* (March 11, 1989): 536-537.

③ G. Ó Tuathail, "'Pearl Harbor without Bombs': A Critical Geopolitics of the US-Japan 'FSX' Debate," *Environment and Planning A: Economy and Space* 24 (1992): 985.

④ *Public Papers of the Presidents of the United States: George Bush: Book 1* (Washington, D.C.: U.S. Government Printing Office, 1990), p.497.

日本通过为美军制造卡车建立起自己的汽车工业一样。① 这一叙事的重要推手普雷斯托维茨也被邀请在国会听证会上作证。他继续强调，日本参与FSX战机项目"唯一真正的"原因就是它对日本发展本国航空航天业至关重要，"不可避免地"导致大量美国技术流入日本。

　　同时，笔者发现在FSX战机项目的辩论中还大量使用了"珍珠港"等战争隐喻，建构一种美日战争的认知框架。美国纽约州参议员阿尔弗斯·德阿玛托（Alfonse D'Amato）这样讲道："我和父亲讨论了美日之间计划的FSX战机项目。他是位二战老兵，对我说，'儿子，我听起来这像是个没有炸弹的珍珠港'。"北卡罗来纳州参议员杰西·赫尔姆斯表达得更加明确："他们欺骗我们很多次了。1941年12月，他们狠狠地骗了我们一次，而如今，他们正在通过FSX战机欺骗我们。"② 因此，在新的叙事框架中，日本就是阴险狡诈的敌人，觊觎着美国的霸主身份。正如法洛斯1989年5月在其文章《遏制日本》中所说，日本如果不是为了发展本国航空业的话，那么"就会只购买进口飞机，而不必坚持斥巨资要求战机必须授权在日本生产"，因为那样不仅便宜而且有助于缓解美日之间的巨额贸易赤字。③ 最终，参议院113号共同决议案经过多轮辩论和修正在国会两院获得通过。它明确要求"禁止向日本转让关键发动机技术"，要求美国在共同生产FSX战机项目过程中所占的份额"不得少于40%"，并且超过一定价值的技术转让都要经过国会同意，同时授权商务部对谅解备忘录等其他相关协议文件进行审议，并向总统提出行动建议。④ 7月31日，老布什总统否决了这项议

① United States -Japanese Security Cooperation and the FSX Agreement, Hearing and Markup before the Committee on Foreign Affairs and Its Subcommittees on Arms Control, International Security, and Science, on Asia and Pacific Affairs, and on International Economic Policy and Trade, House of Representatives, S. J. Res. 113, 101st Congress, Washington, D.C.: U.S. Government Printing Office, 1989, pp.113-122, 241-242.

② G. Ó Tuathail, "'Pearl Harbor without Bombs': A Critical Geopolitics of the US-Japan 'FSX' Debate," p.989; Paul Kennedy, "The Japanese 'System' Has a Talent for Fueling Western Resentments," Los Angeles Times, July 20, 1989, accessed February 1, 2017, http://articles.latimes.com/1989-07-20/local/me-4847_1_japanese-politics/2.

③ James Fallows, "Containing Japan," p.48.

④ A Joint Resolution Prohibiting the Export of Technology, Defense Articles, and Defense Services to Codevelop or Coproduce the FSX Aircraft with Japan, S. J. Res. 113, 101st Congress, 1989.

案，因为他认为这一议案等于禁止在FSX战机项目上向日本出口某些技术和设备，违背了宪法赋予他的行政权力。[1] 9月13日，参议院欲对老布什总统的否决进行再否决辩论。那些支持国会再否决的议员指出了之前议案限制技术出口的正当性，认为FSX战机项目恰恰说明了为什么日本高科技行业比美国同行业发展更好，美国人开发这些技术花费了70亿美元，而老布什政府却计划以5亿美元卖给日本人，成为美国人"贱卖"（fire sale）行为的代表。[2] 不过，参议院最终以一票之差（66票对34票）未能否决总统对议案的否决。尽管最终美国批准了FSX战机项目，但是美日在FSX战机项目的龃龉严重消耗了两国间比金钱更加稀缺的东西——"盟友间的相互信任"，其所代表的意义已经从双方通过军事合作防范"苏联威胁"变为限制技术出口防范"日本经济威胁"，成为两国间关系"愈加紧张的标志"。[3]

FSX战机项目不仅被建构为日本对美国航空业霸主身份的威胁，而且还被建构为美日之间政经体制身份对立的例证，成为更宏大的"日本威胁"叙事的一部分。前文已经提到，无论是查默斯·约翰逊还是克莱德·普雷斯托维茨和卡瑞尔·范·沃尔夫伦，几乎都在强调美日在政府和企业关系上的对立身份：日本被描述为铁板一块，是由政府引导和帮助抢占国际市场的政经体制，而美国则相反，强调自由放任，政府缺乏统一经济战略，也不关心企业在国际市场的竞争。这种对立身份在FSX战机项目话语建构中表现得淋漓尽致。1989年3月20日，《纽约时报》头版刊发的《混乱是美国对日政策的关键词》是这种话语的典型代表。该文指出，美国各部门间关于FSX战机项目的"战斗"表明，美国政府部门各自为政，独自制定对日政策而缺乏对于其他部

---

[1]　*Public Papers of the Presidents of the United States: George Bush*, *Book 2* (Washington, D.C.: U.S. Government Printing Office, 1990), p.1042.

[2]　FSX Fighter Jet Codevelopment Project/Veto, Vote No. 175, September 13, 1989, 101st Congress, Dole Archives, accessed August 15, 2016, https://dolearchives.ku.edu/sites/dolearchive.drupal.ku.edu/files/files/historyday/originals/hd15_ghwbush_029.pdf.

[3]　Bernard Gordon, "The Asian-Pacific Rim: Success at a Price," *Foreign Affairs* 70, no. 1 (1990): 156; John Greenwald, Gisela Bolte and Dan Goodgame, "Friend or Foe? The FSX Becomes a Symbol of Mounting Strain between the U.S. and Japan," *Time* 133, Issue 17 (1989): 44.

门意见的考虑，因而造成政策不连贯，目标难以实现，并援引美国贸易代表办公室前副代表的话："就我的生活经历而言，我想不出我们曾经有过对日政策。"而与美国对日政策一片混乱相对比的是，日本拥有比其他任何国家都多的游说者为日本政府和企业进行公关，非常成功地利用美国部门间的分歧实现自身利益的最大化。① 这种叙事在美国商业精英阶层也普遍存在。时任美国商会副主席威廉·阿奇（William Archey）在国会听证会上表示，FSX战机项目表明美国"没有连贯的对日政策"，在行政部门内部缺乏"中央论坛或者决策机构"，美国政府在推动美国贸易和投资方面做得还很不够，而日本政府则通过"行政引导"等方式帮助日本企业。② 日本政府这种积极努力游说美国政府为日本企业服务的形象在《纽约时报》的另一篇文章中被描写得更加突出："日本外交官会深入联邦机构最偏僻的角落，努力地与中级官员交朋友，获取信息，邀集美国政府中的盟友，巧妙地转移那些要求日本改变贸易做法或其他政策的压力。虽然国会对日本的批评很常见，但几乎不会产生反对东京的具体法律或者行政措施。"③

此外，笔者发现，20世纪80年代中后期以来，美国主流话语越来越强调经济安全在国家安全中的地位，这构成了FSX战机项目不断发酵的基本语境。在此之前，冷战中的军事和安全政策主要是由美国国防部等主导，安全问题和经济事务一般都是可以分开的，而且通常在对外政策中经济利益是服从传统安全利益的。但是，FSX战机项目改变了这种安全叙事。自冷战以来，FSX战机项目第一次在公开的公共

---

① R. Pearson, "Confusion Is Operative Word in U.S. Policy toward Japan," *The New York Times*, March 20, 1989, A1 edition. 这种话语叙事的文章很多，还可参见："The U.S. vs. the U.S. on the FSX," The New York Times, May 2, 1989, accessed August 15, 2016, http://www.nytimes.com/1989/05/02/opinion/the-us-vs-the-us-on-the-fsx.html; Elaine Sciolino, "Agencies at Odds on Japan's Role in Fighter Plan"。

② Oversight of the Trade Act of 1988, Hearing before the Committee on Finance of the United States Senate, S. HRG. 101-77, Pt. 3, 101st Congress, Washington, D.C.: U.S. Government Printing Office, 1989, pp.56-58.

③ R. Pearson, "Diplomats at Japan's Embassy Worry about Anti-Tokyo Sentiment in U.S.," *The New York Times*, November 24, 1989, A12 edition.

政策辩论中将军事和经济问题交织起来。[①] 经济安全的重要性被提升到与军事安全同等重要的地位。时任美国众议院军事委员会主席莱斯利·阿斯平（Leslie Aspin）指出，"一个全新的国家安全观念"正在出现，"它包含了经济和竞争性商业关系"。另有参议员甚至提出，经济威胁实际上可能比军事威胁更加危险，因为军事威胁"更容易被发现"，而经济威胁是那种"暗中危害的"威胁。[②] 美国国会关于FSX战机项目的113号共同决议案也明确要求授权美国商务部对相关协议和谅解备忘录进行审议的权力。这种话语的变化最终反映了政府行为的变化。例如，美国国防部就FSX战机项目与日本谈判期间并没有征求美国商务部的意见，只是在1988年10月底达成谅解备忘录之前向商务部发了简报，而在11月签订谅解备忘录后，国防部还拒绝了商务部索要谅解备忘录最终版本的要求。但是，FSX战机项目的发酵确立了美国商务部参与此类项目决策的地位。

　　总之，FSX战机项目的发展历程充分说明话语对"威胁"身份的建构性。在1989年之前，美国国防部和国务院主要从地缘战略角度出发，将FSX战机项目建构在美日防务合作的叙事框架下，美日之间是盟友，两国讨论的焦点是采取何种方式生产战机以便更好地应对"苏联威胁"。但是，从1989年1月开始，那些反对FSX战机项目的人讲述了另外一个故事：日本正像其之前取代美国电视机、半导体等行业那样，准备通过FSX战机项目建立本土的飞机制造业，进而取代美国飞机制造业的领导地位和美国的世界霸主地位。以这样两种不同的故事框架看待日本的行为，会生成完全不同的意义，即盟友和敌人不同的身份。两种故事似乎都有道理，很难证明哪个是正确的，因为客观事物是冰冷的，不同的认知框架可以建构不同的意义。仅就FSX战机项目本身来说，美日合作开发新战机是美国国防部对日本施压的结果，而日本最初一直都是计划自主研发的，因此指责日本欲通过FSX战机

---

① U.S. Congress, Office of Technology Assessment, *Arming Our Allies: Cooperation and Competition in Defense Technology OTA-ISC-449* (Washington, D.C.: U.S. Government Printing Office, 1990), p.3.

② John Greenwald, Gisela Bolte and Dan Goodgame, "Friend or Foe? The FSX Becomes a Symbol of Mounting Strain between the U.S. and Japan," p.44; Oversight of the Trade Act of 1988, p.9.

项目获得美国技术来建立自己的飞机制造业是有待商榷的，毕竟不是日本要和美国合作开发，而是美国强迫日本和美国共同开发。试想，如果当初日本坚定拒绝合作开发而采取本土开发方式，美国的反应将会如何？在美日巨额赤字和日本将要取代美国霸主的主流话语背景下，日本很可能还会被理解为"威胁"，因为日本自主研发新战机很可能会按照日本是"发展型国家"认知图式被解读，而且日本很可能还会被认为要脱离美国主导的安全体系。可以说，在"日本威胁论"的话语框架下，无论日本选择哪种方式，FSX战机项目都可以被理解为"日本是威胁"。

第五章

"中国威胁"的话语建构

如果作为一个美国人意味着坚守自由、民主、个体主义和私人财产原则，如果外部不存在威胁这些原则的邪恶帝国，那么作为一个美国人真正意味着什么？美国的国家利益又是什么？[①]

——塞缪尔·亨廷顿

你看到了什么？一只可爱的大熊猫，还是一条险恶的吐火龙？西方对中国对外政策的解读就像罗夏墨迹测验中盯着墨迹的受试者一样，所揭示的内容与其说是关于中国，还不如说更多的是关于他们自己。[②]

——葛小伟（Peter Gries）

1991年，苏联宣布解体，"苏联威胁"彻底消失，而美国国内"传统派"和"修正派"关于对日政策的话语之争也因日本在经济泡沫破

[①] Samuel Huntington, "The Erosion of American National Interests," *Foreign Affairs* 76, no. 5 (1997): 29-30.

[②] Peter Gries, "Social Psychology and the Identity-Conflict Debate: Is a 'China Threat' Inevitable?" *European Journal of International Relations* 11, no. 2 (2005): 235.

裂后进入"失去的十年"而逐渐消失。但是，对于一个国家而言，威胁的出现具有一种必然性。心理学家发现，人们为了保护"自我"需要确认何为敌人何为盟友，这是"不可避免的发展现象"。[①] 这对于美国这样一个以所谓价值认同立国的国家尤为如此。正如亨廷顿所言："如果作为一个美国人意味着坚守自由、民主、个体主义和私人财产原则，如果外部不存在威胁这些原则的邪恶帝国，那么作为一个美国人真正意味着什么？美国的国家利益又是什么？"[②] 这种强烈的国家自我身份寻索，注定了美国在苏联解体、日本进入"失去的十年"后开始寻找下一个真正的敌人。中国逐渐进入美国精英眼帘，"可能成为一个新的敌人"，"中国威胁"被认为是美国国际关系学者在后冷战时代最大的发现之一，并逐渐演变为美国当前面临的所谓的"最严重的长期挑战"。[③]

事实上，自1992年美国学者罗斯·芒罗（Ross Munro）发表《正在觉醒的巨龙：亚洲真正的威胁来自中国》开启冷战后美国制造"中国威胁论"的先声，美国国家安全话语中始终伴随着"中国威胁"叙事，呈现波浪式发展，影响着美国对华政策。[④] 但与此对应的是，从冷战结束一直到美国总统奥巴马任期结束，美国对华政策的主导叙事基本上还是将中国建构为一个可能朝着美国期望的方向发展的国家。因此，对于同一个中国，美国同时使用着"威胁"和"机遇"这副双焦镜观察着中国，建构了两种看似完全不同的中国"他者"身份。[⑤] 随着2016年底特朗普当选美国总统，主导美国冷战后国家安全叙事的自

---

① Vamik D. Volkan, "The Need to Have Enemies and Allies: A Developmental Approach," *Political Psychology* 6, no. 2 (1985): 219-247.

② Samuel Huntington, "The Erosion of American National Interests," pp. 29-30.

③ Samuel Huntington, "The Erosion of American National Interests," p.48; Chengxin Pan, "The 'China Threat' in American Self-Imagination: The Discursive Construction of Other as Power Politics," p.307; Antony Blinken, "The Administration's Approach to the People's Republic of China," May 26, 2022, accessed October 1, 2022, https://www.state.gov/the-administrations-approach-to-the-peoples-republic-of-china/.

④ Ross Munro, "Awakening Dragon: The Real Danger in Asia Is from China," *Policy Review* 62 (1992): 10-16.

⑤ Chengxin Pan, *Knowledge, Desire and Power in Global Politics: Western Representations of China's Rise* (Cheltenham: Edward Elgar, 2012).

由主义国际秩序宏大叙事瓦解，而作为该宏大叙事重要组成部分的美国对华接触话语也迅速转向，对华失望和焦虑的声音不断。正如2018年美国副总统彭斯在专门的对华政策演讲中所表达的，在苏联倒台之后，美国希望通过接触政策使中国"无论在经济上还是政治上"都更加开放和自由，更加尊重自由主义原则、私人财产、宗教自由等，但是"这一希望没有实现"。[①] 因此，美国在过去20来年里对中国战略意图的误解被认为是"二战结束以来美国最严重的三大外交政策错误之一"，美国的对华政策甚至可能是"过去70年来美国最大的对外政策失误"。[②]

面对这种叙事断裂，美国迫切需要建构新的国家安全叙事将美国"自我"与中国"他者"构成连贯的故事。笔者发现，那些关于美国对华接触政策失败的话语与之前一直存在的"中国威胁论"话语迅速汇合，构成当前美国对华政策的主流叙事，中国变成美国的主要对手，变成危及美国国家安全的"存在性威胁"。2019年7月，《纽约时报》的一篇文章指出："在特朗普治下的华盛顿，对中国的怀疑和不信任已经站稳脚跟。对中国的恐惧已经蔓延到整个美国政府，从白宫到国会，再到联邦政府各部门。毫无疑问，中国的崛起被视为对美国经济与国家安全的威胁以及21世纪的决定性挑战。"[③]

那么，在"接触"到"威胁"这一转变过程中，美国是如何建构"中国威胁"共识的呢？为此，本章从话语视角展示美国如何将具有多种意义阐释可能性的"事实"建构为"中国威胁"。本章共分三节：第一节主要分析美国关于中国的两种安全叙事，以及"崛起"隐喻对"中国威胁"故事形成的作用；第二节详细分析"中国威胁论"中的主要

[①] Mike Pence, "Remarks by Vice President Pence on the Administration's Policy toward China," October 4, 2018, accessed May 20, 2019, https://www.whitehouse.gov/briefings-statements/remarks-vice-president-pence-administrations-policy-toward-china/.

[②] Robert Blackwill, "Trump's Foreign Policies Are Better than They Seem," Council on Foreign Relations, April 2019, pp.9-10, accessed August 20, 2019, https://cfrd8-files.cfr.org/sites/default/files/report_pdf/CSR%2084_Blackwill_Trump_0.pdf.

[③] Ana Swanson, "A New Red Scare Is Reshaping Washington," The New York Times, July 20, 2019, accessed August 20, 2019, https://www.nytimes.com/2019/07/20/us/politics/china-red-scare-washington.html.

隐喻与叙事认知框架，通过它们的"过滤"，威胁认知共识得以形成；第三节则以"中国威胁论"中两个典型话语实例，即"更强硬"叙事和"修昔底德陷阱"隐喻，具体展示叙事和隐喻建构威胁的过程。

第一节　两种安全叙事与"崛起"隐喻

一、两种安全叙事："接触"与"威胁"

对于很多美国人来说，中国是复杂、神秘甚至难以捉摸的，美国话语中呈现的中国也是复杂图景，充斥着相互矛盾或完全对立的画面，美国对华政策话语就是这一矛盾画面的缩影。总体来说，自中美建交以来，中美两国关系大体由"鸽派"和"鹰派"建构的话语合力主导，中国的"他者"身份在"接触"和"威胁"两种安全话语中不断演变，至少表面上还处于一种"非敌非友"的状态。这种状态并不是说中美关系没有变化，而是说它大体上还在以上两种模式之间摇摆，尽管在不同时期摇摆的方向是不同的。实际上，话语及其建构的身份从来不是完全固定不变的，而是处于流动变化中的，尽管某种话语会试图主导这一身份认知。[①]

一方面，强调"中国威胁"的安全叙事认为，中美之间是一场零和游戏，随着经济实力的提升，中国必将挑战美国的地位，这是无法避免的铁律。正如米尔斯海默所言："如果在接下来的几十年中国继续保持令人印象深刻的经济增长，美国和中国很可能会出现激烈的安全竞争，非常可能走向战争。"[②] 除了从物质力量角度阐释中国是美国的"威胁"，强调防范甚至遏制的"威胁论者"还从意识形态、文明和文化等角度阐释中国对美国的"威胁"。例如，美国前国务卿蓬佩奥强调"共产主义中国"的冷战叙事，亨廷顿的"文明冲突论"和哈佛大学政

---

① Ernesto Laclau and Chantal Mouffe, *Hegemony and Socialist Strategy: Towards a Radical Democratic Politics* (2nd ed.) (New York: Verso, 1985), pp.111-112.

② John Mearsheimer, "China's Unpeaceful Rise," *Current History* 105, Issue 690 (2006): 160.

府系教授江忆恩（Alastair Iain Johnston）等人将中国阐释为看重"武力"的现实主义战略文化。[①]

另一方面，强调"对华接触"的安全叙事主要认为，中美两国关系不仅不是零和游戏，而且有可能实现共赢。首先，中国的经济发展会给美国带来巨大的市场，因此中国的发展对美国来说是机遇而不是威胁。美国前财长保尔森曾撰文指出："美国对于中国经济未来最大的威胁是美国经济停滞；中国对美国最大的经济威胁是中国经济停止增长。"[②] 其次，经济发展使中国军力增长并不一定是威胁。例如，基辛格曾指出，随着经济的快速发展，中国增强军力是很正常的事情，美国需要考虑的问题是这种军力增长是不是开放的和出于什么目的的。[③]美国学者史文（Michael Swaine）也认为，中国增强军力不是有对外侵略和扩张的野心，中国也不会追求排他性的主导地位。[④] 坚持对华接触话语的一种重要表现就是美国百余名对华政策专家、商界人士和前政府官员共同向时任美国总统特朗普和国会发表公开信，反对将中国视为"敌人"。[⑤]

这两种冲突的安全叙事基于同一个中国建构了两个不同的中国和中美前景，这种差异不是客观事物本身的问题，因为每一种叙事都可以找到所谓的"证据"。实际上，它们都凸显了其叙事框架下复杂的中美关系的一个侧面，这种框定本身就是美国"自我"身份建构的需要。正如英国曼彻斯特大学中国研究所所长葛小伟所指出的："你看到了什么？一只可爱的大熊猫，还是一条险恶的吐火龙？西方对中国对外政

---

① Samuel Huntington, "The Clash of Civilizations?" pp.34-45; Alastair Iain Johnston, *Culture Realism: Strategic Culture and Grand Strategy in Chinese History* (New Jersey: Princeton University Press, 1995).

② Henry Paulson and Robert Rubin, "Why the US Needs to Listen to China," The Atlantic Monthly, June 2015, accessed April 10, 2016, https://www.theatlantic.com/magazine/archive/2015/06/the-blame-trap/392081/.

③ Henry Kissinger, "The Future of U.S.-Chinese Relations: Conflict Is a Choice, Not a Necessity," *Foreign Affairs* 91, no. 2 (2012): 48.

④ Michael Swaine, "The Real Challenge in the Pacific," *Foreign Affairs* 94, no. 3 (2015): 145-153.

⑤ Taylor Fravel et al., "China Is Not an Enemy," The Washington Post, June 3, 2019, accessed August 10, 2019，https://www.washingtonpost.com/opinions/making-china-a-us-enemy-is-counterproductive/2019/07/02/647d49d0-9bfa-11e9-b27f-ed2942f73d70_story.html?noredirect=on&utm_term=.8071fba9204e.

策的解读就像罗夏墨迹测验中盯着墨迹的受试者一样，所揭示的内容与其说是关于中国，还不如说更多的是关于他们自己。"[1]

二、"崛起"隐喻认知框架与故事人物的成形

（一）"崛起"隐喻与"崛起"的认知共识

本书在强调隐喻与叙事建构了"中国威胁"时并不是说物质因素不重要，恰恰相反，笔者认为物质世界极其重要，至少不亚于现实主义对物质力量的重视，因为物质世界是话语建构的主要对象。隐喻与叙事的价值在于它们建构了这些物质因素的意义。换句话说，隐喻与叙事就如同眼睛，不同人的眼睛可以看到不同的世界。因此，"中国威胁"话语建构的分析起点可以从这些物质力量及其变化的认知开始。"崛起"隐喻是近一二十年美国"鹰派"和"鸽派"都使用的认知框架，因此可以成为理解美国对华认知与"中国威胁"叙事的很好的切入点。

事实上，21世纪以来，美国出现的"中国威胁"话语基本都在重复这样一个故事："沉睡的巨龙"已经觉醒，中国开始"崛起"，正在成为一个新的超级大国，对美国霸权构成"威胁"。在这个故事中，"中国崛起"是高频词，英文中的常用词是China's rise、rise of China或者rising China，表明"崛起"隐喻是美国理解中国物质力量变化的主要认知框架。"崛起"一词实际上是一个常规隐喻或者"死喻"（dead metaphor）。因为国家本身是个抽象的概念，既不会"上升"也不会"下降"。用"崛起"形容国家状态在西方历史和政治中非常普遍，很多著名学术著作，如《大国的兴衰》（*The Rise and Fall of the Great Powers*），在书名中都使用该词。毋庸置疑，在过去的几十年里，中国的物质力量确实增强了，但是认识这些变化的常规隐喻还可以有很多种。例如，"发展"（development）和"增长"（growth）都是纵向概念，主要描述行为体自身前后的变化，不直接指涉其他行为体。但"崛

---

[1] Peter Gries, "Social Psychology and the Identity-Conflict Debate: Is a 'China Threat' Inevitable?" p.235.

起"隐喻有很大不同，它是横向的、相对的概念。笔者以rise为检索词，在囊括超过5亿词的美国当代英语语料库（Corpus of Contemporary American English）中采用前后5个词的跨距进行搭配检索，发现fall和decline分别排在第1位和第24位，表明在美国当代英语中"衰落"是"崛起"的重要蕴涵。[①] 因此，当描述一个行为体崛起时，往往暗含其他行为体衰落或至少相对下降。这一隐喻认知框架自然而然地让世界霸主产生面临挑战或威胁的认知。

但是，美国对于中国物质力量变化的话语建构并不是一开始就采用"崛起"这一认知框架。1992年，《正在觉醒的巨龙：亚洲真正的威胁来自中国》全文没有出现一次类似"中国崛起"的词。在描述中国经济发展时，文章只是说中国大陆可能很快成为和中国台湾地区"一样有活力（dynamic）的亚洲经济体"，但是"规模可能会扩大60倍"。[②] 到了1996年，亨廷顿出版的《文明的冲突与世界秩序的重建》一书虽然出现了一些类似"中国崛起"的表述，但更多的是对未来的推断。至少到2002年初，美国对于身为世界霸主、无人能够匹敌的自我身份叙事是认同的。正如小布什总统在2002年《美国国家安全战略报告》前言中所指出的："20世纪自由和极权主义的斗争最终以自由力量的决定性胜利告终，以一种可持续的国家成功模式结束：自由，民主和自由企业……今天，美国享有着这样的地位，拥有绝无仅有的（unparalleled）军事力量和伟大的经济与政治影响力。"[③]

但是，在2010年《美国国家安全战略报告》前言中，美国对自身地位的优越感和自信已经不在，奥巴马总统指出，"在我们国家的历史上，美国人民屡次勇于面对（rise to meet）和塑造转折时刻。而今正

---

① 截至2016年2月18日（笔者登录日期），该语料库收录了5.2亿单词，检索的其他搭配词包括above、prices、gave、rates等，该语料库的网址为：http://corpus.byu.edu/coca。

② Ross Munro, "Awakening Dragon: The Real Danger in Asia Is from China," p.10.

③ The White House, "National Security Strategy of the United States of America," September 2002, p.1, accessed February 18, 2016, http://www.state.gov/documents/organization/63562.pdf.

是这样的一个时刻。我们生活在一个彻底变化的时代"。① 两份报告的措辞为何差别如此巨大？这一时期美国描述中国物质力量变化的话语发生了什么改变？笔者根据自己所建立的"中国正文语料库"②，使用AntConc语料库软件分别以 rise of China、China's rise 或 rising China 为关键词检索，并统计出历年频数，称为"中国崛起1"；以 China 为检索词，统计前后5个单词跨距内与 rise 共现的历年频数，称为"中国崛起2"；以 United States 为检索词，统计前后5个单词跨距内与 decline 共现的历年频数，称为"美国衰落"，如图5-1所示。③ 其中，"中国崛起1"主要考察"中国崛起"作为一个相对固定短语的使用频率变化，而"中国崛起2"主要考察"崛起"一词与"中国"搭配的变化，即"崛

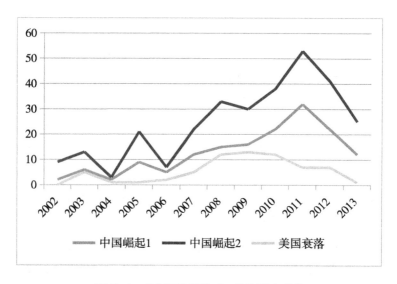

图5-1 "中国崛起"与"美国衰落"

图片来源：作者自制。

---

① The White House, "National Security Strategy of the United States of America," May 2010, p.1, accessed January 8, 2023, https://obamawhitehouse.archives.gov/sites/default/files/rss_viewer/national_security_strategy.pdf.

② 关于该语料库和AntConc语料库软件等的介绍可以参见本书第六章和附录。

③ 这里的 rise 包括 rise、rose、rises、risen、rising，decline 包括 decline、declines、declined、declining。

起"语义韵的变化,两者都用来考察美国关于中国力量话语建构的变化。因为关于"美国衰落"的话语没有出现类似China's rise这样相对固定的表达,所以"美国衰落"也采取语义韵的方法测量,即"衰落"(decline)一词与"美国"搭配共现的频率。为了验证三者的相关性,笔者对以上三组数据分别两两一组进行皮尔逊相关系数检验,结果显示:"中国崛起1"和"中国崛起2"两者高度相关,p值小于0.000,相关系数为0.982,表明两个指标代表"中国崛起"话语具有高度一致性;"中国崛起1"和"美国衰落"相关性较高,p值为0.028,相关系数为0.632;"中国崛起2"与"美国衰落"相关性也较高,p值为0.022,相关系数为0.650。

下面,笔者将具体分析这些词语每年使用的变化。第一,"中国崛起"话语的使用整体上呈上升趋势。"中国崛起1"和"中国崛起2"两个指标都在2005年有一个很明显的峰值,然后在2011年达到顶峰,随后回落到大概2009年的水平。第二,从整体来看,2006年以前"美国衰落"话语出现的频率基本处于很低的水平,而在2006—2008年开始快速上升,2008—2012年基本稳定在较高水平,约为较早之前水平(如2004年、2005年、2006年)的5—6倍。第三,"中国崛起"话语与"美国衰落"话语的大体趋势是一致的。2007年是"中国崛起"和"美国衰落"话语共同开始快速上涨的转折点,到2008年达到一个相对稳定的高度后开始逐步稳定下来。众所周知,2007年和2008年是美国金融危机浮现和爆发的时刻,也是美国对物质力量变化感受最敏感的时期,美国迫切需要话语阐释这种物质变化。也正是在这时,"中国崛起"和"美国衰落"叙事同时开始流行,这也印证了"崛起"认知框架的作用。第四,"中国崛起"话语与"美国衰落"话语的不一致。2004—2006年,"中国崛起"话语已经出现明显增长趋势,并在2005年出现一个峰值,"美国衰落"的词频则保持在一个非常低的水平,这表明在这段时期"中国崛起"并没有被同步阐释为"美国衰落"。分析这段时期的文本内容可知,美国尽管表现了对中国力量上升的担心,但主要的叙事还只是辩论中美之间是不是零和游戏,这说明"中国崛起"可能是和平的。[①] 例如，2004年，美国参议院关于中国影响力的听证会也只是讨论中国影响力，而没有涉及对美国地位的取代问题。[②] 正是在这样的话语背景下，2005年，美国对于"中国崛起"的叙事以喜剧结尾，中国被定性为美国的"利益攸关者"。这从一定程度上说明，当话语塑造的中国力量变化极少触及美国霸主地位时，中美友好身份的建构是可能的。与此相对照的是，"中国崛起"话语在2011年出现历史峰值，此时中美关系再一次出现重大转变时刻，即奥巴马政府提出"重返亚太"战略并实施"亚太再平衡"战略的时期。虽然2011年"美国衰落"话语没有同时表现出上升趋势，但是与2005年的低水平不同，当时"美国衰落"话语的使用一直保持比较高的水平。也就是说，在"美国衰落"话语长时期处于高水平的情况下，"中国崛起"话语的高频出现再次快速上升，进而催化了中美身份的转变。[③] 第五，2012年后"美国衰落"话语的骤降现象。如图5–1所示，到2013年，"美国衰落"的词频已经几乎骤降到原点。这主要是因为话语对于物质力量的变化出现了新的叙事建构。2012年初，美国新保守主义者罗伯特·卡根（Robert Kagan）在《新共和》发表文章，驳斥美国正在衰落的"神话"。他的这篇文章深受奥巴马总统欣赏，并在华盛顿政策圈传阅。奥巴马总统在随后发表的国情咨文和接受的采访中采纳了这一新叙事，认为"任何人告诉你美国正在衰落或者我们的影响力已经式微，都是无稽之谈"。[④] 从奥巴马的官方表态来看，美国官方不接受"美国衰落"的叙

---

① George J. Gilboy, "The Myth behind China's Miracle," *Foreign Affairs* 83, Issue 4 (2004): 33-48; Bijian Zheng, "China's 'Peaceful Rise' to Great-Power Status," *Foreign Affairs* 84, Issue 5 (2005): 18-24.

② Congressional Record, China's Increasing Global Influence, S4007-S4008, April 20, 2015.

③ 这里并不是说美国政府受《外交事务》杂志影响改变了政策，而是《外交事务》杂志作为美国对外政策的权威杂志反映了美国政治精英圈主流叙事的变化。同时，本书认为，除了"中国崛起"和"美国衰落"话语的变化，2009年开始的"更强硬"叙事也是身份和政策变化的极其重要因素。

④ Robert Kagan, "Not Fade Away: The Myth of American Decline," The New Republic, January 11, 2012, accessed October 20, 2012, https://newrepublic.com/article/99521/america-world-power-declinism; Barack Obama, "Remarks by the President in State of the Union Address," January 24, 2012, accessed October 20, 2012, https://obamawhitehouse.archives.gov/the-press-office/2012/01/24/remarks-president-state-union-address; Josh Rogin, "Obama Embraces Romney Advisor's Theory on 'The Myth of American Decline'," Foreign Policy, January 26, 2012, accessed October 20, 2022, https://foreignpolicy.com/2012/01/26/obama-embraces-romney-advisors-theory-on-the-myth-of-american-decline/.

事认知,这也是2012年之后"中国崛起"词频和"美国衰落"词频完全背离的原因。同时,从另一个侧面看,这也恰恰说明了话语对于事实意义的建构性,即对于同一个客观的美国,不同叙事建构了意义完全不同的美国。

(二)故事主要人物的成形:崛起国与守成国

建构国家安全叙事与编排文学故事一样,都必须先确定故事的主要人物。美国的"中国威胁"叙事就是要在纷繁复杂的世界舞台上将聚光灯聚焦在美国和中国,使两国成为整个舞台上的两个对立主角,而将其他国家作为这一主角故事的配角。笔者发现,尽管冷战后"中国威胁论"不断,但在很长一段时间内它都没有被主流所接受。除其他因素之外,仅从故事建构角度来看,笔者发现这段时间内威胁话语一直未能成功地按照合理的故事逻辑将中国和美国建构成美国国家安全叙事的两个对立主角。因此,无论它怎么刻画"中国威胁",如果它未能将中国建构为美国国家安全故事中对立的主角,或者换句话说,中国在这一安全叙事中可能只是一个配角,那么即使美国人在认知上也认同这些所谓"威胁",中国也不会成为美国的主要对手和威胁。

但是,随着"崛起"隐喻开始被美国精英普遍接受,并用来理解和认知中国,"崛起国与守成国"叙事模板也就很快被越来越多的人接受,成为美国建构"中国威胁"叙事最普遍、最主要和最深层的叙事模板。[①]按照这一叙事模板,中美双方矛盾和冲突的背景和双方在故事中的崛起国和守成国角色也就设定好了。双方的互动就是重演历史上崛起国挑战守成国的经典故事,其本质是权力之争,是一种零和游戏。这一思维框架在奥巴马政府后期提出的"亚太再平衡"战略中已经有所体现,而在特朗普政府发布的《美国国家安全战略报告》中已经确定无疑:"历史不变的主题就是权力争夺","势力(influence)的

---

① 关于"崛起"隐喻和"崛起国与守成国"叙事模板的关系,下文将进行具体分析。

争夺是永恒的"，"大国竞争又回来了"。[1]

这一叙事模板的形成和普遍接受实际是美国对华威胁话语长期不断累积的结果，而不像"苏联威胁"故事那样，通过一纸"长电报"让美苏两国故事主角直接登场。首先，"崛起"隐喻是这一叙事认知框架形成的关键点。自21世纪以来，美国精英对于中国经济快速发展的描述就越来越频繁地使用"崛起"一词。表面上看，使用"崛起"描述中国发展无可厚非，但是正如本书第六章发现的那样，在20世纪八九十年代，美国出现的"日本威胁论"很少使用"日本崛起"，尽管经济崛起是触发两国对立的物质因素。隐喻框定着人们的认知，"崛起"是一个带有结构性意味的隐喻，一个国家的崛起本身就带有其他国家衰落和对现存秩序产生威胁的蕴涵。尽管如前文所述，奥巴马总统等拒绝使用"衰落"看待美国，但是"中国崛起"的隐喻已经被普遍接受。由于隐喻的特性，一旦使用"崛起"这一隐喻就会自动嵌入一个权力转移的结构性认知框架，潜在地奠定了中国在大国争霸故事中的"崛起者"角色。其次，"更强硬"叙事刻画并激活中国"挑战者"角色脸谱。2009年前后，美国主流媒体迅速出现了大量关于中国"更强硬"的叙事，宣称中国开始挑战美元金融体系、与美国测量船对峙、欺凌美国友邦等，将中国"挑战者"角色脸谱刻画完成并激活，威胁故事形成了闭环，并成为一种认知方式。[2] 尽管之后有学者研究发现，所谓中国"更强硬"的叙事根本是不成立的，但这丝毫不影响这个故事的影响力，因为真伪性并不能成为故事效果的试金石。[3] 最后，美国学者格雷厄姆·艾利森（Graham Allison）在2012年将这一叙事框架浓缩为一个颇具煽动性的历史隐喻——"修昔底德陷阱"，成为近年来讨论中美关系时最常使用的词语，进而强化和传播了"崛起国与守成

---

① The White House, "National Security Strategy of the United States of America," December 18, 2017, pp.25-27, accessed March 10, 2019, https://www.whitehouse.gov/wp-content/uploads/2017/12/NSS-Final-12-18-2017-0905.pdf.

② 本章第三节将对"更强硬"叙事进行详细分析。

③ Alastair Iain Johnston, "How New and Assertive Is China's New Assertiveness?" *International Security* 37, no. 4 (2013): 7-48; Björn Jerdén, "The Assertive China Narrative: Why It Is Wrong and How So Many Still Bought into It," *Chinese Journal of International Politics* 7, no. 1 (2014): 47-88.

国"叙事模板。

第二节 "中国威胁"的基本话语建构

从1992年美国传统基金会的刊物《政策评论》刊登《正在觉醒的巨龙：亚洲真正的威胁来自中国》开启美国制造"中国威胁论"的先声，到特朗普上台后美国自由主义国家安全叙事的崩塌以及拜登政府的表现，美国的"中国威胁"话语几乎没有中断。但是，这些威胁话语并不像"苏联威胁"故事那样按照主要的蓝本建构，有着连贯一致的故事脉络，而更像一个长期汇集起来的对华仇视、不满和失望等话语的"大杂烩"。这些威胁话语的共同点就是中国是美国面临的主要竞争对手，"威胁"美国的霸权，即上文中"崛起"隐喻下的"崛起国与守成国"叙事模板。换句话说，故事的人物已经确定，但是在这些威胁话语中，中美两国究竟是一个什么性质或主题的冲突，以及美国如何对付中国这样的"对手"，美国人还没有完全达成"共识"。其中，比较有代表性的故事主线有三类：以特朗普为代表的"经济受害者"叙事，以军工安全部门为代表的"深暗势力"试图复活冷战意识形态的叙事，以及镶嵌在众多威胁故事底层的"崛起国与守成国"的争霸故事。这些威胁故事之间并不是非此即彼的，更多地呈现一种交叉互文状态，而且不同时期结合的方式和影响也不尽相同，甚至以前出现的叙事模板在沉寂一段时间后会因为一些事件被重新激活。鉴于此，为了避免重复和交叉分析，笔者将从经济、政治、军事、非传统安全和"文化他者"等维度解构美国制造的"中国威胁论"的隐喻与叙事认知模板。

一、"经济威胁"隐喻与叙事

在过去短短几十年间，中国从一个贫困落后、在世界经济中无足轻重的国家跃升为世界第二经济强国。这种物质力量的急剧上升最容易察觉和感知，因此对于物质力量变化的意义阐释就成了"中国威胁论"的一个主要源泉。美国认为，中国经济的崛起对美国霸权构成了严重的"威胁"，而且这种"经济威胁"是全球性的。美国建构中国"经济威胁"叙事的模板主要有两大类：一是以"挑战者"叙事模板建构中国对美国经济的挑战；二是以"受害者"叙事模板将美国国内工作岗位流失、产业衰败、巨额贸易逆差等经济问题归因于中国的不公平贸易和不公平竞争，如产业政策、市场准入等。这两类叙事其实是一枚硬币的两面。

（一）"挑战者"叙事模板

中国在2007年超过德国成为世界第三大经济体，仅仅三年之后，中国又取代日本成为世界第二大经济体，2014年，按照购买力平价计算，中国已经超过美国成为世界最大经济体。[①] 同时，中国还是全球第一货物贸易大国，拥有世界上最多的外汇储备。[②] 面对发展如此迅速的中国，虽然可以解读为经济机遇，但是"中国威胁论者"认为中国的发展具有不确定性，他们无法确定中国以后会如何运用这些新获得的权力，而且中国具有改变国际格局的潜力，有可能发展成为与美国力量匹敌的"竞争者"（peer competitor），甚至取代美国主导亚洲。[③] 这与美国避免任何单一大国主导亚洲的政策是有冲突的。中美两国在亚洲的"竞争"将会导致地区国家选边站队，甚至发展成为全球层面的对抗。[④] 此外，不仅在东亚，中国在中东、非洲和拉美等地区都扩大着

---

① Geoff Dyer, "China Becomes Third Largest Economy," The Financial Times, January 14, 2009, accessed December 16, 2015, http://www.ft.com/intl/cms/s/0/8d9337be-e245-11dd-b1dd-0000779fd2ac. html#axzz3wnsMAXNL; Andrew Monahan, "China Overtakes Japan as World's No. 2 Economy," The Wall Street Journal, February 14, 2011, accessed December 16, 2016, https://www.wsj.com/articles/SB1 00014240527487033619045761428327414 39402; Fox News, "China Surpasses U.S. to Become Largest World Economy," December 6, 2014, accessed December 16, 2015, http://www.foxnews.com.

② M. Wayne, "China's Economic Rise: History, Trends, Challenges, and Implications for the United States," Congressional Research Service, October 21, 2015, accessed January 16, 2016, https://www.hsdl. org/?view&did=788069.

③ John J. Mearsheimer, "Can China Rise Peacefully?" The National Interest, October 25, 2014, accessed January 9, 2016, http://nationalinterest.org/commentary/can-china-rise-peacefully-10204.

④ Richard Bernstein and Ross Munro, "The Coming Conflict with America," Foreign Affairs 76, no. 2 (1997): 21.

经济和政治影响力，"挑战"着美国在这些地区的利益。①

近几年，中国在高科技领域的发展是美国塑造这一"挑战者"叙事模板的重要焦点。美国一直认为自己在高科技领域拥有领导地位，攸关其繁荣与安全，并成为其身份必不可少的一部分，但美国现在越发感觉中国在高科技领域的发展"威胁"到了美国的领导地位。美国尤为关注《中国制造2025》。2018年6月，美国白宫在研究《中国制造2025》后认为，该文件瞄准了从人工智能、航空、虚拟现实到高铁、新能源汽车等各个新兴高科技领域，"威胁"了美国的产业安全。② 美国"反华急先锋"、共和党参议员马尔科·卢比奥（Marco Rubio）在2019年的一份报告中称，《中国制造2025》的目标是"要成为创新和制造业领域的全球领导者"，而"这对于美国工人是无法接受的结果"。③

此外，中国经济崛起"挑战"美国霸权的故事还表现为中国"挑战"美国治下的国际经济制度。国际经济制度是对国家间利益的一种制度性安排。二战之后，美国领导世界建立了一套符合美国霸权利益的国际经济制度体系，美元是美国霸权的基础之一。自2008年美国金融危机以来，"中国威胁论"话语中越来越多地出现中国"挑战"美元霸权体系的内容。例如，美国认为中国"攻击"美元，并推动人民币国际化。2009年，中国人民银行行长周小川提出"创造性地改革和完善现行国际货币体系"被美国解读为中国"挑战"美元地位和美国领导地位，目的是"用人民币取代美元作为世界储备货币"。④ 同时，中国加快人

---

① Dennis Blair, Carla Hills and Frank Jannuzi, "U.S.-China Relations: An Affirmative Agenda, A Responsible Course," January 1, 2007, p.6, accessed December 16, 2015, http://www.cfr.org/content/publications/attachments/ChinaTaskForce.pdf.

② The White House, "How China's Economic Aggression Threatens the Technologies and Intellectual Property of the United States and the World," June 19, 2018, accessed August 10, 2019, https://www.whitehouse.gov/wp-content/uploads/2018/06/FINAL-China-Technology-Report-6.18.18-PDF.pdf.

③ Marco Rubio, "Made in China 2025 and the Future of American Industry," U.S. Senate Committee on Small Business & Entrepreneurship, February 12, 2019, accessed August 10, 2019, https://www.rubio.senate.gov/public/_cache/files/0acec42a-d4a8-43bd-8608-a3482371f494/262B39A37119D9DCFE023B907F54BF03.02.12.19-final-sbc-project-mic-2025-report.pdf.

④ Gordon Chang, "China's Assault on the Dollar," Forbes, March 26, 2009, accessed December 16, 2015, http://www.forbes.com/2009/03/26/zhou-xiaochuan-geithner-renminbi-currency-opinions-columnists-dollar.html.

民币与印尼等国货币互换、加快建立人民币海外结算中心等举动更加剧了美国的担忧。此外，中国倡议成立的亚投行被看作中国对西方主导的世界银行、国际货币基金组织等金融体系的"替代"（alternative），目的是让人民币成为与美元平分秋色的全球储备货币。[①]

（二）"受害者"叙事模板

"中国威胁论者"将中国经济的成功归因于中美不公平竞争，建构了一套"受害者"叙事模板来理解中国经济的成功。美国总统特朗普本人是这一叙事的典型代表，他在2019年国情咨文中宣称："现在我们向中国明确表示，那么多年瞄准攻击我们的产业、盗取知识产权和偷走美国工作和财富的日子已经结束。"[②] "中国威胁论者"主要通过"盗窃者"和"操纵者"两个隐喻框架建构"受害者"叙事模板。

第一，"盗窃者"隐喻框架。中国经济崛起被阐释为中国"盗窃"（theft）美国经济、商业机密和专利的结果。在这个"盗窃者"故事中，中国为企业"窃取"知识产权和商业情报，损害了美国的竞争优势，造成美国巨大的经济损失，还通过"盗取"军事技术与情报危害美国安全。[③] 这样，"盗窃"的蕴涵被投射到靶域"中国"，中国变成了一个"窃贼"。笔者以"盗窃"为检索词，选择前后5个单词跨距检索"中国正文语料库"，发现"知识的"（intellectual）、"产权"（property）和"中国"是与其搭配频率最高的3个主要实词。[④] 这也印证了"盗窃

---

① Frank Holmes, "China Challenges Dollar Hegemony with New Infrastructure Bank," Forbes, April 6, 2015, accessed December 16, 2015, http://www.forbes.com/sites/greatspeculations/2015/04/06/chinas-infrastructure-bank-challenges-dollars-world-hegemony/.

② Donald Trump, "Remarks by President Trump in State of the Union Address," February 6, 2019, accessed October 1, 2019, https://www.whitehouse.gov/briefings-statements/remarks-president-trump-state-union-address-2/.

③ Carl Roper, *Trade Secret Theft, Industrial Espionage and the China Threat* (New York: CRC Press, 2014); U.S. International Trade Commission, *China: Effects of Intellectual Property Infringement and Indigenous Innovation Policies on the U.S. Economy* (Washington, D.C.: USITC Publication 4226, 2011), accessed February 20, 2016, https://www.usitc.gov/publications/332/pub4226.pdf; Jim Michaels, "China's Theft of Business Secrets Is beyond Espionage," USA Today, May 19, 2014, accessed February 20, 2016, http://www.usatoday.com/story/news/nation/2014/05/19/china-indictment-cyber-espionage/9289829.

④ 检索结果中搭配频率高的词去除了and、of等虚词，以及is这个系动词。

者"隐喻框架的普遍性，它通过频繁搭配在潜意识中将中国与知识产权"盗窃"牢牢绑定起来。同时，"盗窃者"隐喻框架很容易将中国正常的经济发展与科技进步框定为"盗窃"的结果。因为和所有隐喻一样，它具有自我实现的功能，即中国经济发展与科技进步越快，越可以用来印证所谓的中国的"盗窃"行为。

特朗普当选总统之后，"盗窃者"故事愈加充斥着美国精英话语。例如，2018年3月，美国贸易代表办公室发布罔顾事实的对华"301调查"报告，称"10多年来，中国政府一直实施和支持网络入侵美国商业网络，将美国公司拥有的保密商业信息作为目标。通过这些网络入侵，中国政府在未经授权下获得了大量具有商业价值的商业信息，包括商业秘密、技术数据、谈判立场和敏感且具有专利性质的内部信息"。[①]

第二，"操纵者"隐喻框架。在这一威胁故事中，一方面，中国通过"操纵"汇率、货币政策、国家补贴等所谓不公平手段鼓励出口、限制进口，"摧毁"美国竞争企业，造成美中巨额贸易赤字和美国工人失业；另一方面，中国通过产业政策、市场准入、强制技术转让、政府补贴等方式造成美国企业在中国市场面临不公平竞争，背后指向中国政府为达到不公平竞争目的而进行所谓的"操纵"。

在"操纵"故事建构中，最常见的就是"操纵货币"这一常识建构。笔者以"操纵者"（manipulator）为检索词，选择前后5个单词跨距检索"中国正文语料库"，"货币"（currency）和"中国"分别排在第1位和第4位。以同样方式，笔者检索了美国当代英语语料库，得到了类似的结果，"货币"和"中国"分别排在第2位和第4位。这些结果表明，"中国操纵货币汇率"话语已经成为一种美国社会的霸权话语，

---

① Office of the U.S. Trade Representative, "Findings of the Investigation into China's Acts, Policies, and Practices Related to Technology Transfer, Intellectual Property, and Innovation Under Section 301 of the Trade Act of 1974," March 22, 2018, p.153, accessed August 10, 2019, https://ustr.gov/sites/default/files/Section%20301%20FINAL.PDF.

实现着"真理"统治。[1]

显然，美国的"中国威胁论者"建构的"受害者"叙事模板是话语"编排"的结果，完全可以有着另一番认知图景。实际上，中国始终是"国际秩序的维护者、建设者和贡献者"。[2]而美国自2008年以来，通过量化宽松等政策滥发货币，掠夺世界经济财富，又高举贸易单边主义、保护主义，推行"美国优先"政策，是对国际秩序典型的破坏者和窃取者。再者，美国的经济问题是其自身经济发展方式造成的，只需要用一般的经济学常识就可以理解。比如，美国巨额贸易赤字是其内部经济失衡造成的，即过度消费而储蓄不足。美国对国内产业的巨额补贴更是对国际经济贸易格局的扭曲，如美国推行的《通胀削减法案》引起包括其盟友欧盟在内的世界主要经济体的反对。更夸张的是，美国为了打压中国高科技的发展连遮羞布都不要了，直接采取"虚构"方式建构叙事。其根本原因正如特朗普所言，5G网络事关美国在21世纪的繁荣与国家安全，美国"不能允许任何其他国家在这一重要的未来行业超过美国"，"5G竞赛是一场美国必须赢的竞赛"。[3]

二、"政治威胁"隐喻与叙事

"中国威胁论者"认为，中国对美国构成越来越严重的"政治威胁"。这类叙事一般都带有很强的冷战话语性质和意识形态色彩，在美国新保守主义者和军工安全圈常见，并且在美国对华政策辩论中呈上升趋势。其话语建构的主要叙事模板有三类："存在性威胁""中国模式"和"全社会性威胁"。

---

[1] 在"中国正文语料库"中，前四个搭配词分别是currency、a、designate和China；在美国当代英语语料库中，前四个搭配词分别是master、currency、arm和China。访问日期：2016年2月16日。

[2]《王毅：中国是国际秩序的维护者、建设者和贡献者》，中华人民共和国中央人民政府网站，2015年6月29日，http://www.gov.cn/guowuyuan/vom/2015-06/29/content_2886246.htm，访问日期：2019年9月10日。

[3] Donald Trump, "Remarks by President Trump on United States 5G Deployment," April 12, 2019, accessed October 1, 2020, https://www.whitehouse.gov/briefings-statements/remarks-president-trump-united-states-5g-deployment/.

第一，"存在性威胁"。在美国看来，中美两国意识形态不同，政治制度也不相同，因此中国这样的"他者"存在本身就构成了与美国资本主义民主身份对立的"存在性威胁"。2019年7月17日，为了反对美国国内百余名人士呼吁不要将中国看作敌人的公开信，100多名美国"鹰派"人士也向特朗普致公开信，强调中美意识形态和政治身份的对立，鼓吹冷战话语，希望特朗普继续坚持与中国对抗的政策。[①] 这成为这类叙事的典型代表。

第二，"中国模式"。中国模式被认为挑战和削弱了以美国为代表的西方民主模式在全球秩序中的地位。美国认为，中国经济发展模式的巨大成功对以美国为代表的自由市场经济模式构成了挑战。2019年美国发布的《美国情报界全球威胁评估报告》更是明确指出，中国主张的模式将会作为美国模式的一种替代，"加剧大国权力竞争"，而中国倡导的"一带一路"将会扩展其在全球经济、政治和军事的存在来削弱美国的影响力。[②]

第三，"全社会性威胁"。在美国看来，中国正在利用在美国的"代理人"对美国进行渗透，从美国内部"威胁"美国政治经济安全。2018年2月，美国联邦调查局局长克里斯托弗·雷在国会参议院情报委员会听证会上抛出中国是"全社会性威胁"，指责中国为了取代美国全球主导地位不断向美国学术领域渗透，利用在美学生、学者、教授、科学家等收集情报，盗取知识产权，因此应该"不只将中国视为全政府性威胁，而是一个全社会性威胁"。[③] 2018年10月，美国副总统在美国对华政策演讲中又大肆渲染这一叙事，称中国正在利用学生、学者、大学、智库、企业、记者和政府官员等"代理人"试图从美国

① James Fanell et al., "Stay the Course on China: An Open Letter to President Trump," The Washington Free Beacon, July 17, 2019, accessed August 10, 2019, https://freebeacon.com/national-security/open-letter-to-president-trump-urges-him-to-stay-the-course-on-china/.

② Daniel Coats, "Worldwide Threat Assessment of the US Intelligence Community," January 29, 2019, accessed August 10, 2019, https://www.dni.gov/files/ODNI/documents/2019-ATA-SFR---SSCI.pdf.

③ Michal Kranz, "The Director of the FBI Says the Whole of Chinese Society Is a Threat to the US — And that Americans Must Step Up to Defend Themselves," Business Insider, February 13, 2018, accessed August 10, 2016, https://www.businessinsider.com/china-threat-to-america-fbi-director-warns-2018-2.

内部影响美国公众意见、操纵美国选举、利用美国国内分歧分化美国，从而推进自己的影响力和利益。[①] 2018年11月，美国胡佛研究所发布报告，专门详细分析了中国如何通过游说公司、民间团体等方式寻找和培养美国政治新星，通过中国留美学生、学者、孔子学院、媒体、大学、企业等影响美国对华认知与政策。[②]

可见，"中国威胁论者"建构的上述"存在性威胁""中国模式"和"全社会性威胁"叙事模板带有典型的冷战思维和意识形态偏见，扭曲了美国人民对于中国的认知。中国坚持各国都有权自主选择自己的发展道路，反对把自己的模式强加于人，一直践行的是"全过程人民民主"，是对真正民主精神的守护。反而是美国的"中国威胁论者"，以己之心，度人之腹，认为他国都会和自己一样对外输出意识形态、价值观和发展模式，搞和平演变，才会建构上述叙事模板。

三、"军事威胁"隐喻与叙事

中国经济的崛起还被阐释为将最终导致中国军力的上升、打破地区平衡，进而"威胁"美国安全。[③] 自2000年开始，美国国防部依据《国防授权法案》的要求每年发布所谓的"中国军力报告"，密切关注中国军事现代化和军事战略动向。这些报告多提出对华保持警觉，渲染焦虑和威胁，通过"分类、及物性、情态和转换"等语言手段建构"中国威胁"。[④] 近几年，美国认为中国对美国构成了越来越大的军事威

---

① Mike Pence, "Vice President Mike Pence's Remarks on the Administration's Policy toward China," Hudson Institute, October 4, 2018, accessed August 10, 2019, https://www.hudson.org/events/1610-vice-president-mike-pence-s-remarks-on-the-administration-s-policy-towards-china102018.

② Larry Diamond and Orville Schell, *China's Influence & American Interests: Promoting Constructive Vigilance* (Stanford: Hoover Institution Press, 2019), https://www.hoover.org/sites/default/files/research/docs/chineseinfluence_americaninterests_fullreport_web.pdf.

③ 这是"中国威胁"话语的基本叙事模板之一，可参见：Ian Storey and Herbert Yee, *The China Threat: Perceptions, Myths and Reality* (New York: Routledge Curzon, 2002), pp.3-4; 塞缪尔·亨廷顿：《文明的冲突与世界秩序的重建》，周琪等译，新华出版社，2010，第205—206页。

④ 孙频捷：《美国对华安全认知及其驱动力——以〈年度中国军力报告〉为分析样本》，《中共浙江省委党校学报》2011年第5期，第76—83页；余龙、田文杰：《〈中国军力报告〉的批判性话语分析》，《前沿》2013年第16期，第22—24页。

胁，但是这种军事威胁主要是地区性的。2019年，美国印太司令部司令菲利普·戴维森（Philip Davidson）在参议院作证时声称，中国军队是"第一岛链内美国利益、美国公民和盟友最主要的威胁"。[①]

"中国威胁论者"建构"中国军事威胁"的叙事逻辑并不是中国军力真正开始超越或者直接挑战美国军力，而是只要有可能对美国绝对优势产生不利就构成威胁，其常见的叙事模板有以下几类。一是军事实力和军费不断提升。早在20世纪末，"中国威胁论者"就鼓吹中国在过去20年里军费开支每年保持两位数的增长，并臆测中国实际军事支出至少是预算的几倍。[②] 在他们看来，军费的增加导致中国军队的投射能力显著增强，美国担心伴随着中国经济和军事实力的增强，亚洲国家会不可避免地调整外交政策转向中国，造成美国在该地区的影响力下降。[③] 二是中国军事技术（包括网络作战）的发展和新式武器装备的列装。近些年，为了维护中国国家安全和利益的需要，中国在军事技术方面取得了长足发展，一批批新式武器装备的列装也就成了美国关于"中国军事威胁"话语建构的重要素材。以美国国防部2022年发布的"中国军力报告"为例，该报告大力渲染中国扩张核武器规模和提高核武器性能，炒作中国新型航母和驱逐舰的列装与规模以及中国在网络战、电子战和反太空等能力上的进步。[④] 三是"中国军事不透明"与"扩张主义"。美国的"中国军事威胁论"话语一直充斥着"中国军事透明度低"等论调。美国对中国政府发布的国防白皮书置若罔闻，因为在美国的霸权叙事逻辑中，只要中国军事对其不是完全公开的就是不透明的。此外，美国将中国军队为维护国家主权和领土完整，

---

① David Axe, "U.S. Pacific Command Boss: The Chinese Military Is the 'Principle Threat'," The National Interest, February 14, 2019, accessed August 10, 2019, https://nationalinterest.org/blog/buzz/us-pacific-command-boss-chinese-military-principal-threat-44497.

② Richard Bernstein and Ross Munro, "The Coming Conflict with America," p.24; "The Dragon's New Teeth," The Economist 403, Issue 8779 (2012): 27-32.

③ 王缉思、李侃如：《中美战略互疑：解析与应对》，社会科学文献出版社，2013。

④ U.S. Department of Defense, "Military and Security Developments Involving the People's Republic of China," November 29, 2022, accessed December 10, 2022, https://media.defense.gov/2022/Nov/29/2003122279/-1/-1/1/2022-MILITARY-AND-SECURITY-DEVELOPMENTS-INVOLVING-THE-PEOPLES-REPUBLIC-OF-CHINA.PDF.

特别是在维护南海的领土主权和海洋权益时采取的必要措施，以及在海外建设基地阐释为"扩张主义"的例证。① 中国军队基于网络信息体系的联合作战能力亦是美国近几年越来越关注的焦点。

四、"非传统安全威胁"隐喻与叙事

"中国威胁论"不仅涉及经济、政治、军事等传统领域，而且还涉及很多非传统领域。最为典型和突出的叙事就是所谓的"中国网络威胁"。例如，2015年，美国媒体报道，中国通过计算机侵入美国政府网络，盗取了400万美国联邦雇员的个人信息。② 从趋势上看，这种"网络威胁"话语还在不断上升，并与"盗窃者"等"经济威胁"叙事和"军事威胁"叙事交叉在一起，成为威胁话语中的一大热点。然而，不可否认的事实是，美国作为互联网的发源地，利用自己在互联网领域的绝对优势一直在全球范围内对各国实施网络监控和盗窃，谋取政治、经济和商业等利益，美国才是全球网络安全的最大威胁。③

"非传统安全威胁"叙事还突出表现在公共卫生和生态环境两个领域。首先，"公共卫生威胁"。艾滋病、非典和新冠是美国炒作"中国威胁"的常见叙事。美国政客利用新冠疫情对中国进行污名化，将美

① Simon Denyer, "Chinese Military Sets Course to Expand Global Reach as 'National Interests' Grow," The Washington Post, May 26, 2015, accessed January 12, 2016, https://www.washingtonpost.com/world/asia_pacific/chinese-military-sets-course-to-expand-global-reach-as-national-interests-grow/2015/05/26/395fff14-3fb1-4056-aed0-264ffcbbcdb4_story.html; Helene Cooper and Jane Perlez, "White House Moves to Reassure Allies with South China Sea Patrol, But Quietly," The New York Times, October 27, 2015, accessed January 12, 2016, http://www.nytimes.com/2015/10/28/world/asia/south-china-sea-uss-lassen-spratly-islands.html?_r=0.

② Ellen Nakashima, "Chinese Breach Data of 4 Million Federal Workers," The Washington Post, June 4, 2015, accessed January 12, 2016, https://www.washingtonpost.com/world/national-security/chinese-hackers-breach-federal-governments-personnel-office/2015/06/04/889c0e52-0af7-11e5-95fd-d580f1c5d44e_story.html.

③ 《汪文斌：事实一再证明美国是全球网络安全的最大威胁》，人民网，2022年9月28日，http://world.people.com.cn/n1/2022/0928/c1002-32536281.html，访问日期：2022年10月10日。

国疫情的问题推卸给中国。[①] 实际情况是，中国在处理新冠疫情时一直以人民为中心，负责任地向国际组织通报了实际情况。

其次，"生态环境威胁"。这一叙事主要是将全球生态灾难、全球气候变化加剧和环境污染归因于中国的经济发展。"中国威胁论者"认为，中国的经济发展消耗了大量化石燃料，中国的二氧化碳排放量大幅超过美国，中国成为世界上第一大温室气体排放者，到2030年还会再增长17%—30%。[②] 不仅是温室效应，他们还认为，中国的空气污染物将飘移到其他国家造成健康威胁。例如，2014年，《纽约时报》报道称，来自中国的空气污染物导致美国西海岸的空气污染，大风带来的污染物致使空气质量飙升到危险水平。[③] "生态环境威胁"还包括所谓中国的巨大需求加剧了其他国家木材非法砍伐问题，使本已脆弱的生态雪上加霜。[④] 对于这些所谓的"生态环境威胁"，"中国威胁论者"显然是故意截取和忽略了一些基本事实。例如，美国不仅是历史上累计碳排放量最多的国家，而且在人均排放量方面更是远远高于中国。更为重要的是，中国一直在努力发展清洁能源，并推动国际合作来减

---

① Katie Rogers, Lara Jakes and Ana Swanson, "Trump Defends Using 'Chinese Virus' Label, Ignoring Growing Criticism," The New York Times, March 18, 2020, accessed October 10, 2022, https://www.nytimes.com/2020/03/18/us/politics/china-virus.html; David Sanger, "Pompeo Ties Coronavirus to China Lab, Despite Spy Agencies' Uncertainty," The New York Times, May 3, 2020, accessed October 10, 2022, https://www.nytimes.com/2020/05/03/us/politics/coronavirus-pompeo-wuhan-china-lab.html; Josh Hawley, "Senator Hawley Announces Bill to Hold Chinese Communist Party Responsible for COVID-19 Pandemic," April 14, 2020, accessed October 10, 2022, https://www.hawley.senate.gov/senator-hawley-announces-bill-hold-chinese-communist-party-responsible-covid-19-pandemic.

② Alister Doyle, "China Poised to Top U.S. as Biggest Cause of Modern Global Warming," The Huffington Post, April 13, 2015, accessed January 12, 2016, http://www.huffingtonpost.com/2015/04/13/china-global-warming_n_7053496.html; Steven Mufson, "China's Pledge to Cut Greenhouse Gases Eliminates Excuse for Other Nations," The Washington Post, November 12, 2014, accessed January 12, 2016, https://www.washingtonpost.com/business/economy/chinas-pledge-to-cut-greenhouse-gases-eliminates-excuse-for-other-nations/2014/11/12/5a22b0de-6a8f-11e4-a31c-77759fc1eacc_story.html.

③ Edward Wong, "China Exports Pollution to U.S., Study Finds," The New York Times, January 20, 2014, accessed January 12, 2016, http://www.nytimes.com/2014/01/21/world/asia/china-also-exports-pollution-to-western-us-study-finds.html.

④ Andrew Jacobs, "China Said to Fuel Illegal Trade in Timber," The New York Times, November 29, 2012, accessed January 12, 2016, http://www.nytimes.com/2012/11/30/world/asia/china-fuels-illegal-trade-in-timber-report-finds.html.

少碳排放，而美国却因为一己之私阻碍全球气候谈判，退出《京都议定书》和《巴黎协定》等气候协定。

五、"文化他者"隐喻与叙事

"黄祸论"和"文明冲突论"是建构中国"文化他者"威胁的两个主要叙事模板，两者本质上都是种族主义。第一，"黄祸论"。"黄祸论"是19世纪后期在欧洲出现并开始流行的，德意志帝国皇帝威廉二世（Kaiser Wilhelm II）是主要推手。[1] "黄祸论"在美国的流行与中美两国人民第一次真正接触的背景有关。19世纪中期，美国开始修筑铁路，大量华工进入美国，但当铁路修完时大量工人失业，而从欧洲传来的"黄祸论"开始流行，华工就成为美国"黄祸论"首当其冲的目标。中国人不光遭受各种歧视和凌辱，还被看成是盗贼和敌人。[2] 在这些话语中，中国人被刻画成拒绝同化、行为古怪，甚至杀人越货的形象，因而对美国社会、经济和政治带来所谓的"重大挑战"，并最终导致了1882年《排华法案》的出台。这种刻板印象又通过小说《傅满楚》等在美国文化记忆中沉淀下来。第二，"文明冲突论"。1993年，亨廷顿在《外交事务》杂志抛出"文明冲突论"，引起了人们的广泛关注和讨论，造成的影响超过了他"自20世纪40年代以来发表的任何一篇文章"。[3] "文明冲突论"认为：西方文明、儒家文明等八大文明实体将主导国际政治；这些文明不是平等的，"西方是最好的"，其他的则是"可怕的文明"；这些文明之间的断层线将成为未来冲突的前线，其中最令西方担心的是以中国为代表的儒家文明与伊斯兰文明联合起来构成对

---

[1] Wing-Fai Leung, "Perceptions of the East-Yellow Peril: An Archive of Anti-Asian Fear," The Irish Times, August 16, 2014, accessed January 1, 2015, http://www.irishtimes.com/culture/books/perceptions-of-the-east-yellow-peril-an-archive-of-anti-asian-fear-1.1895696.

[2] Pun Chi, "'We Chinese Are Viewed Like Thieves and Enemies': Pun Chi Appeals to Congress to Protect the Rights of Chinese, ca. 1860," accessed January 1, 2015, http://historymatters.gmu.edu/d/6618/.

[3] 塞缪尔·亨廷顿：《文明的冲突与世界秩序的重建》，"前言"第1页。

西方利益和价值的挑战。[①] "文明冲突论"是现代版的种族主义，是一种文化种族主义，借助文化而非外貌体征将其他文化群体妖魔化。值得警惕的是，这种"文明冲突"叙事甚至被一些美国政策制定者计划用来建构美国对华战略的叙事模板。例如，2019年4月，美国国务院政策规划办公室主任克伦·斯金纳（Kiron Skinner）透露，美国正在制定的对华战略是基于"一场完全不同文明的较量"。[②]

此外，"中国威胁论"在建构中国认知时还经常使用"龙"这一文化意象。"龙"本身是中国的图腾符号，但是英文语境的"龙"（dragon）和中文所指的"龙"大相径庭，是"恶"的代表。所以，"中国威胁论"话语常常使用西方的"龙"及其图像指代中国，这样就会自动启动"邪恶"意象。例如，当读到《数字龙：中国的高科技企业》（*Digital Dragon: High-Technology Enterprises in China*）或《特洛伊之龙：中国的网络威胁》（*Trojan Dragon: China's Cyber Threat*）时，所谓的"邪恶、危险形象"就会投射到中国。[③]

第三节 "更强硬"叙事与"修昔底德陷阱"隐喻

上一节主要从隐喻与叙事路径解构了美国制造"中国威胁论"的基本话语，即分析这些"中国威胁"话语建构背后的隐喻与叙事认知框架及其对中国"他者"身份的框定，从整体和一般意义上展示话语在"中国威胁"建构中的角色。本节将以"中国威胁论"形成过程中出现的"更强硬"叙事和"修昔底德陷阱"隐喻为例，具体展现叙事

---

① Samuel Huntington, "The Clash of Civilizations?" *Foreign Affairs* 72, no. 3 (1993): 22-49; Gerard Piel, "The West Is Best," *Foreign Affairs* 72, no. 4 (1993): 25-26.

② Joel Gehrke, "State Department Preparing for Clash of Civilization with China," The Washington Examiner, April 30, 2019, accessed October 10, 2022, https://www.washingtonexaminer.com/policy/defense-national-security/state-department-preparing-for-clash-of-civilizations-with-china.

③ Adam Segal, *Digital Dragon: High-Technology Enterprises in China* (Ithaca: Cornell University Press, 2002) ; John J. Tkacik, "Trojan Dragon: China's Cyber Threat," February 8, 2008, accessed January 9, 2016, http://www.heritage.org/research/reports/2008/02/trojan-dragon-chinas-cyber-threat.

与隐喻如何赋予"事实"意义，从而建构"威胁"身份，以及叙事与隐喻在建构对外政策中的作用。

一、"更强硬"叙事

（一）"更强硬"叙事建构

从2009年开始，美国媒体、政策精英圈出现了大量关于中国变得"更强硬"（more assertive或increasingly assertive）的叙事：中国由过去"低调、不担责和搭便车"的国家变成愈加主动挑战美国利益和秩序，甚至要取代美国地位的国家。[1] 美国《大西洋月刊》根据LexisNexis数据库检索了美国出版物中"中国"和"强硬"（assertive或assertiveness）在前后3个词跨距的共现频率。[2] 如图5–2所示，从2009年开始，美国讨论中国"强硬"的出版物数量出现爆发式增长。不过，在正式讨论这一叙事之前，需要澄清一下"强硬"（assertive）的含义。在英文国际关系类文献中，"强硬"一词并没有确切和统一的标准含义。它可以是正面的，指国家积极地以正面和合作的方式处理问题；也可以是负面的，指国家积极地以威胁、咄咄逼人的方式解决问题。显然，美国2009年之后迅速出现的"更强硬"叙事是贬义的，因此本书将其译为"强硬"。[3]

---

① Björn Jerdén, "The Assertive China Narrative: Why It Is Wrong and How So Many Still Bought into It," pp.47-88; Michael Swaine, "Perceptions of an Assertive China," China Leadership Monitor no. 32 (2010): 1-3, accessed February 21, 2016, http://carnegieendowment.org/files/CLM32MS1.pdf; Alastair Iain Johnston, "How New and Assertive Is China's New Assertiveness?" *International Security* 37, no. 4 (2013): 7.

② Kathy Gilsinan, "Is China Really that Assertive?" The Atlantic Monthly, October 2, 2015, accessed January 10, 2017, https://www.theatlantic.com/notes/2015/10/chinas-increasing-assertiveness/408661/.

③ 国内关于assertive的翻译有几种：自信、盛气凌人、强势和强硬。美国国际关系重要杂志《国际安全》对该词含义有相关讨论。其中，陈定定、蒲晓宇等将assertive分为进攻性、防御性和建设性三类。这虽然对论证美国的中国政策是否合理有一定价值，但是就其在美国公众话语中的含义来说，其负面含义是明确的。可参见：Dingding Chen, Xiaoyu Pu and Alastair Iain Johnston, "Debating China's Assertiveness," *International Security* 38, no. 3 (2013): 176-183; Björn Jerdén, "The Assertive China Narrative: Why It Is Wrong and How So Many Still Bought into It," p.48。

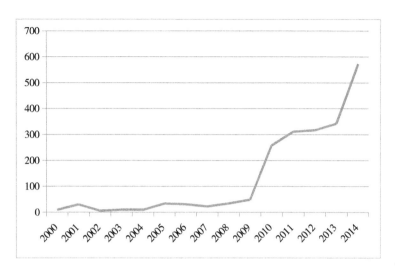

图5-2　"更强硬"叙事的出版物数量变化

图片来源:《大西洋月刊》。

　　这种"更强硬"叙事几乎涉及中美关系的方方面面。第一，经济方面，特别是金融方面。例如，2009年，中国人民银行行长周小川撰文阐述单一国际货币体系存在的问题，并呼吁创造性地改革和完善现行国际货币体系，却被阐释为中国以"越来越强硬的方式"作出对金融危机的反应。① 此外，中国国有企业对私营企业的收购也被建构为正朝着与市场改革相反的方向发展，所谓"西方企业被要求转让敏感技术和专利"等以前出现过的指责又都浮出水面，用作这一叙事的证据，甚至所谓"人民币被低估"这个老生常谈的话题也被纳入这个故事。② 第二，政治方面。经常被引用的例子包括：2009年底和2010年初，中

---

　　①　Andrew Batson et al., "China Takes Aim at Dollar," The Wall Street Journal, March 24, 2009, A1 edition; Gordon Chang, "China's Assault on the Dollar," Forbes, March 26, 2009, accessed December 16, 2015, http://www.forbes.com/2009/03/26/zhou-xiaochuan-geithner-renminbi-currency-opinions-columnists-dollar.html.

　　②　John Pomfret, "Newly Powerful China Defies Western Nations with Remarks, Policies," The Washington Post, March 15, 2010, accessed January 10, 2016, http://www.washingtonpost.com/wp-dyn/content/article/2010/03/14/AR2010031400368.html; Katrin Bennhold, "As China Rises, Conflict with West Rises Too," The New York Times, January 26, 2010, accessed January 10, 2016, http://www.nytimes.com/2010/01/27/business/global/27yuan.html.

方对美方批准的两起对台军售予以强烈谴责，并对美国相关公司进行制裁。2010年，奥巴马总统会见达赖，中方提出严正交涉。此外，还包括一些所谓的"人权问题"。[1] 第三，核心利益方面。2009年，美国"无暇"号监测船与中国渔船对峙。[2] 2010年4月，《纽约时报》报道，中美高官会晤时中方告知美方，南海与台湾、西藏等一样是中国的核心利益。[3] 这一报道迅速发酵，直到2011年底有超过36%的美国媒体在报道核心利益故事时都援引了该报道，而美国这种叙事的累积作用直接将"中国改变南海政策"这一荒唐看法建构成了一种"常识"。[4] 中国的强硬变化还表现为2010年9月中国渔船及船员在钓鱼岛附近海域被日本非法拘捕时，所谓"中国政府默许全国反日游行，并欲停止稀土供应"等。[5] 此外，中方对维护南海的领土主权和海洋权益的坚决态度也是这一叙事的重要部分。第四，与国际社会合作方面。2009年12月哥本哈根气候大会期间，所谓中国代表团"表现傲慢"，拒绝参加美国等若干国家首脑参加的重要会议，并派出低级别官员与奥巴马总统会谈等。[6]

这种"更强硬"叙事与之前的"中国威胁"叙事不是割裂的，而

[1] John Pomfret, "Newly Powerful China Defies Western Nations with Remarks, Policies"; Geoff Dyer, "China Flexes Its Diplomatic Muscles," The Financial Times, January 31, 2010, accessed January 10, 2016, http://www.ft.com/intl/cms/s/0/dd773774-0e8d-11df-bd79-00144feabdc0.html; Reuters, "Obama Meets Dalai Lama, Angering China," February 18, 2010, accessed January 10, 2016, http://www.reuters.com/article/us-china-usa-idUSN1116932520100218.

[2] Mark Valencia, "The Impeccable Incident: Truth and Consequences," China Security 5, no. 2 (2009): 26-32.

[3] Edward Wong, "Chinese Military Seeks to Extend Its Naval Power," The New York Times, April 23, 2010, accessed January 10, 2016, http://www.nytimes.com/2010/04/24/world/asia/24navy.html.

[4] Alastair Iain Johnston, "How New and Assertive Is China's New Assertiveness?" pp.17-18.

[5] The Christian Science Monitor's Editorial Board, "Is Obama Ready for a Stare-Down with China?" October 1, 2010, accessed January 10, 2016, https://www.csmonitor.com/layout/set/amphtml/Commentary/the-monitors-view/2010/1001/Is-Obama-ready-for-a-stare-down-with-China; Calum MacLeod, "China's Aggressive Posture Stuns Japan, Experts," USA Today, September 28, 2010, accessed January 10, 2016, http://usatoday30.usatoday.com/news/world/2010-09-28-japanchina28_ST_N.htm.

[6] Katrin Bennhold, "As China Rises, Conflict with West Rises Too," The New York Times, January 26, 2010, accessed February 22, 2016, http://www.nytimes.com/2010/01/27/business/global/27yuan.html; Joseph Nye, "China's Bad Bet Against America," March 11, 2011, accessed February 22, 2016, http://belfercenter.hks.harvard.edu/.

是之前"中国威胁"话语的延续，但是它将"中国威胁"故事又向前推进了一步。在2009年之前，"中国威胁论"中的中国在经济上还主要是一个所谓的幕后"操纵者"和"盗窃者"，在政治文化上也只是市场转型中的所谓的"威权主义国家"，在军事上还只是一个"潜在威胁"。最重要的是，中国还被认为比较低调，并寻求与美国等西方国家合作。虽然之前"中国威胁"话语初步确定了两个主要人物——崛起国和守成国，但是"更强硬"叙事刻画的中国"他者"形象却变得越来越具有挑衅性——不仅"欺凌"（bully）美国盟友，还"挑战"美国的霸主地位。中国被建构成正利用美国金融危机不断扩充自身实力和影响力，越来越对美国采取不合作甚至对抗的方式，双方正在重演历史上"崛起国挑战守成国"的故事。

这些"更强硬"叙事听起来似乎十分符合权力转移理论的预期，而且都有"事实"支撑。但是，中国真如这个故事建构的那样变得更强硬了吗？答案是否定的。一些证明所谓"更强硬"叙事的事件虽然是存在的，但问题不是事件是否存在，而是这些事件的意义。例如，2009年"无暇"号事件发生后不久，在美国国会举行的听证会上，美国国务院负责东亚和太平洋事务的助理国务卿帮办斯科特·马西尔（Scot Marciel）及美国国防部负责南亚和东南亚事务的助理国务卿帮办罗伯特·谢尔（Robert Scher）都明确向国会议员指出，与美国"航行自由"相关的"无暇"号事件和南海的领土争议是两件事，需要加以区分。对于"航行自由"和船只安全问题，美国继续通过各种渠道对话，"相信会有建设性的方式解决这些难题"，对于南海争端的担忧将"真诚地提出来"，并注意到中国在解决南海争端时"已经采取更加缓和的态度（conciliatory approach）"。[①] 换句话说，当时美国政府认为这些事件都是孤立的，而且中国在南海问题上似乎还变得更温和。同时，江忆恩、比约恩·杰登（Björn Jerdén）等人对于所谓的"更强硬"叙事进行了系统研究，结果表明，那种认为中国在2009—2010年开始变

[①] Maritime Disputes and Sovereignty Issues in East Asia, Testimony by Scot Marciel, Deputy Assistant Secretary of Defense for South and Southeast Asia, Department of State, Hearing before Senate Committee on Foreign Relations, July 15, 2009 (Washington, D.C.: U.S. Government Printing Office, 2009), pp.3-10.

得更强硬的说法基本站不住脚。[①] 但是，2009—2012年，没有一位国际知名学者公开反对这种叙事。[②] 实际上，无论中国是否真的变得"更强硬"已经不重要了，因为到2010年后谈论"中国强硬"时，这已经变成无须证明的"常识"（conventional wisdom）。[③] 这恰恰展现了叙事如何建构"常识"。

"更强硬"叙事框定了人们的认知框架，排除了以其他叙事框架理解的可能性，对美国对华认知和中国"威胁"身份的形成产生了深远影响。[④] 第一，"中国威胁"程度被提高了，因为它比之前"更强硬"了。第二，中国被认为改变了之前的外交政策，"整个社会"变得"越来越反对西方"，因此那种希望"将中国纳入美国领导的世界秩序的想法从最开始就是一种妄想"，"与中国的商业往来不会打开其政治系统"。[⑤] 第三，中国被认为要取代美国在亚洲的权势，中美在东亚的竞争被看作一种零和游戏。同时，中国被认为趁着美国深陷金融危机，通过各种手段推行"北京共识"。[⑥] 第四，将中国塑造成在核心利益方面"欺负"日本、菲律宾等亚洲盟友。[⑦] 通过"更强硬"叙事的刻画，美国政商学三界精英对中国产生所谓"根本性误判"，美国对外政策需

---

① Alastair Iain Johnston, "How New and Assertive Is China's New Assertiveness?" pp.7-48; Björn Jerdén, "The Assertive China Narrative: Why It Is Wrong and How So Many Still Bought into It," pp.47-88.

② Björn Jerdén, "The Assertive China Narrative: Why It Is Wrong and How So Many Still Bought into It," p.77.

③ Ibid., pp.47-79.

④ Alastair Iain Johnston, "How New and Assertive Is China's New Assertiveness?" p.46.

⑤ James Mann, "Behold China," New Republic, March 17, 2010, accessed February 22, 2016, https://newrepublic.com/article/73808/behold-china; John Pomfret, "Newly Powerful China Defies Western Nations with Remarks, Policies".

⑥ Robert Kagan and Dan Blumenthal, "China's Zero-Sum Game," The Washington Post, November 10, 2009, accessed January 22, 2016, http://www.washingtonpost.com/wp-dyn/content/article/2009/11/09/AR2009110902793.html; Ariana Eunjung Cha, "China Uses Global Crisis to Assert Its Influence," The Washington Post, April 23, 2009, accessed January 22, 2016, http://www.washingtonpost.com/wp-dyn/content/article/2009/04/22/AR2009042203823.html.

⑦ Louisa Lim, "China's Assertive Behavior Makes Neighbors Wary," National Public Radio, November 2, 2012, accessed February 23, 2016, http://www.npr.org/2012/11/02/163659224/chinas-assertive-behavior-makes-neighbors-wary; The Christian Science Monitor's Editorial Board, "Is Obama Ready for a Stare-Down with China?".

要作出调整。① 这种"更强硬"叙事构成了美国"亚太再平衡"战略出台的故事背景。

（二）"更强硬"叙事与"亚太再平衡"战略的出台

在本章第一节，笔者已经指出，长期以来美国在对华政策上存在"鸽派"和"鹰派"话语，美国主流话语中的中国基本上是一种复杂的"他者"形象，直到2009年希拉里担任国务卿时，这种主流认知也没有发生根本性改变。希拉里在回忆录中称，她在2009年初任国务卿时是这样看待中国的："中国崛起是我们这个时代最具战略影响的变动之一。"②

所以，当希拉里与幕僚商议美国亚太政策时出现了三种政策选择：第一种是扩大与中国的关系，第二种是将重点放在与美国盟友的关系上，第三种是提升地区多边机构作用。但是，美国最后决定采用"巧实力"来兼顾这三种政策，并在2009年1月的国会听证会上抛出这个概念。③ 也就是说，当时美国对中国基本上还是采取一种接触加防范的政策，中国还是一种复杂的"他者"身份。

但是，随着时间的推移，美国政府决策者建构的中国开始变得越来越具有挑衅性，反映出的认知模式正是前文所说的"更强硬"叙事。从希拉里的回忆录④ 可以看出，她在看待中国的问题上越来越按照"更强硬"叙事解读2009—2010年发生的事件。2010年5月，中美战略与经济对话成为这一叙事压倒当时美国亚太政策的最后一根稻草。希拉里回忆道，她在该会议上第一次听到中国将南海的领土争议称为"核心利益"，深感震惊，认为中国做得"过火了"（overplayed its hand），

---

① Robert J. Samuelson, "The Danger behind China's 'Me First' Worldview," *The Washington Post*, February 15, 2010, accessed January 22, 2016, http://www.washingtonpost.com/wp-dyn/content/article/2010/02/14/AR2010021402892.html; Andrew Small, "Dealing with a More Assertive China," *Forbes*, February 18, 2010, accessed January 22, 2016, http://www.forbes.com/2010/02/18/china-iran-google-foreign-policy-opinions-contributors-andrew-small.html.

② Hillary Clinton, *Hard Choices* (New York: Simon & Schuster, 2014), p.42.

③ Ibid., pp.44-45.

④ Ibid., pp.73-75.

而且对邻国变得"越来越咄咄逼人"。[1] 她开始寻找机会改变现行政策。2010年7月，在第17届东盟地区论坛外长会上，希拉里发表了一份美国关注南海问题的讲话，实质上改变了之前不持立场的态度。

不过，美国亚太政策真正的变化直到2011年秋才水落石出，代表性标志包括：2011年10月，希拉里在《外交政策》上发表的《美国的太平洋世纪》[2]；2011年11月，奥巴马总统在澳大利亚联邦议会上发表的演讲[3]；美国国家安全顾问汤姆·多尼隆（Tom Donilon）随后在《金融时报》撰文时对前者进行的解读[4]；2012年1月，美国国防部发布的《维持美国的全球领导地位：21世纪国防的优先任务》文件[5]。笔者发现，"亚太再平衡"战略话语与"更强硬"叙事具有高度的一致性，其明显是为了应对"越来越有影响力"的中国，特别是中国在南海的领土争议等议题上表现出来的"越来越强硬"。[6] 笔者将希拉里、奥巴马和汤姆·多尼隆关于"亚太再平衡"战略的上述三篇文章进行了词频统计，结果也印证了这一点，发现"中国"是紧随"亚太"和"美国"之后出现频率排在第三位的国家和地区词，可见该政策针对中国的分量。当仔细阅读这些阐述"亚太再平衡"战略的文献时，可以明显感受到这是中国"更强硬"叙事认知框架下的一个"中国威胁"故事脚本。

---

① Hillary Clinton, *Hard Choices* (New York: Simon & Schuster, 2014), p.76.

② Hillary Clinton, "America's Pacific Century," *Foreign Policy* 189 (2011): 56-63.

③ Barack Obama, "Remarks by President Obama to the Australian Parliament," November 17, 2011, accessed February 13, 2016, https://obamawhitehouse.archives.gov/the-press-office/2011/11/17/remarks-president-obama-australian-parliament.

④ Tom Donilon, "America Is Back in the Pacific and Will Uphold the Rules," The Financial Times, November 28, 2011, accessed March 18, 2024, https://www.ft.com/content/4f3febac-1761-11e1-b00e-00144feabdc0.

⑤ Department of Defense, "Sustaining U.S. Global Leadership: Priorities for 21st Century Defense," January 1, 2012, accessed March 18, 2024, https://apps.dtic.mil/sti/citations/ADA554328.

⑥ Mark Manyin et al., "Pivot to the Pacific? The Obama Administration's 'Rebalancing' toward Asia," Congressional Research Service, March 28, 2012, accessed February 13, 2016, https://sgp.fas.org/crs/natsec/R42448.pdf.

二、"修昔底德陷阱"隐喻

随着"更强硬"叙事和其他"中国威胁"话语交织不断发酵，越来越多的美国精英担心中美进入争霸故事模式。在此背景下，美国哈佛大学教授格雷厄姆·艾利森将这一思维框架进行包装，在2012年提出"修昔底德陷阱"隐喻。"修昔底德陷阱"源自古希腊历史学家修昔底德的著作《伯罗奔尼撒战争史》。英国国际关系理论家马丁·怀特认为，该书是国际关系领域"唯一得到认可的经典之作"。[①] 该书记录事件年代久远，但其结论——"使战争不可避免的真正原因是雅典势力的增长和因而引起的斯巴达的恐惧"却广为流传。[②] 这种崛起国和守成国之间爆发战争的必然性也就构成了"修昔底德陷阱"隐喻的基本含义。

"修昔底德陷阱"隐喻曾被用于冷战时的美苏关系，但是人们对"修昔底德陷阱"隐喻的真正关注始于艾利森于2012年8月在《金融时报》上发表的一篇文章。[③] 艾利森将中美关系比作雅典和斯巴达，旨在提醒两国接受历史教训，相互作出调整以包容对方，避免"修昔底德陷阱"。之后，在中国国家主席习近平2013年和2015年两次访美期间，艾利森又分别在《纽约时报》和《大西洋月刊》上发表文章，再度强调要用"修昔底德陷阱"隐喻认知框架看待中美关系，认为中美在接下来的几十年发生战争不仅是可能的，而且比现在更加可能。[④] "修昔

---

① 马丁·怀特:《为什么没有国际理论？》，载詹姆斯·德·代元主编《国际关系理论批判》，秦治来译，浙江人民出版社，2003，第35页。

② 修昔底德:《伯罗奔尼撒战争史》，谢德风译，商务印书馆，2009，第21页；唐纳德·卡根:《伯罗奔尼撒战争的爆发》，曾德华译，华东师范大学出版社，2014，第369页。

③ Graham Allison, "Thucydides' Trap Has Been Sprung in the Pacific," Financial Times, August 21, 2012, accessed February 13, 2016, http://www.ft.com/intl/cms/s/0/5d695b5a-ead3-11e1-984b-00144feab49a.html#axzz3nICF8uZ8.

④ Graham Allison, "Obama and Xi Must Think Broadly to Avoid a Classic Trap," The New York Times, June 6, 2013, accessed February 13, 2016, http://www.nytimes.com/2013/06/07/opinion/obama-and-xi-must-think-broadly-to-avoid-a-classic-trap.html?_r=0; Graham Allison, "The Thucydides Trap: Are the U.S. and China Headed for War?" The Atlantic Monthly, September 24, 2015, accessed February 13, 2016, http://www.theatlantic.com/international/archive/2015/09/united-states-china-war-thucydides-trap/406756/.

底德陷阱"隐喻被提出后引起广泛讨论，被频繁使用，成为讨论中美关系时经常提到的隐喻。下面，笔者将从隐喻的选择性意义建构、框定冲突议程和隐喻推理三个方面简要分析和展示该隐喻对威胁身份和对外政策的建构作用。

（一）选择性意义建构

以"修昔底德陷阱"隐喻认知框架理解中美关系，只能看到负面内容或者将所看到的事实进行负面阐释。按照隐喻映射建构意义的方式，雅典和斯巴达之间的"冲突""对抗""恐惧""不可避免"和"挑战秩序"等蕴涵会投射到中美关系上，构成中美关系的基本内涵，进而重构两国关系的现实。这种意义建构分为三类：一是掩盖事实，使中美积极友好合作的方面成为盲区。在这种"冲突"认知模式下，源域中只有冲突和利益争夺而没有合作，所以人们在潜意识里会忽略合作的方面，如中美两国在环保、急剧增加的人员往来、共同抗击传染病等方面的巨大成就。二是对两国之前本已存在的矛盾进行突出强化。比如，中美意识形态和政治制度的差异在20世纪80年代就一直存在，而且当时的差异要比现在大得多，但鲜有人强调这种差异。然而，在新的意义建构映射下，双方的这种差异就容易凸显出来。三是对两国间新发生的事件进行负面解读。比如，中国倡议成立亚投行，被美国认为这是中国"蓄意破坏"二战之后美国和日本主导成立的世界银行和亚洲开发银行，是中国将东南亚国家进一步拉入自己轨道的"政治工具"，因此不但美国自身不加入，而且说服日本也不加入，并对英国等国的加入表示愤怒，美国将其解读为"挑战现行金融体系"的行为。[①] 实际上，美国完全可以将亚投行理解为一种经济行为，是中国勇于担责为世界提供的"公共产品"，是对"现有国际金融体系，特别是

---

① Jane Perlez, "U.S. Opposing China's Answer to World Bank," *The New York Times*, October 10, 2014, A1 edition; Martin Fackler, "Japan, Sticking with U.S., Says It Won't Join China-Led Bank," *The New York Times*, April 1, 2015, A6 edition; Nicholas Watt, Paul Lewis and Tania Branigan, "US Anger at Britain Joining Chinese-Led Investment Bank AIIB," The Guardian, March 13, 2015, accessed September 12, 2016, http://www.theguardian.com/us-news/2015/mar/13/white-house-pointedly-asks-uk-to-use-its-voice-as-part-of-chinese-led-bank.

世界银行和亚洲开发银行的补充,而不是替代"。[①]

(二)框定冲突议程

"修昔底德陷阱"隐喻本身讲述的是崛起国雅典和守成国斯巴达之间为霸权而冲突的故事,因此按照这一隐喻认知框架,崛起国和守成国的人物设定自然会被分别投射到中美,双方关系的议程自然就会以争夺地区和世界领导权、零和游戏等冲突性认知框架主导。中美双方的任何举动都会被纳入此框架进行解读,美国的注意力会集中在中国是否改变现状、挑战美国霸权,而中国则会关注美国是否在围堵和遏制中国。这也就不难理解中美关系议程中安全议题分量的迅速上升。尽管美国官方曾表示不赞成用"修昔底德陷阱"隐喻来理解中美关系,但是正如美国国务卿克里在2014年举行的第六轮中美战略与经济对话中所指出的那样,中美两国都有很多专家认为美国正在遏制中国,以及美国在亚洲的很多行为都是针对中国的。[②]此外,中国政府也曾多次呼吁,中美两国要避免"修昔底德陷阱",这也从侧面说明美方存在这一认知框架。"修昔底德陷阱"隐喻对美国对华政策议程设置的破坏效应使两国之间的防备增多。正如中国学者王缉思在2016年所指出的,近三四年来,"中美战略互疑加深了"。[③]

(三)隐喻推理

"修昔底德陷阱"隐喻是历史类比隐喻,源域中的对外政策会通过隐喻推理套用到中美博弈,即守成国要保护盟友,采取有效措施遏制崛起国的挑战来维护自己的霸权秩序。这种隐喻式推理和所采取的相应对外政策行为很容易造成战略误判,从而产生更加激进的对外政策行为,这一点在南海问题上表现得尤为明显。从20世纪90年代到2009

---

① 陈丽丹:《朱光耀在美重申:亚投行是现有国际金融体系的补充》,人民网,2015年4月18日,http://world.people.com.cn/n/2015/0418/c1002-26866593.html,访问日期:2016年9月12日。

② John Kerry, "Remarks at the Sixth Round of the U.S.-China Strategic and Economic Dialogue," July 9, 2014, accessed May 6, 2016, http://www.state.gov/secretary/remarks/2014/07/228910.htm.

③ 王缉思:《大国战略——国际战略探究与思考》,FT中文网,2016年5月6日,http://www.ftchinese.com/story/001067422?page=2,访问日期:2016年9月12日。

年，美国在南海问题上基本持不选边站的立场，总体上将南海问题与美国"航行自由"问题分别看待。但是，2010年7月23日，希拉里在越南河内召开的东盟地区论坛外长会上开始怂恿、支持东盟个别国家挑起南海议题，并未与中方事先沟通就发表了一份南海声明。可见，美国眼里的中国似乎有了"修昔底德陷阱"剧情中崛起国"咄咄逼人"的雏形。在2012年8月艾利森发表关于"修昔底德陷阱"隐喻文章的一个月后，美国参议院又举行了关于南海的领土争议的听证会，美国参议院外交委员会东亚和太平洋事务分会主席吉姆·韦布（Jim Webb）在开场时几乎讲述了一个南海的"修昔底德陷阱"故事。他指出，自2009年以来，南海的领土争议和冲突风险不减反增，近年来中国在南海问题上"更愿意使用武力"。因此，"今天引起的担忧就如同20世纪30年代对日本和80年代我在国防部工作时对苏联的担忧那样来得那么迅速"。[①] 这种认知很快推演到美国政府采取的对外政策上来，如：2013年，美国宣布对菲律宾和东盟地区的两个安全援助计划，后者中有一半金额用于越南；美国不断派军舰和飞机到南海挑衅，从2009年的260余架次增加到2014年的1200余架次。[②] 这些行为的逻辑，可从美国国防部长哈格尔在2014年举行的香格里拉对话会上无端指责中国的发言中窥见一二："正如奥巴马总统本周早些时候所言，'美国必须在世界舞台上发挥领导作用'。……但最近几个月，中国采取了破坏稳定的单方面行动来主张其在南中国海的声索。……对于所有国家，选择已经非常明确，利益重大。这些利益并不只是岛礁主权归属或者其周围和地下的自然资源，还牵涉亚太基于规则秩序的可持续性。"[③]

对于美国来说，南海问题已经不仅是领土争议和"航行自由"的问题，而是地区秩序问题。美国太平洋司令部司令哈里斯在2015年9

---

① Senate Committee on Foreign Relations Hearing, Maritime Territorial Disputes and Sovereignty Issues in Asia, Opening Statement by Senator Jim Webb, September 20, 2012 (Washington, D.C.: U.S. Government Printing Office, 2012), pp.1-5.

② 邱越：《专家：美国频繁抵近侦察监视中国南海三大建设》，人民网，2015年7月3日，http://military.people.com.cn/n/2015/0703/c1011-27247801.html，访问日期：2016年9月12日。

③ Chuck Hagel, "Speech at IISS Shangri-La Dialogue," May 31, 2014, accessed September 12, 2016, http://archive.defense.gov/Speeches/Speech.aspx?SpeechID=1857.

月17日举行的美国参议院听证会上的讲话，更是印证了这些政策行动背后的"修昔底德陷阱"隐喻推理逻辑。他指出，"航行自由权"不仅事关全球经济，还攸关美国生活方式。因此，美国将与盟国进行常态化"航行自由行动"，通过保持强有力的存在来"传达美国决心的信号"。[①] 造成这种局面的原因之一是这一推理方式改变了对于中国的判断，并由此推导出相应的对外政策。"修昔底德陷阱"隐喻成了"自我实现的预言"。[②]

---

① "Hearing before the Senate Armed Service Committee on Maritime Security Strategy in the Asia-Pacific Region," September 17, 2015, accessed September 12, 2016, http://www.pacom.mil/Media/News/tabid/5693/Article/617677/statement-before-the-senate-armed-service-committee-on-maritime-security-strate.aspx.

② George Lakoff and Mark Johnson, *Metaphors We Live By,* p.156.

第六章

测量美国对苏、日、中的威胁建构

数千年来，语义韵在很大程度上一直隐藏在我们的感知之外，也无法通过直觉获取。如果不是出于某些特定需求，如使用更大语料库进行机器驱动的词典编纂，即使是计算研究和语料库语言学也可能永远不会将其揭开展现给世人……目前，语料库大到足以让我们提取出这些语义韵。[①]

——比尔·洛（Bill Louw）

从宏观角度看，语言可以通过叙述框定话语的主要内容和话语主体，使之产生关联而形成一个意义体系；从微观角度看，语言在词汇层次可以命名、定义，建构游戏规则。行为体可以选择不同的言语行为来塑造言语对象的观点。在使用过程中，对语言符号的重复非常重要。行为体建构意图越强，对相关语言使用的频率越高。[②]

——孙吉胜

[①] Bill Louw, "Irony in the Text or Insincerity in the Writer? The Diagnostic Potential of Semantic Prosodies," in Mona Baker et al., eds., *Text and Technology: In Honour of John Sinclair* (Philadelphia: John Benjamins Publishing Company, 1993), p.173.

[②] 孙吉胜：《国际关系中语言与意义的建构——伊拉克战争解析》，《世界经济与政治》2009年第5期，第45页。

第三、四、五章主要以定性的方式从隐喻和叙事路径两个方面分别分析了美国建构苏、日、中三大"对手"威胁话语的认知框架，以及认知框架在具体事件中的体现。这些认知框架就像看不见的地球引力一样将某些词语聚集在文本中，构成威胁话语网络。本章将在此基础上借助计算机话语分析软件，从威胁建构的词语路径对三大"威胁"建构进行量化话语分析。因此，本章分为三节：第一节介绍文本来源、收集方法以及分析的主要工具；第二节分别分析和比较美国对苏、日、中三大"对手"关注度的变化；第三节主要从搭配词角度分别分析美国精英话语建构苏、日、中威胁身份的维度和主要威胁特征词，并对三者的威胁身份维度、启动威胁形象的特征词进行比较。

第一节　文本来源、收集方法与分析工具

一、文本的来源与时间范围

（一）文本来源

莱娜·汉森将话语分析文本分为"关键文本"（key texts）和"一般性材料"（general material）。前者主要指在话语网络中起到关键节点作用的文本；后者主要指"为确定那些主导话语提供更充分数量依据"的一般文本，本章所选择分析的文本即属此类。汉森指出，一般性材料的选择标准有三：是否清晰表达身份和政策，是否被广泛阅读，是否具有正式权威来明确政治立场。[1] 一般来说，总统的演讲是最符合上述标准的，其他类型的文本基本上很难同时满足以上三个标准。不过，任何文本的选择都基于研究的问题，汉森主要解决的是话语与对外政策变迁的问题，而本书的研究焦点是美国精英话语是如何建构苏联、日本和中国三大"威胁"的。除"苏联威胁"话语在政府外交政策文

---

[1]　L. Hansen, *Security as Practice: Discourse Analysis and the Bosnian War* (London: Routledge, 2006), pp.73-74.

献中表述得非常清晰之外，"日本威胁"话语虽然有所体现，但是相对比较含蓄，更多地体现在更广范围的精英话语空间。事实上，在本书考察的时间轴之内，美国官方从未正式用"敌人"指称日本和中国。而且，本章关注的主要是汉森讲到的第二类互文模式中媒体的政策辩论。因此，笔者在选择量化分析文本来源时尽可能满足上述三个标准，同时还能比较充分地体现威胁话语，并且涵盖案例研究的三个时期。综合考虑以上因素，本章量化分析的文本选自美国《外交事务》杂志。第一，典型性和权威性。《外交事务》于1922年由美国外交关系协会创办，一直是严肃讨论美国对外政策和全球事务的具有重要影响力的杂志，内容涉及政治、安全，还涵盖经济、历史等多个层面，且文章作者基本是美国政治、经济、安全和外交等方面非常有影响力的精英，因此其观点可以体现美国对外政策精英圈的话语脉络。第二，读者的广泛性和观点表达的清晰性。《外交事务》杂志拥有广泛的对外政策精英读者群。例如，美国科学情报研究所发布的《期刊引用报告》（JCR）显示，《外交事务》在国际关系类杂志排名中一直处于前十名的位置，甚至有些年份排名居首位（如2013年）。需要指出的是，《外交事务》杂志并不是严格意义上的学术期刊，而是一本对外政策杂志，其影响力和读者群并不只限于研究者，而是覆盖整个美国对外政策精英圈。同时，《外交事务》杂志中的文章大多具有问题和政策导向，有着清晰的观点表达。第三，可以涵盖案例研究的三个时期以及满足案例比较的要求。《外交事务》杂志创刊时间较早，可以涵盖本章所要分析的三个时期。同时，《外交事务》杂志在所要分析的三个时期内一直都保持着重要的影响力，其刊发的文章在美国对外政策变迁中一直起着重要作用。例如，无论是对"苏联威胁"形成起重要作用的《苏联行为的根源》，还是20世纪80年代引起"日本威胁"讨论的《日本问题》，抑或是亨廷顿的《文明的冲突？》，都是发表在《外交事务》杂志上的文章。此外，该杂志具有较强的稳定性，栏目和页数都比较固定。虽然所要分析的三个时期之间的出版期数略有不同，但在每个时期内，无论是年出版期数还是文章发表数量都很稳定。

（二）文本收集的时间范围

二战结束后，美国精英话语建构的"苏联威胁""日本威胁"和"中国威胁"在时间跨度上不尽相同，"苏联威胁"话语持续时间最长，"日本威胁"话语持续时间最短，"中国威胁"话语还在不断演化。考虑到研究的问题是话语如何建构威胁，本章将文本收集的时间范围设定在威胁形成初期且变化剧烈的一段时期，并考虑将重大历史、经济或政治事件作为时间范围的起点或终点。[①] 具体而言，笔者将文本收集的时间范围定为12年，这个时间跨度既充分体现了话语的变化，又反映了中国传统文化中的时间观念。

"苏联威胁"文本收集的时间范围确定为1945年1月至1956年12月。一是因为1945年是具有划时代意义的一年，德国和日本投降，美苏等大国召开了雅尔塔会议、波茨坦会议等关于建立战后国际秩序的重要会议，是世界新旧时代转折的一年。二是因为1945—1956年美苏关系处于剧烈变化的时期——迅速从战时"盟友"恶化为"敌人"。1955年，以苏联为首的华约组织的建立标志着美苏两大对立阵营正式出现。笔者将考察时间延至1956年，以便观察这些重大事件前后带来的话语变化。

"日本威胁"文本收集的时间范围确定为1982年1月至1993年12月。一是因为这是美国关于日本话语发展最急剧和最充分的时期。1982年是"敲打日本"一词开始出现在美国主流媒体的年份，到20世纪90年代初，"对于大多数美国人来说，日本人已经成为每个人都可以仇恨的人"。[②] 二是这段时期正是美国经历第二次石油危机、经济遭受重创之后，而90年代初则是冷战结束的时间。

"中国威胁"文本收集的时间范围确定为2002年1月至2013年12月。一是因为2001年9月美国发生了"9·11"事件，美国对外政策主题开始出现重大变化。同时，同年12月，中国正式加入世贸组织，中国物质力量在世界格局中的比重开始显著上升，观察2002年之后美

---

① 关于文本收集的时间范围的讨论，可参见：L. Hansen, *Security as Practice: Discourse Analysis and the Bosnian War*, pp.65-82。

② Lee Smith, "Fear and Loathing of Japan," *Fortune* 121, no. 5 (1990): 50.

国对于中国的话语变化会更加充分。二是2008年美国爆发金融危机，2011年底、2012年初奥巴马政府提出了"亚太再平衡"战略，将时间延至2013年，可以更好地体现话语的变化趋势。

二、收集方法、数据概况与分析工具

本章的文本数据使用的是EBSCO电子期刊数据库和JSTOR电子期刊数据库中《外交事务》杂志在以上三个时期的文本，只收集该杂志文章正文部分，采取全文检索的方式，只要检索关键词在文本中出现一次及以上即被收录。检索词如下："苏联威胁"考察时期的检索词为"苏联的、俄国、俄国人"（Soviet、Russia、Russian）；"日本威胁"考察时期的检索词为"日本、日本人、东京"（Japan、Japanese、Tokyo）；"中国威胁"考察时期的检索词为"中国、中国人、北京"（China、Chinese、Beijing）。文本下载之后进行文本清洗，然后分别根据文本内容与"苏联威胁""日本威胁"和"中国威胁"的密切程度将文本分为"主题文本"和"非主题文本"。[①] 最终，获得的文本数据如下：1945—1956年共收集文本446个，记为"苏联正文语料库"，其中主题文本有159个，记为"苏联主题语料库"；1982—1993年共收集文本390个，记为"日本正文语料库"，主题文本有44个，记为"日本主题语料库"；2002—2013年共收集文本642个，记为"中国正文语料库"，主题文本有141个，记为"中国主题语料库"。

本章对文本进行定量分析时将使用语料库软件AntConc。该软件由日本早稻田大学教授劳伦斯·安东尼（Laurence Anthony）开发，属于免费软件，是语料库语言学研究中最常用和最强大的语料库软件之一。[②]

---

① 有人可能认为应该将文本分为"威胁文本"和"非威胁文本"，但这种分类实际上假定任一文本或是"威胁"文本，或是"非威胁"文本，只能二者择一。但是，实际的文本要复杂得多，一个文本可能包含多个主题，有些文章虽然认为应该支持对中国采取接触政策，但其中也会提到关于中国的负面内容，只不过其认为通过接触而非对抗方式可以更好地解决这些问题。更为重要的是，《外交事务》杂志主要讨论影响美国利益的问题，因此被讨论的频次越高，说明美国对其越担心。

② 关于语料库软件AntConc更详细的介绍可以参见其官网：http://www.laurenceanthony.net/software/antconc/。

第二节 关注度分析

关注度是指美国话语对行为体即苏联、日本和中国的关注程度，话语关注度高低反映了其在美国整体战略中的重要程度和威胁程度。鉴于《外交事务》杂志是讨论、影响美国政治、经济和安全问题的杂志，被讨论的次数越多，表明该行为体影响或威胁美国利益越大，因此本书以该杂志发表的相关文本数量作为测量关注度的指标，并将关注度细分为两个维度。一个维度是关注广度，即所有涉及该行为体的文本数量。一般来说，一个行为体出现在文本中的数量越多，表明其影响或威胁程度越广。另一个维度是关注深度，即主题文本的数量。一般来说，密切关注某行为体的文本数量越多，其影响的强度或深度越大。下面将从关注广度和关注深度两个维度分析美国对三大"对手"的话语关注度。

一、对苏联的关注度

"苏联正文语料库"是《外交事务》杂志中所有包含苏联检索词的文本，因此以其文本数量作为对苏联关注广度的测量指标。根据统计的文本数量，笔者绘制了"美国关注苏联广度"图表，如图6-1所示：

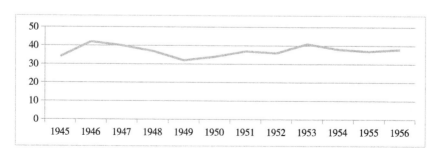

图6-1 美国关注苏联广度

从整体趋势来看，美国对苏联的关注广度呈现窄型波浪式波动趋势。首先，1946年是非常关键的一年，是所考察时间范围的最高峰。1945年二战结束，德国和日本等法西斯敌人被消灭，美国和苏联成为世界上两个实力最强大的国家。战后世界政治问题的解决和政治秩序的建立都离不开苏联，因此苏联迅速成为美国考虑对外政策时经常关注的对象。其次，从广度上说，1946年之后出现了下降趋势，在1949年到达低点之后又继续上升，在1953年达到又一个峰值。这说明，美国对苏联的关注广度并不是简单的线性持续增强的，而很有可能是物质与话语相互影响的。例如，1950—1953年的上升期经历了1949年下半年苏联第一颗原子弹爆炸成功、1950—1953年朝鲜战争、1953年斯大林逝世和美苏两国更换领导人。

同时，根据"苏联主题语料库"，即与苏联关系密切的主题文本数量，笔者绘制了"美国关注苏联深度"图表，如图6-2所示：

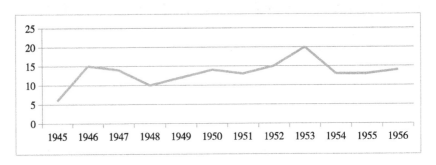

图6-2　美国关注苏联深度

整体而言，美国对苏联的关注深度在迅速上升后呈高位波动态势，1946—1956年每年的强度都远远大于1945年，其中1953年是1945年的3.3倍多。首先，二战结束后，苏联立即成为美国精英话语的焦点。如图6-2所示，美国对苏联的关注在1946年和1947年迅速上升，这种话语的高度关注构成了美国对"苏联威胁"政策转变的关键期。事实上，"长电报""杜鲁门主义"和"马歇尔计划"都出现在这个时期。其次，随着1948年开始的柏林危机愈演愈烈、苏联原子弹爆炸成功、朝鲜战争、斯大林逝世和美苏两国更换领导人，美国对苏联的关注和担忧程度快速上升，在1953年达到历史峰值。最后，1953年之后，美国对苏联的关注深度虽然有所下降，但仍处于历史高位，而且1956年又表现出上升趋势。这与艾森豪威尔上台后拒绝苏联提出的缓和政策，双方在第三世界国家又开始势力范围争夺，以及1955年华约组织建立都是相关的。

二、对日本的关注度

"日本正文语料库"是《外交事务》杂志中所有包含日本检索词的文本，因此以其文本数量作为对日本关注广度的测量指标。根据统计的文本数量，笔者绘制了"美国关注日本广度"图表，如图6-3所示[①]：

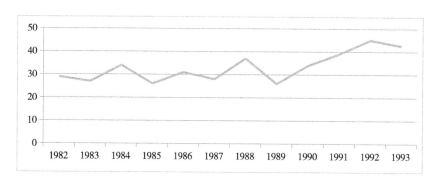

图6-3　美国关注日本广度

从整体趋势来看，美国对日本的关注广度在1989年之前呈波浪形，之后则迅速飙升，最高值（1992年）与最低值（1985年、1989年）相差约1.7倍。具体而言，美国对日本的关注广度在1984年出现第一次小高峰，在1988年达到第二次高峰，在1992年达到历史最高峰值。可以说，在冷战结束之前，日本在美国精英话语中的关注广度有所起伏，但是并没有呈现明显的上升趋势；而在冷战之后，日本在美国精英话语中的关注广度出现了质的飞越。这种话语关注广度的变化很可能是

①　《外交事务》杂志在1993年只出版了4期，而在之前的年份都出版了5期，故对1993年的文本数进行了加权。

因为苏联解体，美国面临的军事安全议题比重下降，而经济等其他议题变得更为重要。在经济等议题中，日本扮演着更重要的角色，因而更容易被关注。

同时，根据"日本主题语料库"，即与日本关系密切的主题文本数量，笔者绘制了"美国关注日本深度"图表，如图6-4所示：

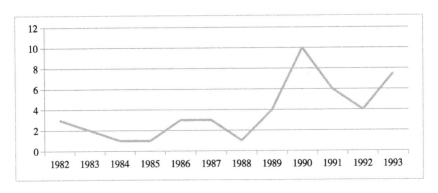

图6-4　美国关注日本深度

从图6-4可以看出，与关注广度相比，美国对日本关注深度的变化更加剧烈，呈现明显的阶段性，最高值（1990年）是最低值（1984年、1985年、1988年）的10倍。具体而言，1986年和1987年出现了第一次波峰，而这两年也是"日本威胁论"在公共话语中崛起的年份。但是，美国精英真正将日本作为一个重要关注对象是在1990年前后。正如第四章所述，这段时期美国的很多调查显示，日本对美国的"威胁"超过苏联，日本已经成为很多美国人憎恨的国家。虽然在1991年和1992年出现小幅下降，但是这两年美国对日本的关注深度也远远高于之前的大部分年份。而且，到了1993年，这种关注深度又出现大幅回升。这一话语关注深度的回升与克林顿总统任命数名"日本威胁论者"（即"敲打日本者"）入阁，并采取"结果导向"的对日新政策基本是同步的。

三、对中国的关注度

"中国正文语料库"是《外交事务》杂志中所有包含中国检索词的文本，因此以其文本数量作为对中国关注广度的测量指标。根据统计的文本数量，笔者绘制了"美国关注中国广度"图表，如图6-5所示：

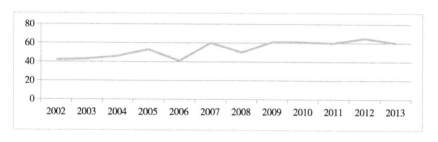

图6-5　美国关注中国广度

整体来看，美国对中国的关注广度呈上升趋势，最高值（2012年）是最低值（2006年）的1.5倍以上。这种话语关注广度的变化与中国力量上升、美国对"中国威胁"认知上升基本是一致的。同时，这种增长趋势呈现一定波动性：2005年出现第一次波峰，2007年出现第二次峰值。而且，从文本数量上来看，2008年之后年份的水平基本与2007年持平。从这个角度来说，在2008年金融危机之前的美国话语中，中国的影响和涉及美国利益的广度已经达到金融危机之后的水平。此外，从2009年开始，中国在美国精英话语中一直处于历史高位。

同时，根据"中国主题语料库"，即与中国关系密切的主题文本数量，笔者绘制了"美国关注中国深度"图表，如图6-6所示：

从总体上看，与关注广度的总趋势一样，美国对中国的关注深度呈上升趋势，但走势更陡，呈现跳跃状，最高值（2010年、2013年）是最低值（2003年）的将近3倍。

首先，与关注广度一样，2005年也是关注深度的第一个波峰，并在之后下降。这种关注深度的变化说明美国又开始将注意力转向中国。美国学者伊丽莎白·依柯诺米（Elizabeth Economy）曾在2004年

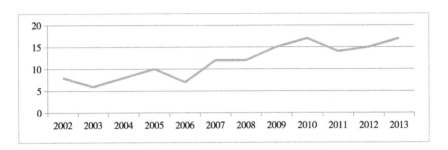

图6-6　美国关注中国深度

指出，随着美国反恐战争最初和紧迫阶段已经过去，美国对华政策将会回到"美国强硬派的议程"。[1] 2005年是这场对华政策讨论的高潮，也成为美国对华关注深度的一个高峰。不过，这场辩论最终以美国副国务卿罗伯特·佐利克（Robert Zoellick）提出"利益攸关方"隐喻而暂告一段落，"利益攸关方"隐喻建立的新认知框架在一定程度上对"中国威胁论"起到了压制作用。[2] 其次，美国对华关注深度在2007年和2008年上升一个台阶，而且从2009年开始又快速提升，在2010年达到历史峰值之一。需要指出的是，2009年和2010年，美国对华关注深度快速上升，这也正是美国关于中国变得"更强硬"话语迅速发酵时期。此外，2010年所出现的峰值与美国知名中国问题专家戴维·兰普顿（David Lampton）的"临界点"观点一致。他提出，中美关系在2010年接近"临界值"，美国人对中国的恐惧比中美建交以来任何时候都要大。[3] 最后，虽然关注深度在2011年略有下降，但仍处高位，而且2012年（即美国"亚太再平衡"战略提出后）又开始新一轮上升。这表明，认为2008年金融危机之后美国对中国防范加剧的观点似乎是有道理的。不过需要指出的是，这种关注和担忧很可能并不仅仅是由金

---

① Elizabeth Economy, "Don't Break the Engagement," *Foreign Affairs* 83, no. 3 (2004):96.

② Robert Zoellick, "Whither China: From Membership to Responsibility?" U.S. Department of State Archive, accessed December 20, 2016, http://2001-2009.state.gov/s/d/former/zoellick/rem/53682.htm; 王恬、李学江、唐勇：《胡锦涛主席同布什总统举行会谈》，《人民日报》2006年4月21日，第1版。

③ David Lampton, "A Tipping Point in U.S.-China Relations Is Upon Us," A Speech Given at the Conference on "China's Reform: Opportunities and Challenges", May 6-7, 2015, accessed December 20, 2016, http://www.uscnpm.org/blog/2015/05/11/a-tipping-point-in-u-s-china-relations-is-upon-us-part-i/.

融危机引起的，因为关注深度在2007年就达到了新的高度，很可能如前面章节所分析的那样，金融危机使美国对自我的霸权身份倍感焦虑，以及中国变得"更强硬"叙事再次加剧了美国对华关注深度。

四、对苏、日、中关注度的比较

自2009年特别是2012年美国推出"亚太再平衡"战略以来，越来越多的学者开始担心中美走向"新冷战"。[①] 美国对中国的关注和担忧真的快要达到当年对苏联的程度吗？下面，笔者将从关注度角度比较美国对三大"对手"关注和担忧的程度。在进行比较之前，需要确定比较的标准。一般存在两大标准：一是以相关文本的绝对数量为尺度，如上文对关注度的研究；二是以相关文本占所有文本的比重为尺度，如罗纳德·克雷布斯在测量1945—1990年"冷战共识"（Cold War consensus）变化时使用了此标准。[②] 实际上，两种标准各有优缺点。第一种没有考虑相关文本占总体的比重，较多的文本数量有可能是由整体文本多造成的。第二种虽然考虑了相对比重，似乎更合理，但是绝对数量也是很有意义的，因为对于关注某一个话题的人来说，整体文本的数量对其影响有时不是很大，而且有可能比例高一些是因为总的文本数量太少。对于研究话语建构来说，以上两种标准都是有意义的，因此笔者按照以上两种标准都进行了统计分析。

首先，笔者分别以所有包含苏、日、中的文本数量，即它们的正文语料库文本数量，绘制出"美国对苏、日、中关注广度比较（绝对

---

①　可参见：储昭根《中美缘何走近新"冷战"边缘》，《南风窗》2010年第19期，第32—34页；阎学通、漆海霞《中美竞争前景：假朋友而非新冷战》，《国际政治科学》2012年第3期，第1—23、145页；江忆恩《中美关系的稳定性和不稳定性——回应阎学通的"假朋友"理论》，《国际政治科学》2012年第2期，第107—132、177页；吴建民《中美会爆发一场新冷战吗？》，《商界（评论）》2012年第1期，第32页；Bill Powell, "A New Cold War, Yes. But It's with China, Not Russia," Newsweek, May 20, 2015, accessed December 20, 2016, http://europe.newsweek.com/us-china-cold-war-327551?rm=eu; Robert Kaplan, "The Geography of Chinese Power: How Far Can Beijing Reach on Land and at Sea?" Foreign Affairs 89, no. 3 (2010): 22-41。

②　Ronald Krebs, Narrative and the Making of US National Security, pp.191-218.

数量）"图表，如图6-7所示^①：

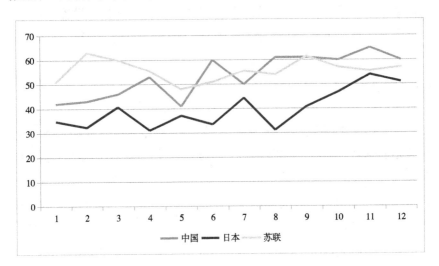

图6-7　美国对苏、日、中关注广度比较（绝对数量）

然后，笔者分别以每年苏联、日本、中国正文语料库文本数量除以《外交事务》杂志每年所有正文部分文章数量，计算前者所占比重，绘制出"美国对苏、日、中关注广度比较（相对比重）"图表，如图6-8所示。需要指出的是，无论是苏联、日本还是中国，统计的文本周期

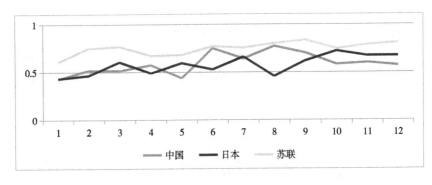

图6-8　美国对苏、日、中关注广度比较（相对比重）

---

① 考虑到《外交事务》杂志在文本收集的三个时期出版的期数不同，笔者在计算文本数量时进行了加权处理。下文在计算关注深度时亦采用同样的处理方式。

都是12年，所以图表中的横轴使用的是1—12年，分别指1945—1956年、1982—1993年和2002—2013年。

从文本的绝对数量来说，美国对中国的关注广度一直都高于日本。与苏联相比，虽然前期美国对中国的关注广度要低，但是在中期基本处于犬牙交错状，甚至美国对中国的关注广度在后期居苏联之上。这种文本绝对数量的增多可能会给人一种中国与当年苏联对美国利益影响相当的错觉，因而部分解释了为什么中美学者在2010年之后越来越担忧中美关系滑向"冷战"。但是，如图6-8所示，按照相关文本占总文本比重计算，在美国人眼中，中国所能产生的影响一直低于苏联，只在2007年、2009年和2010年高于美国对苏联关注广度的低点（1949年）。相比之下，中国的影响程度与当时的日本相当，呈相互交错状，甚至在2011年之后不及日本1991年之后的高峰水平。

在比较了美国对苏、日、中三大"对手"的关注广度后，下一步进行关注深度的比较。笔者分别以与苏联、日本和中国关系密切的文本数量，即它们的主题语料库文本数量，绘制出"美国对苏、日、中关注深度比较（绝对数量）"图表，如图6-9所示。然后，笔者分别以每年苏联、日本、中国主题语料库文本数量除以《外交事务》杂志每年所有正文部分文章数量，计算前者所占比重，绘制出"美国对苏、日、中关注深度比较（相对比重）"图表，如图6-10所示。

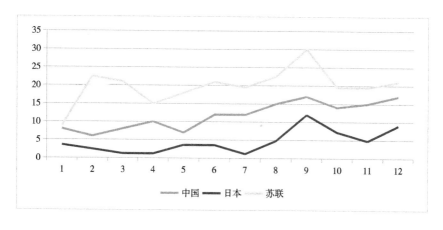

图6-9　美国对苏、日、中关注深度比较（绝对数量）

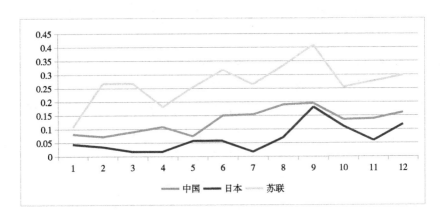

图6-10　美国对苏、日、中关注深度比较（相对比重）

从图6-9和图6-10来看，无论是文本绝对数量，还是其所占该年正文比重，美国对苏、日、中三大"对手"关注深度的趋势基本是一样的：美国对中国的关注深度要远远小于对苏联的关注深度，同时要高于对日本的关注深度，所以中国是介于两者之间的。有意思的是，在每个时期的第9年，即1953年、1990年和2010年，无论是文本绝对数量还是相对比重，美国对三者的关注深度均达到历年峰值。

就具体国家比较而言，从绝对文本数量来看，美国对中国的关注深度与对苏联的关注深度在所考察时期相对年份的最后两年趋近，而从文本相对比重来看，这种趋势并不明显。这种差别从一定程度上解释了为什么2010年之后很多学者开始担心中美走向之前美苏对抗的冷战。美国对日本的关注深度不仅在每个相对年份小于对中国的关注深度，而且除1990年前后的高峰年份外，基本都远远小于对中国的关注深度。这很可能是因为日本对美国的"威胁"只在经济领域，而中国则被看作在经济、政治、意识形态和军事等多方面的"威胁"。

第三节　搭配词分析

上一节主要分析了美国话语对苏、日、中三大"对手"的关注度，但是美国对三大"对手"关注的内容或"他者"身份维度有什么不同呢？在这种关注中，美国使用了哪些词语塑造了怎样的威胁形象呢？本节尝试使用语料库软件进行搭配词分析来回答这些问题。搭配词分析主要体现的是威胁建构路径中的词语"累积效应"和"启动效应"，即搭配中出现了哪些高频搭配以及威胁形象特征词。事实上，人们在阅读时，影响理解和记忆的关键因素是词语特定搭配词的频率及其语义韵。[①] 因此，在应用语言学中，搭配词常被用来作为研究行为体身份或形象的指标，如保罗·贝克等人通过检索英国媒体语料库中"穆斯林"（Muslim）的搭配词来观察英国报刊对于穆斯林身份的建构。因此，可以通过分析关键词语的搭配词来解构词语"累积效应"和"启动效应"建构的话语身份，特别是揭示霸权话语如何以隐性方式建构关于"他者"的"常识"或"真理"。

语料库语言学为分析海量文本搭配词提供了基本理论和工具。首先，使用语料库方法分析搭配词之前，有必要先明确一下语料库语言学中搭配词的含义。在语料库语言学中，搭配是基于统计方法得出的，是指两个词在设定的跨距（span）之内共现水平达到统计学显著水平。[②] 其次，在使用语料库软件AntConc 3.5.0（Dev）计算词语搭配强度之前，还需要确定以下两个参数：一是检索词[③] 的跨距。检索词的跨距不同，检索结果也会不同。目前，学界对于选择多大跨距并没有适用所有研究的统一标准，但一般来说，跨距设定为前后3—5个词。[④] 例如，保罗·贝克等人研究穆斯林形象时计算搭配词的跨距为前后5个词。[⑤] 本书也将检索词的跨距设定在检索词前后5个词。二是词语搭配强度算法。词语搭配强度并不一定是频率越高强度越大，其

① Costas Gabrielatos and Paul Baker, "Fleeing, Sneaking, Flooding: A Corpus Analysis of Discursive Constructions of Refugees and Asylum Seekers in the UK Press 1996–2005," *Journal of English Linguistics* 36, no. 1 (2008): 10.

② Ibid., p.11.

③ 在语料库语言学中，"检索词"也称"节点词"。

④ Paul Baker, *Using Corpora in Discourse Analysis*, p.103.

⑤ Paul Baker, Costas Gabrielatos and Tony McEnery, "Sketching Muslims: A Corpus Driven Analysis of Representations around the Word 'Muslim' in the British Press 1998–2009," *Applied Linguistics* 34, no. 3 (2013): 255–278.

强度不仅涉及词语出现的频率，还要考虑语料库的大小、跨距长度等因素，这就需要使用统计方法计算词语搭配的强度，而不仅仅是统计词频。[①] 常用的经典算法有相互信息值（mutual information，简称MI）、Z值（Z-score）、T值（T-score）、双对数（log-log）、对数似然比（log-likelihood ratio，简称LLR）等。相互信息值、Z值和双对数被认为有偏重低频词的问题，T值被认为适用小样本数据和有偏重高频词的倾向，对数似然比兼顾考虑高频词与低频词。[②] 语料库语言学界通常认为不存在哪种算法最好，主要是根据研究问题和算法特点决定。笔者选择相关研究中常用的对数似然比算法，这种算法不仅可以用于语料库内检索词搭配强度的对比，还可以用于不同语料库间搭配强度的对比。[③] 最后，笔者使用的检索语料库是正文语料库，即"苏联正文语料库""日本正文语料库"和"中国正文语料库"。计算词语搭配主要考虑的是检索词跨距之内的词语，任何一篇涉及检索词（即"苏联""日本"和"中国"）的文本对于考察词语搭配背后的词语"累积效应"和"启动效应"都是有意义的，因此不需要区分该文本是否为主题文本。

一、"苏联"搭配词分析

（一）基于典型实词搭配的苏联"他者"身份维度分析

笔者以"苏联"（Soviet）为检索词，选择检索词前后5个词的跨距，采用对数似然比作为词语搭配强度算法计算"苏联"的搭配词。[④] 语料

---

① 邓耀臣：《词语搭配研究中的统计方法》，《大连海事大学学报（社会科学版）》2003年第4期，第74—77页。

② 卫乃兴：《基于语料库和语料库驱动的词语搭配研究》，《当代语言学》2002年第2期，第108页；梁茂成、李文中、许家金：《语料库应用教程》，外语教学与研究出版社，2010，第94—100页。

③ 梁茂成、李文中、许家金：《语料库应用教程》，第94—95页。

④ 为了保持分析苏、日、中三种"威胁"时检索词的统一，笔者决定将检索词限定在指称该国的单个单词，如"中国"（China）、"日本"（Japan）。但苏联的名称有些特别，其对应的常见英文单词是Soviet Union，是两个单词，而"俄国"（Russia）虽然是单个单词，但与"苏联"还不完全相同，而且出现的频率要远远小于Soviet，因此笔者决定将检索词定为"苏联"（Soviet）。此外，需要指出的是，语料库软件AntConc在计算搭配词时将同一个词的不同形式（如export和exports）算作两个词，而不是将原词转化为词根或原形之后计算搭配强度。

库软件AntConc显示，共有5678个搭配词超过搭配强度显著性临界值3.84。一般来说，在分析语料库语言学搭配词时，具有搭配显著性的单词通常很多，所以研究者通常只选择搭配强度最靠前的词进行分析。因此，在与"苏联"的搭配中，本书选择排在搭配强度前200的词中的典型实词进行分析。① 这些典型实词主要集中在国家与地区（空间）、趋势变化、经济、政治和军事等5个维度。在每一个维度下，按照这些搭配词的强度排名分为3个等级，即第1—50词、第51—100词、第101—200词。在每个等级内，词语顺序按照搭配强度排列，如表6-1所示：

表6-1　"苏联"典型实词搭配

维度	第1—50词	第51—100词	第101—200词
国家与地区（空间）	占领区（zone）、世界（world）	西方的（Western）、德国（Germany）、中国（Sino、China）、波兰的（Polish）、欧洲（Europe）、东方（East）、卫星国（satellites）	南斯拉夫（Jugoslavia）、卫星国（satellite）、波兰（Poland）、东方的（Eastern）、英国的（British）
趋势变化			更加或更多（more）
经济		贸易（trade）、经济（economy）	工业的（industrial）、农业（agriculture）、科学（science）、经济的（economic）、工业（industry）

---

① 排在与"苏联"搭配强度前200的词既包括of、the、in等虚词，也包括fact等对威胁身份建构作用不是很明显的实词。考虑到本书主要关注对"他者"身份建构具有重要意义的典型实词，因此对上述词语不作分析。下文对"日本威胁"和"中国威胁"搭配词的分析采用同样的处理方式。

续表

维度	第1—50词	第51—100词	第101—200词
政治	政府（government）、领导人（leaders）、集团（bloc）、共产主义的（communist）、权力（power）[①]、体制（system）	宣传（propaganda）、当局（regime）[②]、扩张（expansion）、控制（control）、共产党（Party）、斯大林（Stalin）、统治者（rulers）	帝国主义（imperialism）、共产主义（communism）、势力（influence）、政治的（political）、社会主义的（socialist）、支配（domination）、帝国（empire）
军事	力量（power）	军队（troops）、战争（war）、侵略（aggression）、攻击（attack）、军事的（military）、威胁（threat）	军队（forces）、陆军（armies）、海军（navy）、占领（occupation）、海军的（naval）

1. 国家与地区（空间）和趋势变化维度搭配词

（1）国家与地区（空间）维度搭配词

如表6-1所示，国家与地区（空间）维度搭配词建构的苏联"他者"身份主要集中在欧洲，而且地区属类概念与具体国家名称数量相当。下面，笔者将从4个方面分析这些搭配词对于苏联"他者"身份的建构。第一，最常见的与"苏联"搭配的国家和地区词是"占领区""世界"和"西方的"。通过查看其搭配索引行，"占领区"主要指苏联在德国的占领区；"世界"虽然有时指整个世界，但是主要指苏联世界（如Soviet world）和非苏联世界；"西方的"主要是指西方世界或西方国家，即将整个世界分为"苏联的"和"西方的"两部分。这种空间维度的措辞既能建构又能强化界限清晰、非白即黑的二元对立世界。在这一空间概念中，世界是被割裂为两块的，而不是网状交互的。它

---

① 通过查看power与Soviet的搭配索引行，power大部分情况指"苏联权力"，但是有时也指军事力量，如"苏联海军力量"（Soviet sea power）。因此，笔者将power同时分到"政治"与"军事"两个维度类别。

② 在英文语境中，regime指称"政府"时常含贬义，尤其是指缺乏合法性和公平选举的政府或政权，故此处暂译为"当局"。

是"长电报"中"共产主义"和"资本主义"的对立、"铁幕演说"中由铁幕隔开的两个世界和"杜鲁门主义"提出的两种生活方式等认知框架在空间概念上的具体体现和强化。第二，美国与苏联利益冲突的主要地区是欧洲，特别是德国和波兰。如表6–1所示，"占领区"在所有国家与地区（空间）维度搭配词中排名第一，"德国"是所有具体国家名称中搭配强度最高的，"波兰"也是搭配强度很高的国家名称，这与二战战后安排中德国问题和波兰问题是美苏势力范围争夺焦点一致。第三，苏联的"他者"身份还体现在中国。在国家名称中，"中国"的搭配强度仅次于"德国"。通过查看Sino和China与Soviet的搭配索引行，笔者发现1950年是美国看待苏联和中国关系的转折点。"中国"（Sino）与"苏联"（Soviet）的所有搭配都是"中苏"（Sino-Soviet），并且1950年才开始出现。常见的表达是"中苏友谊"（Sino-Soviet friendship）、"中苏联盟"（Sino-Soviet alliance）、"中苏集团"（Sino-Soviet bloc）、《中苏友好同盟互助条约》（Sino-Soviet Treaty）等。"中国"（China）与"苏联"（Soviet）的搭配索引行也有同样的趋势。在1950年之前，"中国"与"苏联"共现时通常是作为列举对象，并且列举的国家还常包括英国、法国、澳大利亚和巴西等国，即使只有"中国"和"苏联"两个词共现，也主要谈的是两国存在的分歧，如中苏在蒙古问题上的矛盾；[1] 而在1950年之后，则开始强调中苏两者的共同身份，如"苏联和共产主义中国"（Soviet Union and Communist China）、"苏联和红色中国"（Soviet Union and Red China）、"苏联集团和中国"（Soviet bloc and China）。这种词语搭配变化与1950年朝鲜战争爆发之后，美国将朝鲜战争，特别是中国抗美援朝看作"共产主义扩张"的解读是一致的。第四，"苏联"与"卫星国"的高频搭配将苏联与其友好国家建构为支配与被支配、控制与被控制的机械关系。查看"苏联"与"卫星国"的搭配索引行发现，主要的搭配有"苏联及其卫星国"（Soviet Union and its satellites）、"苏联及其共产主义卫星国"（Soviet Union and its Communist satellites）、"苏联及其欧洲卫

---

[1]　Fedor Mansvetov, "Russia and China in Outer Mongolia," *Foreign Affairs* 24, no. 1 (1945): 143-152.

星国"（Soviet Union and its European satellites）、"苏联卫星国"（Soviet satellites）等。"卫星国"是一种物理机械隐喻，正如第三章所分析的那样，在"卫星国"隐喻认知框架下，这些国家失去了鲜活和独特，变成了同质的、没有生命的物体，就如同"卫星"一样沿着"轨道"（orbit）围绕苏联运转。因此，在这一隐喻认知框架下，所谓的"卫星国"就变成了苏联的"霸权工具"，被苏联控制和支配。与此相对照的是，美国人称与自己友好的国家为"盟友"，认为"苏联想要的是卫星国而不是盟友"，这种高频搭配实际上强化了这一隐喻认知框架。[①] 但是，美国对盟国的控制似乎一点都不亚于苏联，甚至要比苏联控制得还要严密和机械。"卫星国"隐喻认知框架有所谓的"苏联的帝国主义和霸权行径"蕴涵，而这与美国等西方国家话语所建构的"自由世界"是对立的。

（2）趋势变化维度搭配词

如表6-1所示，在趋势变化维度，与"苏联"搭配的词只有"更加或更多"（more），且排在100词以外。在英文中，more既可以是历时趋势变化比较，也可以是共时同类比较。查看"更加或更多"与"苏联"的搭配索引行发现，主要的搭配有："更初级"（more elementary）、"比德国有更多潜艇"（more submarines than Germany）、"更加克制"（more restraint）、"更多朋友"（more friends）、"对苏联政府更有利可图"（more profitable to Soviet government）、"更容易受苏联渗透"（more susceptible to Soviet infiltration）、"更加难以对付"（more formidable）、"更加微妙"（more subtle）、"扩张更快"（expanded more rapidly）、"更加致命"（more pernicious）、"更加模糊化"（more ambiguous）、"更间接的方法"（more indirect method）、"更加耸人听闻的声明"（more sensational declarations）等。[②] 这些搭配主要集中在描述苏联态度、危险程度、行为策略和敌友力量对比上的变化，而很少描述综合实力或经济力量的变化。这很可能是因为苏联和美国不是"崛起国与守成国"

---

① Lord Strang, "Germany between East and West," *Foreign Affairs* 33, no. 3 (1955): 394.

② 需要指出的是，"苏联"与"更加或更多"的搭配索引行中有一部分搭配没有描述苏联，如 more is expected、more recently 等，故不在此列出。

故事框架下的"威胁"：二战结束后，美国精英按照"长电报"等话语建构的冷战故事脚本迅速赋予了苏联的"敌人"角色，并很快进入激烈对抗。在这种"英雄"和"恶棍"的激烈对抗中，对手的态度、威胁程度和行为变化等就成为极其重要的关注点。

2. 经济、政治和军事维度搭配词

如表6–1所示，在经济、政治和军事3个维度中，苏联"他者"身份主要体现在政治和军事维度，而在经济维度的关注度很低。下面逐一分析这些搭配词对苏联"他者"身份，特别是威胁身份的建构。

第一，政治上的"敌人"。从政治维度搭配词一栏可以清楚地看出苏联与美国政治身份的对立。苏联及其盟国被称作"苏联集团"，是"共产主义的"和"社会主义的"，而这种高频搭配与"长电报"中将世界分为"社会主义中心"和"资本主义中心"是一致的。就政府体制而言，虽然"政府"和"领导人"搭配强度最高，但是带有贬义的"体制""当局"和"统治者"等词也被大量使用。"宣传"一词在英文中本身便具有贬义，专指那些为了政治目的而罔顾事实的宣传。"扩张""帝国主义""支配""帝国"等高频搭配词将苏联建构成扩张性的帝国主义国家形象，目的是"支配"世界。

第二，军事上的"威胁"。军事威胁是"苏联威胁"的重要方面，这种印象与表6–1中军事词汇和"苏联"的高强度搭配是一致的。查看"苏联"与"力量"的搭配索引行，除指权力的"苏联权力"（Soviet power）外，大部分搭配指军事力量，如"苏联军事力量"（Soviet military power）、"苏联空海军力量"（Soviet air-naval power）、"苏联海军力量"（Soviet sea power）。这些搭配表达与表6–1中其他高频军事搭配词，如"军队""海军""陆军"等一样，都表明美国对于苏联军事力量的关注和关切。同时，查看"苏联"与"侵略""攻击""威胁"的搭配索引行可以发现，主要搭配有"苏联侵略"（Soviet aggression）、"苏联共产主义侵略"（Soviet Communist aggression）、"苏联扩张与侵略"（Soviet expansion and aggression）、"苏联军事侵略"（Soviet military aggression）、"苏联攻击"（Soviet attack）、"苏联突然袭击"（Soviet surprise attack）、"苏联威胁"（Soviet threat或the threat of the Soviet Union）、"苏联军事威胁"（Soviet military threat）等。这些搭配建构了苏联对以美国为首的西方阵营构成重要军事威胁的"他者"形象。

第三，苏联经济是美国关注的重要方面，但这种关注不是因为受到经济威胁。一方面，苏联主要与非西方国家开展贸易合作，与美国没有贸易竞争。通过查看"苏联"与"贸易"的搭配索引行，搭配短语主要是"苏联工会"（Soviet trade unions），与贸易无关，而个别有"贸易"含义的搭配也主要是关于苏联与其盟国或中立国的贸易变化的，如"波兰贸易中的苏联比重"（Soviet share in Poland's trade）、"中苏贸易"（Sino-Soviet trade）、"苏联与芬兰贸易"（Soviet trade with Finland）。另一方面，美国话语非常关注苏联的工业和农业，但这并不是出于苏联对美国的经济威胁，而是因为工农业产值是当时美苏两大集团竞争的基础和主要指标。例如，查看"苏联"与"工业的"的搭配索引行，与"工业的"有关的主要短语有"工业产出"（industrial output）、"工业增长"（industrial growth）、"工业潜力"（industrial potential）、"工业能力"（industrial capacity）、"工业力量"（industrial power 和 industrial strength）、"工业恢复"（industrial rehabilitation）、"工业部门/单位"（industrial sectors 或 industrial units）。可见，美国主要关注苏联的工业产出与潜力。同时，查看"苏联"与"农业"的搭配索引行，主要短语有"苏联农业"（Soviet agriculture）、"苏联集体农业"（Soviet collective agriculture）、"农业机械化"（mechanization of agriculture）。同时，这些短语还常常与"表现糟糕"（poor showing）、"病态"（sickly state）、"遭受肆虐"（plagued）、"停滞"（stagnated）、"最落后的"（most backward）、"机械化不足"（insufficiently mechanized）、"新压力"（new strain）、"致命要害"（Achilles' heel）、"忽视或滥用"（neglect or abuse）等负面词语一起出现。因此，在美国精英看来，"苏联现在的农业产出与农业富足"之间的差距巨大，完全无法与美国等西方国家相比。[①]

---

① Chauncy Harris, "Growing Food by Decree in Soviet Russia," *Foreign Affairs* 33, no. 2 (1955): 268.

（二）"苏联威胁"的主要特征词

通过上述分析，笔者解构了美国精英话语建构苏联"他者"身份的主要维度。在这些典型实词中，有些词是威胁形象启动词（如"共产主义的"），但是有些词（如"农业"）本身不是。那么，美国话语中"苏联威胁"形象的主要特征词是哪些呢？它们在"启动效应"下建构了怎样的威胁形象呢？因此，在与"苏联"的搭配中，笔者统计了排在搭配强度前1000的词中的主要威胁形象特征词，并将这些词按照搭配强度分为第1—500词和第501—1000词两个等级。在每个等级内，词语顺序也是按照搭配强度进行排列，如表6-2所示：

表6-2　"苏联威胁"的主要特征词

第1—500词	第501—1000词
共产主义的（communist）、宣传（propaganda）、侵略（aggression）、当局（regime）、扩张（expansion）、威胁（threat）、帝国主义（imperialism）、共产主义（communism）、社会主义的（socialist）、支配（domination）、帝国（empire）、占领（occupation）、威胁（menace）、渗透（infiltration）、咄咄逼人的（aggressive）、宣传分子（propagandists）、敌意（hostility）、干涉（intervention）、霸权（hegemony）、意识形态（ideology）、扩张主义（expansionism）、独裁（dictatorship）、攻击（attacked）、危险（danger）	共产主义者（communists）、攻击（attacks）、意识形态的（ideological）、敌意的（hostile）、冲突（conflict）、布尔什维克（Bolshevik）、攻占（conquest）、帝国主义的（imperialist）、独裁者（dictator）、进攻的（offensive）、入侵（invasion）、侵蚀（encroachment）、盘算（calculations）、无产阶级（proletariat）、霸权主义的（hegemonistic）、威胁（threatened）、暴政（tyranny）

如表6-2所示，"苏联"的高频搭配词中出现了大量威胁形象特征词。按照威胁形象理论实验研究中的词语"启动效应"，这些词与"苏联"共同出现时就会启动苏联的威胁形象。同时，这些词都是高频搭配词，反复出现就会强化和固化苏联的威胁形象。从这些特征词的搭配强度来看，"共产主义的""宣传""侵略""扩张"和"帝国主义"

是"苏联威胁"的主要特征，苏联被建构为"追求帝国扩张和全球支配地位的共产主义国家"，不仅"咄咄逼人"，"干涉、攻击和占领"他国，而且对内实行"独裁"和"暴政"，成为美国等西方国家的"威胁"。需要指出的是，"苏联威胁"的主要特征词不仅包含本身威胁程度较高的词，如"侵略""帝国主义""独裁""暴政"等，而且还与"苏联"的搭配强度极高，如"共产主义的""宣传""侵略""扩张""威胁""帝国主义"基本都是搭配词中排在前100的词。[①]

二、"日本"搭配词分析

（一）基于典型实词搭配的日本"他者"身份维度分析

笔者以"日本"（Japan）为检索词，选择检索词前后5个词为跨距，采用对数似然比作为词语搭配强度算法计算"日本"的搭配词。语料库软件AntConc显示，共有4066个搭配词超过搭配强度显著性临界值3.84。与分析苏联"他者"身份维度一样，笔者选择前200个搭配词中的典型实词进行分析。这些典型实词主要集中在国家与地区（空间）、趋势变化、经济、政治和军事等5个维度。在每一个维度下，按照这些搭配词的强度排名分为3个等级，即第1—50词、第51—100词、第101—200词，在每个等级内，词语顺序按照搭配强度排列，如表6-3所示：

1. 国家与地区（空间）和趋势变化维度搭配词

（1）国家与地区（空间）维度搭配词

如表6-3所示，从国家与地区（空间）维度上说，美国精英话语建构的日本"他者"身份是复杂的，体现在它既与欧洲国家又与亚太国家和地区高频共现，既与美国盟友又与苏联、中国这样的非盟友国家高频共现，既与欧洲、亚洲又与世界、全球共现。这主要是因为日本在地理上属于亚洲，在政治上属于"西方式国家"，在经济上与西

---

① 除"帝国主义"按照搭配强度排在第102位以外，其他词的排名都在100以内，这些词的对数似然比都在200以上。

表6-3 "日本"典型实词搭配

维度	第1—50词	第51—100词	第101—200词
国家与地区（空间）	德国（Germany）、欧洲（Europe）、中国（China）、西欧（Western）①、韩国（Korea）②、联邦德国（West）③	亚洲（Asia）、世界（world）、法国（France）、欧洲的（European）、加拿大（Canada）、亚洲的（Asian）、意大利（Italy）	英国（Britain）、台湾（Taiwan）、东方（East）、国际的（international）、苏联（Soviet Union）、全球的（global）、太平洋的（Pacific）、澳大利亚（Australia）
趋势变化	更加或更多（more）		增长的（growing）
经济	经济的（economic）、贸易（trade）	顺差（surplus）、产业的（industrial）、进口（imports）、出口（exports）、逆差（deficit）、市场（markets）	投资（investment）、经济（economy）、出口（export）、国民生产总值（GNP）、市场（market）、贸易（trading）、资本（capital）、工业加工的（manufactured）、产业（industries）、金融的（financial）、银行（bank）、日元（yen）
政治		权力（power）、敲打（bashing）	联盟（alliance）、政治的（political）、盟友（allies）、战略（strategy）、问题（problem）、伙伴（partners）
军事		安全（security）、国防（defense）	军事的（military）、战争（war）

① 通过查看"日本"与其的搭配索引行，主要指"西欧"（Western Europe）。
② 通过查看"日本"与其的搭配索引行，主要指"韩国"。
③ 通过查看"日本"与其的搭配索引行，主要指"联邦德国"（West Germany）。

方接轨但存在竞争，在军事安全上依赖美国。第一，"德国"（主要指"联邦德国"）是所有国家与地区（空间）维度搭配词中与"日本"搭配强度最高的。两国高频搭配不仅是因为两国在二战时都是美国的敌对国家，更重要的是因为两国都是"世界经济权力的新中心"，在世界经济和贸易中具有举足轻重的地位，构成对美国经济霸权地位的威胁。[①]"欧洲"与"日本"的高频搭配也基本属于同样情况，当时美、欧、日在全球经济领域呈三足鼎立之势。第二，"韩国""台湾"与"日本"的高频搭配主要是因为它们都被建构成东亚新兴经济体，又都是美国的重要贸易伙伴和美国贸易逆差制造者。第三，"法国""加拿大""意大利""英国""澳大利亚"与"日本"的搭配索引行表明，这些词与"日本"搭配时往往建构某种共同的西方身份（如"七国集团"），而不是威胁。第四，"中国"与"日本"高频搭配建构了一种复杂的中日关系。通过查看搭配索引行，在绝大多数情况下，"中国"和"日本"共现都是在建构与"苏联威胁"相对应的共同身份，以及它们都是新的世界权力增长源。但是，另外一些情况则强调中日之间的矛盾和问题，如领土争端问题。第五，通过查看搭配索引行，"世界""亚洲的""国际的""全球的"与"日本"的搭配主要是描述日本的地位和影响力范围。第六，通过查看搭配索引行，"苏联"与"日本"的搭配出现在安全话题方面，以及作为世界重要力量国家的列举中。

（2）趋势变化维度搭配词

从整体上看，前200个搭配词中，描述日本趋势变化的词相对较少，只有"更加或更多"和"增长的"两个词。首先，"更加或更多"在英文中是比较级，是一种相对变化，在描述利益和力量变化时指向相对收益。通过查看搭配索引行，主要的短语有："更成功"（more successful）、"更多的相对权力"（more relative power）、"几乎没有更多外国投资的迹象"（few signs of more foreign investment）、"更加繁荣的国家"（more prosperous nations）、"更危险的竞争者"（more serious competitor）、"增长更迅速"（grown more rapidly）、"更强有

---

① Samuel Huntington, "Coping with the Lippmann Gap," *Foreign Affairs* 66, no. 3 (1987): 453-477.

力的角色"（more forceful role）、"更加强硬和独立"（more assertive and independent）、"更破旧"（more decrepit）、"更加军国主义"（more militaristic）、"军事上更强大"（more militarily powerful）、"更具扩张性财政政策"（more expansionary fiscal policy）。从这些短语可以看出，美国认为日本力量上升，变得更具竞争力、更加强硬、更具有军国主义特征，因而对美国构成更大的挑战。其次，"增长的"在英文中通常描述历时变化。通过查看搭配索引行，主要的短语有："（与日本）增长的逆差"（growing trade deficit）、"增长的工业机器（制造能力）"（growing industrial machine）、"扩大的冲突"（growing conflict）、"膨胀的军国主义"（growing militarism）、"增长的金融权力"（growing financial power）、"增长的（安全）担忧"（growing security concerns、growing concern 和 growing fear）。这些话语将日本描述为经济实力不断增长，权势不断增强，而美国贸易赤字不断扩大，从而引发更大挑战。此外，笔者发现，在描述日本物质力量变化时，很少使用描述中国时使用的"崛起"隐喻。

2. 经济、政治和军事维度搭配词

如表6-3所示，在经济、政治和军事3个维度中，美国话语最关注的日本"他者"身份是经济维度的，政治维度次之，军事维度再次之。下面逐一分析这些搭配词对日本"他者"身份，特别是威胁身份的建构。

（1）经济维度搭配词

从搭配词的数量和搭配强度来看，经济维度搭配词远远高于其他维度，构成日本"他者"身份最重要的方面。第一，"经济的"是与"日本"搭配最强的经济维度搭配词，在所有搭配词中排名第18位。查看搭配索引行发现，主要短语有："经济问题"（economic issues 和 economic problem）、"经济增长"（economic growth）、"经济力量"（economic strength）、"经济权力"（economic power）、"经济体量"（economic weight）、"经济超级大国地位"（economic superpower status）、"经济巨人"（economic giants）、"经济对手"（economic rivalries）、"经济冲突"（economic frictions）、"经济和技术领导地位"（economic and technological leadership）、"经济争端"（economic disputes）、"经济文化对抗"（economic-cultural confrontation）、"咄咄逼人的对外经济扩张"（aggressive external economic expansion）、"疯狂的经济扩张"（frantic economic expansion）、"不可阻挡的经济扩张"（inexorable economic expansion）、"经济掠夺者"（economic predators）、"经济竞争者"（economic competitor）、"经济成功"（economic success）等。可见，美国将关注焦点集中在日本经济权力增长、咄咄逼人的经济扩张及其引发的经济对抗故事逻辑上。第二，贸易与逆差是日本"经济威胁"的重要方面。如表6-3所示，经济维度搭配词很大比重集中在贸易、进出口、顺差与逆差方面。下面以"贸易"和"逆差"为例进行说明。查看"贸易"与"日本"的搭配索引行发现，主要短语有："贸易竞争"（trade competition）、"贸易问题"（trade problems）、"巨额贸易顺差"（large trade surplus）、"攀升的贸易顺差"（mounting trade surplus）、"贸易顺差"（trade surplus）、"贸易逆差"（trade deficit）、"贸易不平衡"（trade imbalance）、"不公平的贸易做法"（unfair trade practice）、"贸易对手"（trade rivals）、"贸易冲突"（trade conflict）、"贸易报复"（trade retaliation）等。查看"逆差"与"日本"的搭配索引行发现，绝大部分情况都是说"与日本的贸易逆差"（deficit with Japan）。同时，这种搭配还常与"相当大的"（sizable）、"大量的"（substantial）、"巨大的"（large）、"增长的"（growing）等修饰性形容词一起出现。这些搭配将日美贸易关系紧紧锁定在日本不公平贸易做法造成"日本巨额贸易顺差"和"美国巨额贸易逆差"的冲突叙事框架下。第三，与"日本"高频搭配的其他经济维度搭配词，如"投资""市场""工业加工的"和"日元"，涉及的内容基本都是美日经济冲突的重要领域。比如，在"日本威胁论"中，日本对美国大量投资，向美国倾销大量工业产品，而美国却很难进入日本市场。查看这些词与"日本"的搭配索引行发现，并不是所有话语制造者都支持这样的观点，但是这种高频搭配本身就是一种议程设定，无论支持或反对，话语都进入了这一认知框架，也就被"安全化"了。

（2）政治维度搭配词

如表6–3所示，与"日本"高频搭配的政治维度搭配词有明显的两级化特点：一种强调美日矛盾与冲突，另一种则强调美日"联盟"和"伙伴"的"盟友"关系。这反映的正是美国主流话语中"传统主义者"和"修正主义者"的观点分野。考虑到本书更关注的是"日本威胁论"，所以主要分析前者。首先，"日本威胁论"的话语表达。通过查看"敲打"和"问题"与"日本"的搭配索引，笔者发现主要短语有："敲打日本"（Japan-bashing）、"日本问题"（Japan problem）、"与日本的问题"（problem with Japan）、"贸易问题"（trade problems）等。这些短语的高频出现会累积形成威胁或负面形象。其次，笔者还分析了"权力"与"日本"的搭配索引行，主要短语有："经济权力"（economic power）、"上升的经济权力"（rising economic power）、"增长的经济权力"（increasing economic power）、"增长的权力"（increasing power和growing economic power）、"金融权力"（financial power）、"主要超级大国"（major superpower）等。可见，美国话语对日本权力特别是经济权力的上升非常关注。按照现实主义的叙事逻辑，这种权力变化本身就对美国构成了威胁。

（3）军事维度搭配词

军事关系是美日身份关系中的一个重要维度。首先，查看"日本"与"安全""国防""军事"的搭配索引行发现，在美国精英话语中，日本并没有构成对美国的军事威胁，美国话语主要关注的是美日安全合作、军费预算与支出、军事基地等议题。主要短语有："安全承诺"（security commitment）、"安全合作"（security cooperation）、"安全政策"（security policy）、"安全战略"（security strategy）、"防务关系"（defense ties）、"国防支出"（defense spending）、"国防费用"（defense outlays）、"防务预算"（defense budget）、"军事预算"（military budget）、"军事支出"（military expenditures）、"军工复合体"（military-industrial complex）、"军事基地"（military base）、"军事义务"（military responsibilities）等。当然，也有个别话语关注日本"增长的军事能力"（increasing military capability），担心日本成为"军事对手"（adversaries）。但是，这一话语建构的不是美日在军事上是否要合作的问题,而是要增加日本承担的防务费用的问题。其次,第二次世界大战是美国关于日本的历史记忆,在建构"日本威胁"时具有重要的互文性。查看"战争"与"日本"的搭配索引行可以发现,主要短语是"第二次世界大战"(World War Ⅱ和the Second World War)和"与日本的战争"(war with Japan和war against Japan),即指二战期间的太平洋战争。美国精英话语反复提及那段历史会触发美国人关于二战期间日本的记忆,而这些话语使积淀的记忆与建构美日经济矛盾的话语(如"扩张主义"和"贸易战")形成互文。

(二)"日本威胁"的主要特征词

美国话语建构的"日本威胁"有哪些特征呢?笔者采用统计"苏联威胁"主要特征词的方法,"日本威胁"的主要特征词如表6-4所示:

表6-4 "日本威胁"的主要特征词

第1—500 词	第501—1000 词
不公平的(unfair)、扩张(expansion)、封闭的(closed)、贸易保护主义者(protectionist)、挑战(challenge)、攻击(attack)、占领(occupation)、威胁(threat)	重新军事化(remilitarize)、支配(dominated)、蓄意地(deliberately)、庞大单一的组织(monolith)、扩张(expand)、强大的(powerful)、敌意(hostility)、入侵(invasion)、专横的(presumptuous)、冲突(conflict)、占领(occupy)、支配地位(dominance)、军国主义(militarism)、占支配地位的(dominant)

按照国际形象理论,这些特征词在"启动效应"下会产生威胁形象。同时,它们都与"日本"高强度搭配,会不断累积和强化这一威胁形象。具体而言,这些"日本威胁"特征词大体可以分为四类:第一类建构不遵守互惠原则、采取贸易保护主义等不公平做法的日本形象,如"不公平的""贸易保护主义者"。第二类建构实行扩张主义、挑战美国、追求支配主导权的日本形象,如"扩张""挑战""攻击""支配"和"入侵"等。第三类是关于文化和人格的描述,将日本建构成

封闭、强大、铁板一块且傲慢无礼的形象，如"封闭的""庞大单一的组织""强大的"和"专横的"等。第四类建构军国主义形象，如"重新军事化"和"军国主义"等。

三、"中国"搭配词分析

（一）基于典型实词搭配的中国"他者"身份维度分析

笔者以"中国"（China）为检索词，选择检索词前后5个词为跨距，同样采用对数似然比为词语搭配强度算法，最终计算出"中国"的搭配词共5986个，搭配词均超过搭配强度显著性临界值3.84。笔者选择前200个搭配词中的典型实词进行分析。这些典型实词大部分可分为国家与地区（空间）、趋势变化、经济、政治、军事和非传统安全等6个维度，每一个维度同样按照搭配强度排名分为3个等级，如表6-5所示：

表6-5　"中国"典型实词搭配

维度	第1—50词	第51—100词	第101—200词
国家与地区（空间）	印度（India）、俄罗斯（Russia）、日本（Japan）、韩国/朝鲜（Korea）①、台湾（Taiwan）、巴西（Brazil）	世界（world）、全球的（global）、亚洲（Asia）、国际的（international）	伊朗（Iran）、亚洲的（Asian）、越南（Vietnam）、西方的（Western）、南非/非洲（Africa）②、墨西哥（Mexico）
趋势变化	崛起（rise）、更加或更多（more）	增长的（growing）、崛起的（rising）、新兴的（emerging）	发展的（developing）

---

① 通过查看搭配索引行，绝大多数情况指"韩国"（South Korea），个别情况指"朝鲜"（North Korea）。

② 通过查看搭配索引行，绝大多数情况指"南非"（South Africa），个别情况指"非洲"（Africa）。

续表

维度	第1—50词	第51—100词	第101—200词
经济	经济的（economic）、贸易（trade）	经济（economy）、出口（exports）	投资（investment）、进口（imports）、银行（bank）、出口（export）、货币（currency）、石油（oil）、市场（market）、世界贸易组织（WTO）、国内生产总值（GDP）
政治		权力（power）①、领导人（leaders）、政治的（political）、战略的（strategic）	影响力或势力（influence）、关系（tie）、合作（cooperation）、模式（model）、威权主义的（authoritarian）
军事		军事的（military）	威胁（threat）、安全（security）、核（武器）的（nuclear）
非传统安全			艾滋病毒（HIV）、环境的（environmental）

1. 国家与地区（空间）和趋势变化维度搭配词

（1）国家与地区（空间）维度搭配词

如表6-5所示，最常见的国家与地区（空间）维度搭配词是与中国具有类似身份的国家和地区词，如"印度""俄罗斯""巴西""南非"。这些国家与中国同属金砖国家。特别是"印度"，其与"中国"的搭配强度是所有实词中最高的，在所有搭配词中排名第7位。查看搭配索引行发现，这些国家经常作为某类特征的国家（如新兴经济体）被一起列举。这种强搭配反映了美国对于某类国家的认知。同时，笔者发现，除"巴西"以外，"印度""俄罗斯""南非""越南"和"墨西哥"在节点词"中国"右边的频率要远远大于在左边的频率，尤其是"印度"，

---

① 通过查看搭配索引行，power实际上涵盖了政治和军事两个方面，即指权力和军事力量，本书将其归为政治维度搭配词。

它在"中国"右边的频率是在左边频率的3倍以上。这说明，美国人在列举时最先想到或认为最重要的典型国家常常是中国。这种搭配也从侧面说明了为什么美国会把中国看作21世纪面临的最主要挑战。

　　除了金砖国家，日本、韩国也是与中国高频共现的主要国家。这两个国家都是东北亚重要国家，与中国不仅有着密切的经贸往来，还是美国的盟友，影响着整个东北亚安全框架。通过查看搭配索引行，笔者发现"日本"与"中国"共现时主要分为三种情况：一是强调美日的共同身份；二是强调中日之间的利益冲突，尤其是岛屿争端；三是强调中日的共同身份，如对美元霸权的挑战。这充分反映了在中美身份关系之下，美国对日本既拉拢又防范的心理。"韩国"与"中国"的搭配则主要集中在两国经济合作和东北亚安全问题上。

　　"世界""全球的"和"亚洲"也是和"中国"搭配强度较高的词。查看搭配索引行发现，这些词主要修饰中国的影响范围和程度，如"中国国内生产总值占世界的比重"等。此外，"伊朗"也常和"中国"高频搭配，大多数情况都是作为美国对立的"他者"时进行列举，如"危险国家""潜在对手"等，而且两者搭配出现时常与石油、核武器和制裁有关。这种搭配增强了中国作为美国对立"他者"的身份。

　　（2）趋势变化维度搭配词

　　如表6-5所示，与"中国"搭配的趋势变化类词语较多，说明美国话语对于中国力量的趋势变化非常关注。事实上，自改革开放以来，特别是2001年底中国加入世界贸易组织之后，中国无论是经济规模还是经济增长速度都令世人瞩目。那么，美国精英如何界定和看待中国的变化？首先，"崛起"是美国精英话语最主流的看法。"崛起"在所有搭配词中排名第30位，是除国家和地区词外仅次于"经济的"的词。查看其与"中国"的搭配索引行发现，2002—2004年虽然也有这种搭配，但是数量比较少，在此之后，特别是2007年之后，"崛起"与"中国"的搭配频次远远高于之前水平。这说明用"崛起"隐喻理解中国发展越来越成为美国精英的共识。"崛起"隐喻还体现在"崛起的"与"中国"的搭配中。通过查看搭配索引行，笔者发现主要短语有："崛起的中国"（rising China）、"增长的能源需求"（rising energy needs）、"崛起国中国"（rising power of China）、"增长的权力"（rising power）、"增高的国际地位"（rising international status）、"崛起的世界力量"（rising world power）等。正如本章第二节所指出的，"崛起"隐喻是一个相对概念，当将一国描述为"崛起"时，也就带有"他国相对下降"的蕴涵，尤其对霸权国来说，即使不是威胁，至少也是重要挑战。

其次，"更加或更多"是与"中国"搭配强度极高的词。查看其与"中国"的搭配索引行发现，美国精英话语中，中国的变化是喜忧参半的。一方面，对美国来说，中国变得更加正面，如"更加自由"（more liberal）、"更多美国投资"（more U.S. investment）、"更加多元的社会"（more diversified society）等；另一方面，对美国来说，中国变得更具挑战性，如"更加强大"（more powerful）、"更强制"（more coercion）、"更多诉讼"（more lawsuit）、"更强硬"（more assertive）、"产出更高"（more productive）、"更加咄咄逼人"（more aggressive）等。这反映了那个时期美国国内"鸽派"和"鹰派"对于中国不同的叙事建构。

再次，"增长的"主要描述自我之间的纵向比较。查看"增长的"与"中国"的搭配索引行发现，美国精英话语将中国建构成一个经济上和军事上权势和影响力不断增强的国家，主要短语有："增长的财富"（growing wealth）、"增长的权势"（growing power）、"增长的导弹威胁"（growing missile threat）、"比重的增长"（growing share）、"增长的影响力"（growing influence）、"增长的经济影响力"（growing economic clout）、"增长的外币储备"（more reserves of foreign currency）、"增长的海军力量"（growing naval power）、"增长的能源需求"（growing energy needs）、"增长的声望"（growing stature）、"增加的军事威胁"（growing military threat）、"愈加担心"（growing concerned）、"增长的金融影响力"（growing financial clout）等。

最后，"新兴的"和"发展的"也是与"中国"搭配强度很高的趋势变化词。主要短语有："新型市场（国家）"（emerging markets）、"新兴国家"（emerging nations 和 emerging countries）、"新兴经济体"（emerging economies）、"发展中国家"（developing countries）等。

总之，以上趋势变化维度搭配词表明，美国精英话语对中国力量变化的认知存在多重解读，但显然，"中国崛起"话语占据主导地位。

2. 经济、政治、传统安全和非传统安全维度搭配词

如表6-5所示，在经济、政治、军事和非传统安全维度中，美国精英话语最关注中国"他者"身份的经济维度，然后依次是政治、军事和非传统安全维度。

（1）经济维度搭配词

从搭配强度和数量来看，经济维度搭配词是最突出的，涉及贸易、进出口、投资、货币、市场等各个领域。通过查看这些词的搭配索引行，笔者发现，正是这些词构成的短语在"启动效应"和"累积效应"中塑造了经济维度的"中国威胁"。以"贸易"为例，其与"中国"的搭配索引行中的主要短语有："贸易逆差""贸易不平衡""贸易逆差""贸易顺差""贸易战""贸易制裁"等，并且"贸易"和"投资""货币"还常一起出现。这种高频搭配实际上将中国"货币操纵"、美国"贸易逆差"和中美"贸易战"固化。这种话语霸权掩盖了中美之间很大一部分贸易差额都与美国和西方企业有关，以及中国商品对美国低收入家庭的益处等。再如，在"中国"与"货币"的搭配索引行中，主要短语有："操纵货币（者）""操纵货币""储备货币""廉价货币""估值偏低货币"等。这些短语建构了所谓的"人民币估值偏低，中国操纵货币"的"常识"，还建构了人民币挑战美元成为世界储备货币的认知。当然，这些经济维度搭配词也并非全部指向中国的"经济威胁"。例如，查看"市场"与"中国"的搭配索引行，常见表达是"市场机会"（market opportunity）、"市场改革"（market reform）、"最大的市场"（the biggest market）、"膨胀的中产阶级市场"（bulging middle-class market）、"主要市场"（a staple market）、"巨大市场"（vast market 和 large market）、"新兴市场经济体"（emerging market economies）、"市场准入"（market access）、"市场经济地位"（market-economy status）、"增长的市场支配地位"（increasing market dominance）等。这些话语是混合话语，反映了机遇与挑战并存，一方面将中国建构成巨大的商业机会，是"中国机遇论"的主要体现，另一方面表现为不承认中国的市场经济地位，抱怨中国的市场准入问题，以及对中国市场主导地位的担忧。

（2）政治维度搭配词

首先，在政治维度搭配词中，最能体现威胁身份特征的词是"威权主义的"和"（中国）模式"。在美国"自我"身份叙事中，美国一直将其描述为自由民主的化身，而这种高频搭配将中国建构成与其对立的"威权主义国家"。同时，查看"中国"与"模式"的搭配索引行发现，主要短语有："中国模式"（China model）、"中国的国家中心模式"（China's state-centered model）、"增长模式"（growth model）、"中国的整个发展模式"（China's entire development model）、"北京模式"（Beijing model）、"另外一种模式"（alternative model）、"中国的威权主义模式"（China's authoritarian model）、"中国的经济模式"（China's economic model）等。因此，在美国精英话语中，中国代表着另外一种发展模式，被建构为对以美国为代表的西方自由市场经济模式及西方整个政治价值体系的威胁。[1]

其次，中国被建构为"政治威胁"更多是通过词语的"累积效应"实现的。查看"中国"与"权力"的搭配索引行发现，主要短语有："膨胀的权力"（growing power）、"更多的权势"（more power）、"崛起大国"（rising power）、"权力挑战者"（power challengers）、"陆权国家"（continental power）、"软实力"（soft power）、"增强其军事力量"（increasing its military power）、"海军力量"（naval power）、"全球经济实力"（global economic power）、"权力转移"（power transition）等。这些话语建构的中国是一个权力不断增长，不断挑战美国霸权，努力实现权力转移的国家。同时，通过查看"中国"与"影响力或势力"的搭配索引行，笔者发现主要短语有："扩张势力"（expanding influence）、"增长的势力"（growing power）和"中国的影响力"（China's influence）等。它们将中国建构成影响力不断增强的扩张性力量，因而

---

[1] Eric Fish, "Has China Discovered a Better Political System than Democracy?" The Atlantic Monthly, October 28, 2015, accessed April 18, 2016, http://www.theatlantic.com/international/archive/2015/10/china-politics-communism-democracy/412663/.

也就成为作为霸主的美国的威胁。

最后，美国话语还非常关注中国的政治体制。查看"政治的"与"中国"的搭配索引行发现，主要短语有："政治体制"（political system）、"政治改革"（political reform）、"政治稳定"（political stability）、"政治转型"（political transition）、"政治自由化"（political liberation）、"政治变革"（political change）、"政治合法性"（political legitimacy）、"政治民主化"（political democratization）、"政治结构"（political structure）、"政治革新"（political overhaul）、"政治机关"（political machine）等。显然，那段时期美国精英话语关注的是中国政治体制是否改革或转型，并最终走向所谓的西方"民主体制"，这也是对华"接触派"和"遏制派"争论的焦点。

此外，在政治维度高频搭配词中也有一些比较正面的词，如"合作"。通过查看"中国"与"合作"的搭配索引行，笔者发现其主要强调的是中美之间在经济、公共卫生及其他关键领域的合作，反映了美国对华接触的意愿。

（3）军事维度搭配词

如表6-5所示，虽然从词语搭配强度和数量来说，军事维度搭配词略低于政治维度搭配词，但军事维度仍是美国话语关注中国的重要维度。首先，通过查看"中国"与"军事"的搭配索引行，笔者发现主要短语有："军事力量"（military power）、"军事能力"（military capabilities）、"军备建设"（military buildup）、"军事现代化"（military modernization）、"军事演习"（military exercise）、"军事野心"（military ambitions）、"国防预算"（military budget）、"实际军费"（actual military spending）、"军事崛起"（military ascendance）、"军事对抗"（military confrontation）、"军事意图"（military intentions）、"军事交流"（military exchanges）、"军事合作"（military cooperation）等，并常与诸如"强大的"（powerful）、"增加的"（increasing）、"增长的"（growing）、"扩张的"（expanding）、"广泛的"（extensive）、"大规模的"（massive）、"更强大的"（stronger）这类修饰性形容词一起出现。可以看出，虽然关于中国军事的话语中有"军事交流""军事合作"等中性和正面的短

语，但是绝大部分短语都在重复中国不断推进军事现代化、军力不断增强、军费不断增加，从而将一个军费远远少于美国、军事技术不如美国和从来没有主动攻击美国意图的中国建构成美国的"军事威胁"。换句话说，这种霸权话语实际上自动屏蔽了中国的军事发展是基于自身安全的合理需要。其次，笔者还分别查看了"中国"与"威胁""核（武器）的"的搭配索引行，常见的短语有"军事威胁""严重威胁""中国威胁""来自中国的威胁""核力量""核武器""洲际核武器"等。这些高频搭配词同样既是威胁话语的表现，又在不断强化"军事威胁"的认知。

（4）非传统安全维度搭配词

"中国威胁论"不仅涉及传统安全议题，还涉及公共卫生、环境生态和网络安全等议题，非传统安全维度高频搭配词也印证了这一点。如表6-5所示，"艾滋病毒"和"环境的"进入所有搭配词的前200。首先，以"艾滋病"为代表的公共卫生威胁。在《美国国家安全战略报告》中，公共卫生特别是大规模传染性疾病已被列为美国的国家安全威胁。[①] 通过查看"中国"与"艾滋病毒"的搭配索引行，笔者发现美国话语将中国描述成"艾滋病毒"不断蔓延，感染人群庞大，几乎处于"艾滋病危机"（HIV crisis）的边缘。同时，这些美国精英话语还将艾滋病与中国政治体制等联系起来，进而建构更加负面的中国形象。[②]其次，中国对环境的威胁。查看"中国"与"环境的"的搭配索引行发现，常见的表达有："环境危机"（environmental crisis）、"环境破坏"（environmental damage）、"环境问题"（environmental problems）、"环境恶化"（environmental degradation）、"环境保护"（environmental protection）、"环境挑战"（environmental challenges）、"环境负担"（environmental burden）等。在这些话语中，中国的生态环境遭到严重破坏并持续恶化，甚至出现严重生态危机。

---

① The White House, "National Security Strategy of the United States of America," May, 2010.

② Bates Gill, Jennifer Chang and Sarah Palmer, "China's HIV Crisis," *Foreign Affairs* 81, Issue 2 (2002): 96-110.

（二）"中国威胁"的主要特征词

上文解析了美国精英话语建构中国"他者"身份的主要维度。这些典型实词中有些本身就是威胁形象特征词，但大多数词并不直接具有威胁形象启动功能。笔者采用统计"苏联威胁"和"日本威胁"主要特征词的方法，"中国威胁"的主要特征词如表6-6所示：

表6-6 "中国威胁"的主要特征词

第1—500词	第501—1000词
威胁（threat）、威权主义的（authoritarian）、共产主义的（communist）、挑战（challenge）、威胁（threaten）、强大的（powerful）、强硬的（assertive）、战争（war）、扩张的（expanding）、龙（dragon）	扩张（expand）、冲突（conflict）、扩张（expansion）、咄咄逼人的（aggressive）、对抗（confrontation）、对抗（rivalry）、支配地位（dominance）、对手（rival）、野心（ambition）、攻击（attack）、专制（autocracies）、占支配地位的（dominant）、操纵者（manipulator）

按照国际形象理论，表6-6中的词语都会在"启动效应"下产生威胁形象。同时，它们都属于与"中国"高强度搭配的词汇，会不断启动和强化中国的威胁形象。此外，在西方语境下，"龙"的邪恶意象也被建构为"中国威胁"的重要特征之一。

四、苏、日、中三大"威胁"比较

（一）苏、日、中"他者"身份维度比较

1. 国家与地区（空间）维度与趋势变化维度

如表6–1、表6–3和表6–5所示，苏联、日本和中国这三大美国"对手"在国家与地区（空间）维度有以下异同：第一，苏联的"他者"空间身份主要集中在中东欧地区，日本的"他者"空间身份主要体现在西方发达国家和亚洲地区，中国的"他者"空间身份则主要体现在新兴国家和亚洲地区。第二，德国既是建构苏联"他者"身份，也是

建构日本"他者"身份最常见搭配出现的国家，而印度则是建构中国"他者"身份最常见搭配出现的国家。笔者发现，美国在应对外部威胁挑战时非常善于采取分化策略，它将与日本有类似贸易问题的德国建构为同类，而只将日本塑造成"威胁"，分而治之。为了应对中国，美国欲试图拉拢与中国同为新兴经济体的印度，构建围堵中国的"印太战略"。第三，在三个不同时期，苏联（俄罗斯）[①]、日本和中国均分别出现在美国建构"他者"身份的国家和地区词名单，因为它们一直都是世界政治舞台中重要的一员。这也从侧面说明，美国威胁故事建构符合一般故事建构，不仅需要"英雄"和"恶棍"两个主角，还会将其他国家的角色纳入剧本。

就趋势变化维度来说，与"中国"搭配出现的趋势变化类词最多，与"日本"的次之，与"苏联"的最少。这些搭配词建构的"他者"身份有何特点？首先，"更加或更多"是与三者都搭配的词，但具有不同特点：从搭配强度对数似然比来看，与"中国"搭配最强，与"日本"次之，与"苏联"最弱；从搭配内容来看，美国对于苏联主要关注态度、威胁程度等变化，对于日本更加强调经济实力的增长，而对于中国则更关注态度、经济、军事、政治与社会的变化。

其次，在趋势变化上，中日两国都是被看作"崛起性力量"，但是中国的"崛起"身份要远远大于日本。"中国"与"崛起"的搭配在其所有搭配词中排名第30位，搭配强度对数似然比超过1000，而"日本"与"崛起"的搭配强度对数似然比不足80，在其所有搭配词中排名第228位，超出本书设定的前200词范围。相比之下，"苏联"与"崛起"的搭配在其所有搭配词中排名第5600多位，勉强超过搭配显著性临界值。

此外，"中国"和"日本"的高频搭配词中都有"增长的"这个搭配词，话语都强调力量变化，特别是两国经济实力的跃升，以及引起美国的更大担忧。但是，在描述中国时，"增长的"涉及的范围不仅包括经济，还包括军事力量。

---

① 苏联解体后，出现的词是"俄罗斯"。

2. 经济、政治、军事和非传统安全维度

首先，通过比较上文对苏联、日本和中国"他者"身份维度的分析，笔者发现"苏联威胁"主要体现在政治和军事维度，"日本威胁"主要体现在经济维度，而"中国威胁"涵盖了经济、政治、军事、非传统安全维度。换句话说，美国精英话语建构的"中国威胁"是混合了"苏联威胁"和"日本威胁"的综合体。具体而言，第一，在美国威胁话语中，中国和日本都具有"经济威胁"，都涉及贸易逆差、货币与汇率和市场准入等问题。但是，从词语搭配强度上来说，中国和日本还是有所差别的。例如，以搭配词"经济的""贸易""顺差""逆差"为例，它们与"日本"的搭配强度对数似然比分别是1037、810、331、191，而它们与"中国"的搭配强度对数似然比分别是1357、775、99、71。① 可见，中国经济上的"他者"身份似乎更强一些。同时，非常明显的是，美国在贸易方面，尤其是贸易差额方面，对日本的关注强度大于中国。第二，在美国精英话语中，中国和苏联都具有"政治威胁"，但是苏联的威胁强度明显大于中国。在政治上，苏联是"共产主义的""帝国主义的"扩张性威胁，而与"中国"搭配前200的词中只有"模式"和"威权主义的"，且搭配强度对数似然比也远低于前者。需要指出的是，与"中国"的搭配词中也有"共产主义的"，但是搭配强度对数似然比仅有148，远低于其与"苏联"的搭配强度对数似然比529。第三，在美国精英话语中，苏联和中国都具有"军事威胁"，但是无论从搭配词数量还是威胁程度上看，苏联的威胁都要大于中国，如"苏联"的高频搭配词中有"侵略"和"攻击"等词。第四，"非传统安全威胁"是中国"他者"身份所特有的。如表6-1、表6-3和表6-5所示，与苏联和日本不同，中国"他者"身份除了传统的经济、政治和军事维度，美国精英话语还建构了中国的非传统安全维度。这主要是因为21世纪以来美国国家安全概念在不断扩大，从传统的军事、政治和经济领域逐渐扩展到低位政治的公共卫生、环境和网络等领域。

---

① 这里将对数似然比进行了四舍五入处理。

（二）苏、日、中"威胁"特征词比较

如表6–2、表6–4和表6–6所示，本书分别分析了美国精英话语建构"苏联威胁""日本威胁"和"中国威胁"的特征词。下面，笔者将对这三组威胁特征词进行比较分析。第一，从特征词的数量和威胁程度来说，苏联的"威胁"最强，中国次之，日本最小。第二，"扩张"和"支配"是美国话语建构三种"威胁"的共有特征。美国精英话语认为，三者都是扩张性力量，挑战了美国的势力范围，目的是获取支配权。这也说明了美国对于自我霸权身份的危机感。同时，也应注意到，苏联、日本和中国被作为扩张性力量的程度有所差别。例如，从搭配强度来看，"扩张"与"苏联"的搭配强度对数似然比是259，均高于"扩张"与"日本"和"中国"的搭配强度，因此美国认为苏联更具扩张性。[1] 第三，苏联最具挑衅性和好斗性，中国次之，日本最弱。"咄咄逼人的"和"强硬的"是描述好斗性的词，前者的程度要高于后者。笔者分别查看了"苏联""日本"和"中国"与这两个词的搭配索引行，发现"苏联"只与"咄咄逼人的"有搭配关系，搭配强度对数似然比为78，"日本"只与"强硬的"有搭配关系，搭配强度对数似然比为8，而"中国"与"咄咄逼人的"和"强硬的"都有搭配关系，搭配强度对数似然比分别为59和82。可见，在美国建构的威胁故事中，苏联比中国更好斗，而且在描述中国时他们更倾向使用"强硬的"。第四，"苏联威胁"最突出的特点是意识形态、政治体制，"日本威胁"最突出的特点是经济上的不公平做法、文化上的对立（如"封闭的""庞大单一的组织"），而"中国威胁"是意识形态、政治体制、文化对立以及经济等多方面问题的叠加体。

---

[1] 在"苏联威胁"主要特征词中，表达"扩张"含义的expansion和expansionism都排在前500词，其中expansion的搭配强度对数似然比高达259；在"日本威胁"主要特征词中，表达"扩张"含义的前500词中只有expansion，另有expand处于前501—1000词，其中expansion的搭配强度对数似然比为72；在"中国威胁"主要特征词中，表达"扩张"含义的前500词中只有expanding，另有expand和expansion处于前501—1000词，其中expanding的搭配强度对数似然比是78。

结　论

　　我们所接触到的历史事实从来不是"纯粹的历史事实"，因为历史事实不以也不能以纯粹的形式存在：历史事实总是通过记录者的头脑折射出来。①

——爱德华·卡尔（Edward Carr）

　　事实上，关于国家安全的辩论通常都是以主导叙事为基础的。这些主流叙事通过清晰的人物设定和故事情节将当前的挑战、过去的失败和胜利以及可能的未来编织成一个连贯的故事。②

——罗纳德·克雷布斯

　　威胁问题是国际关系研究的核心议题。与之前大多数研究更多关注威胁辨认和应对不同，本书尝试从话语视角解构威胁的形成路径，是以后结构主义国际关系理论为基础，同时借鉴认知语言学、政治心理学、叙事学、历史学、语料库语言学等学科的最新研究成果进行的跨学科研究。笔者提出了话语威胁"共识"建构路径的一般分析框架，并以二战后美国先后出现的三大"对手"，即所谓"苏联威胁""日本威胁"和"中国威胁"为分析对象，解构美国威胁话语的建构，并通

---

① 爱德华·卡尔：《历史是什么？》，陈恒译，商务印书馆，2007，第106页。

② Ronald Krebs, *Narrative and the Making of US National Security*, p.3.

过案例比较更全面地展示威胁话语的建构逻辑。本书认为，物质因素必须经过话语的阐释才具有意义，威胁是话语建构的社会产物，而不是一个等着人们去发现的纯粹客观之物，并论证和展示了威胁是国家安全话语建构"自我"身份时的对立"他者"。本书并不是要否定既有研究，特别是从物质主义角度对威胁的研究，而是要弥补这一研究对威胁形成过程解释力和关注力不足的问题。

一、理论研究的反思

本书研究的起点是后结构主义关于语言对世界建构作用的论述。后结构主义认为，话语具有本体意义，并非只是一种反映现实的透明工具。语言符号系统是一个独立的系统，能指与所指之间不存在必然的内在关联，语言的意义来自符号之间的差别，特别是以二元对立的方式建构出的意义和身份，这种话语与意义的建构与权力交织在一起，建构出代表"真理知识"的霸权话语，同时试图将其他话语边缘化。在国际关系研究中，话语的建构性突出地表现在其对身份的建构作用中。身份被看作话语的、关系性的、动态的和不稳定的。"自我"身份的建构依赖于话语对"他者"的阐释，威胁是话语建构的与"自我"对立的"他者"。

但是，目前的后结构主义国际关系研究主要关注的是不同话语建构了什么样的身份以及这种身份与对外政策的建构关系，而对于本书所关注的话语"如何"建构威胁的内在机制关注很少。因此，本书在借鉴认知语言学、政治心理学、叙事学、历史学、语料库语言学等学科最新研究成果的基础上，尝试解决语言建构性内在机制的问题。笔者提出了话语建构威胁的三大路径，即词语的"启动效应"和"累积效应"、隐喻认知框架和叙事认知框架。在词语路径中，词语的"启动效应"主要指当某些具有威胁形象特征的词语与国家共现时就会启动人脑中的威胁形象；词语的"累积效应"指话语通过反复出现且经常以隐性方式重复出现来建构某种威胁"常识"，而不必与"事实"接触。这种路径下建构的威胁基本可以通过统计搭配词词频的方式进行经验性（empirical）验证。在隐喻路径中，话语的威胁建构是通过隐喻认知框架发挥作用的。隐喻是人们认知世界的基本方式，是源域到靶域的映射。换言之，事物的意义常常不是来自事物本身，而是通过人们已有的、熟悉的、具体的经验获得对另一个域的事物的理解，即意义建构。隐喻通过其认知框架进行有选择性的意义建构、议程框定，并进行隐喻推理，从而将一个有多种阐释可能的"事实"建构为对立的"他者"身份。在叙事路径中，话语的威胁建构主要通过叙事认知框架起作用。叙事是人们认知世界的又一基本方式，人们"使用叙事来阐释和理解政治现实"，从而建构出身份。[①] 叙事通过对"事实"的选取和内容的编排为人们提供一个连贯的故事性理解，而这个故事作为"叙事模板"框定着人们对事物的理解并引导着人们的行为。根据以上分析框架，本书对二战之后美国先后建构的"苏联威胁""日本威胁"和"中国威胁"进行了经验性分析。结果表明，该分析框架具有很强的解释力，话语通过这三大路径从具有多种阐释可能性的"事实"中框定出"对手"具有威胁的"共识"。

二、美国威胁话语光谱下的三大"对手"

（一）美国对三大"对手"威胁话语的建构

通过第三至六章的定性和定量分析，笔者解构了美国如何通过话语建构了二战之后先后出现的"苏联威胁""日本威胁"和"中国威胁"。美国通过建构一系列隐喻和叙事认知框架从众多可能的"事实"中框定出"对手"的"威胁脸谱"，并不断通过这样的故事和词语搭配固化和强化这种认知。

第一，"苏联威胁"。苏联是二战结束后美国面临的最大"对手"，两国关系从战时盟友迅速蜕化成两大对立集团。表面上，这似乎很符合现实主义的常识。但是，笔者发现，1945年二战结束时，美苏关系

① Molly Patterson and Kristen Monroe, "Narrative in Political Science," *Annual Review of Political Science* 1 (1998): 32; Margaret Somers, "The Narrative Constitution of Identity: A Relational and Network Approach," *Theory and Society* 23, no. 5 (1994): 606-649.

既有冲突也有合作可能，而且从战后制度设想来看，如建立联合国和开放的全球市场，美国主流精英和大众更希望双方可以合作，至少不是像冷战那样敌我对抗。基辛格曾指出，美国人当时真心诚意地希望"与每一个人和睦相处"，战胜国将在战后"携手合作"。[1] 但是，二战之后，苏联"他者"被迅速"恶棍化"，美苏两国迅速进入"敌我"冲突的螺旋上升式的恶性循环。这并不是因为什么重大历史事件或物质性力量的突变，而是因为凯南的"长电报"、丘吉尔的"铁幕演说"和杜鲁门的"杜鲁门主义"等一系列话语网络建构的隐喻和叙事认知框架。"长电报"能够在"苏联威胁"和冷战形成中起到如此重要的作用，是因为它开创了美苏冷战故事的基本架构，压倒性地成为人们认知和阐释事物意义的认知框架。之后的冷战故事虽然在具体情节上有所变化，但是其基本故事框架都是在"长电报"叙事建构的认知框架内的。正如前文所分析的，"长电报"将错综复杂的美苏关系简单极化处理为"资本主义"和"社会主义"之间的斗争关系。之后，丘吉尔的"铁幕"隐喻和杜鲁门的"两种生活方式"叙事建立的认知框架与"长电报"一起，在整个冷战故事中起到同样的作用，即建构一个二元对立、非白即黑的世界。只有将美苏两国从复杂的关系中剥离，才有可能建构出故事所必需的"英雄"和"恶棍"角色。接着，美国还需要对苏联进行"恶棍化"处理。"长电报"使用了"疾病"和"病态"等隐喻和叙事将苏联刻画成"病态的、神经质的、毫无安全感的"。"铁幕"隐喻框定的也是这一认知框架。这些都与随后的"遏制"隐喻在认知上是一致的。同时，"杜鲁门主义"将希腊、土耳其危机建构为共产主义扩张的结果，作为"英雄"的美国和作为"恶棍"的苏联之间的冷战故事就以官方形式正式上演了。之后，《68号文件》在确认此框架的基础上又继续展开"苏联威胁"故事，使用"邪恶"等宗教性隐喻，"奴隶（制）"和"帝国"等非民主社会制度方面的隐喻，"卫星""轨道"和"极"等物理隐喻，强化和加剧了苏联对美国"自我"的"威胁"。

---

[1] Henry Kissinger, *For the Record: Selected Statements, 1977–1980* (Boston: Little, Brown and Company, 1981), pp.123-124.

值得一提的是，物理隐喻框架将美苏关系建构成一种简单的机械关系，给人一种客观而无法改变的印象。此外，"冷战"和"多米诺骨牌"等隐喻都对建构"苏联威胁"认知和"苏联威胁"故事起到重要作用。

第二，"日本威胁"。"日本威胁"主要出现在20世纪80年代中后期和90年代初，常被解读为日本经济高速发展等物质因素变化的必然结果。但是，物质力量仅为话语阐释提供了一种可能性而非必然性，其意义的生成依赖于隐喻和叙事建构的认知框架。笔者发现，20世纪六七十年代是日本经济发展速度最快的时期，但在80年代以前，美国精英话语对于日本的认知框架是冷战盟友叙事，因此日本高速的经济发展被称为令人惊叹的"日本奇迹"。换句话说，日本的发展不但不是威胁，还被看作学习西方自由市场经济模式的典范。此外，80年代美国高涨的贸易赤字和日本对美国投资等本身也不能表明日本是"威胁"，因为贸易赤字并不能说明是日本的问题，况且日本对美国的投资也一直远远小于英国对美国的。但是，20世纪80年代以来，"日本威胁论者"建构了新的隐喻和叙事认知框架来框定日本的"他者"身份。这一身份的转变源自对"日本奇迹"的探究。"日本威胁论教父"查默斯·约翰逊为了探究"日本奇迹"的奥秘提出了"发展型国家"概念，从而将日本从西方自由市场的资本主义身份中剥离，具有了与美国自由市场经济模式不同的政治经济体制身份。除了"发展型国家"隐喻和叙事，这些威胁话语还建构了"珍珠港""敌对贸易""黄祸论""代理人"等隐喻和叙事认知框架。以这些认知框架理解日本及其行为，日本企业的发展就变成了由政府支持的、与美国企业进行的不公平竞争，日本和美国的经济冲突就成了太平洋战争的延续，美日贸易就被看作日本对美国实行的敌对贸易，日本人成了文化上封闭、"有钱没有道义"之人，日本也被建构为利用美国制度漏洞雇用"代理人"操纵美国经济政策的幕后指使者。"东芝事件"和"FSX战机事件"充分体现了这些隐喻和叙事认知框架在建构"日本威胁"时的意义和作用。

第三，"中国威胁"。中美关系错综复杂，无论是从"鹰派"还是从"鸽派"角度看，似乎都可以找到证据，所以问题不在于证据或"事实"本身，而在于其话语所建构的认知框架。进入21世纪，两派在认知中国物质力量变化的框架上达成共识，即"崛起"隐喻。这同其他话语和因素一起很快促成了认知中美关系时最重要、最广泛的认知框架，即"崛起国与守成国"叙事模板，"中国威胁"话语成为美国国家安全叙事中的主流叙事。不过，"中国威胁"故事不像"苏联威胁"故事那样有着连贯一致和清晰的故事主线和议程，还在不断演化中，存在多种发展方向。在经济方面，美国威胁话语主要使用了"挑战者"叙事框架以及包含"盗窃者"和"操纵者"隐喻框架的"经济受害者"叙事。在政治方面，美国主要采用了强调意识形态和政治制度的冷战话语脚本，即"存在性威胁"叙事模板，和强调不同政治经济发展模式的"中国模式"叙事模板，以及渲染利用"代理人"从美国内部威胁美国政治经济安全的"全社会性威胁"叙事模板。在军事方面，"中国威胁论"通过不断渲染中国军事实力和军费的提升、军事技术的发展、新式武器装备的列装和"军事不透明"等来建构所谓的"中国军事威胁"。在非传统方面，"中国威胁论"主要塑造了"中国网络威胁""公共卫生威胁"和"生态环境威胁"等。此外，美国威胁话语还利用传统种族主义话语（如"黄祸论"）和文化种族主义话语（如"文明冲突论"）等建构中国负面的"他者"身份。"更强硬"叙事和"修昔底德陷阱"隐喻都充分体现了隐喻和叙事在"中国威胁"形成和外交政策演变中的作用。

（二）美国建构对手威胁的差异性与延续性

通过前面章节的分析，笔者发现，在面对三个先后出现的不同"对手"时，美国建构了不同的威胁故事："苏联威胁"是一个以意识形态为核心的争夺世界统治权的故事；"日本威胁"是一个采取不公平贸易做法和不公平竞争侵蚀和动摇美国霸权的"经济受害者"叙事；"中国威胁"则相对比较复杂，还在演化中，其中之一是传播广泛和范畴更宏大的以崛起国与守成国争夺权力为主线的故事。笔者还发现，美国在建构三大"对手"威胁时，既体现了差异性，又表现出延续性。这些差异性主要体现在以下四个方面：

第一，"苏联威胁"主要是意识形态、政治和军事三个领域的威胁，

"日本威胁"主要是经济威胁，"中国威胁"则比较复杂，不仅包括"苏联威胁"和"日本威胁"的几乎所有维度，还包括特有的非传统安全维度，特别是近年"网络威胁"叙事愈加凸显。

第二，虽然中国和苏联都被建构为意识形态、政治和军事威胁，但是从威胁程度上看，中国和苏联是有明显差别的。在意识形态方面，意识形态冲突是"苏联威胁"的核心主线，而中美之间虽然也有意识形态问题，但很少有美国人认为中国现在会输出共产主义意识形态，并普遍认为中国在对外政策上并非强调以意识形态为标准，而更多是基于国家利益考量。在政治方面，苏联与美国是"极权专制独裁"与"自由民主"的极端对立身份，中国则被建构为所谓的"威权国家"，从称谓上可以看出对立程度要比苏联低。在军事层面，"苏联威胁"是紧迫的、全球性的，而"中国威胁"主要是地区性的。同时，美国虽然认为中国会改变亚太军事平衡，但还是相信自身在全球军事中具有压倒性的优势地位。

第三，虽然中国和日本都被看作主要的经济威胁，但也有所不同，而苏联几乎完全不涉及经济威胁。在威胁叙事模板建构中，因为日本处于原有盟友话语体系内，美国主要采取概念创新模式，如"发展型国家"和"敌对贸易"，将日本从原有盟友叙事认知体系中剥离。对于中国，美国则主要采取美国文化叙事中对中国的刻板形象，主要以"操纵者"和"盗窃者"等叙事模板进行建构。

第四，苏联、日本、中国都被认为从美国国家内部"威胁"美国安全，但各有特点。"苏联威胁"主要强调军事安全方面的间谍威胁，以及政治方面的内部破坏和颠覆活动；"日本威胁"主要被建构为日本出于经济目的利用"代理人"影响美国对日态度与政策，以及针对美国公司的经济间谍活动；"中国威胁"被渲染为利用"代理人"对美国进行渗透，因此被看作"全社会性威胁"。

看到差异性的同时，笔者也发现美国对于三大"对手"的叙事建构还体现了一定的延续性。这不仅体现在威胁维度的建构，更为重要的是体现在美国威胁话语建构的深层逻辑，即任何国家，无论是竞争对手、盟友还是非敌非友，只要可能威胁到美国自我建构的霸主身份，美国总会按照自己的霸权话语逻辑编写一个与"自我"对立的"他者"威胁故事，从而削弱对手，为维护自身霸权提供合法性。具体而言，这种延续性可以从以下五个方面加以理解：

第一，威胁叙事是美国身份建构不可或缺的部分。美国并不是传统意义上的民族国家，而是一个典型的以价值认同为核心的"想象共同体"，始终需要将这些价值理念指向一个对立的"他者"来确认"我们是谁"，失去了"他者"或"敌人"也就失去了"自我"。[①] 因此，二战后，美国将对立"他者"指向苏联来确认"自我"所谓的"自由世界领导者"身份。在美苏争霸相对缓和而自身面临经济危机时，美国将对立"他者"指向日本的"发展型国家"模式来确认"自我"所谓的"自由市场经济领导者"身份。随着中国物质力量持续快速上升，美国又"编织"中国对其的挑战来维护"自我"身份叙事中的"世界霸主"身份。

第二，美国的霸权话语逻辑。美国建构对手的叙事存在一个深层的霸权话语逻辑，即美国代表着对与善，注定领导世界，美国必须第一。正如亨廷顿所宣称的那样，"一个没有美国主导的世界将会出现更多暴力和混乱，更加不民主，经济增长更慢"。[②] 因此，无论是谁威胁到美国的领导权都是无法被接受的。虽然这一叙事逻辑听起来极其荒谬，但它被广大美国精英所接受，因为它源于美国建构的"自我"身份——"美德"与"权力"。[③] 在这种"自我"叙事中，美国是"山巅之城""天定命运""上帝的选民"，站在天然的道德制高点。因此，美国在正常的经济交往中表现不及当年的日本和当前的中国时，都不会检视自己的问题，而是将问题归咎于"他者"的"不公平贸易做法"。美国在很多问题上的"双重标准"也与这种"自我"叙事有关。同时，这种道义上的优势又为美国必须拥有远超别人的权力，特别是军事优

---

① Samuel Huntington, *Who Are We? The Challenges to America's National Identity* (New York: Simon & Schuster, 2004).

② Samuel Huntington, "Why International Primacy Matters," *International Security* 17, no. 4 (1993): 83.

③ Chengxin Pan and Oliver Turner, "Neoconservatism as Discourse: Virtue, Power and US Foreign Policy," *European Journal of International Relations* 23, no. 1 (2017): 74-96.

势，提供了合法性。因此，所谓的"中国军事威胁"不是中国超过美国或者与美国军事实力达到平衡，而是只要威胁到美国绝对军事优势就是威胁，只要他国能够对美国军事力量有还手之力就是威胁。

第三，"他者"的威胁是美国关于自我想象的映射。虽然美国在面对三大"对手"时建构了不同的威胁面孔，但是这些威胁面孔的建构都是美国自我想象的映射。所谓"威胁"就是将"他者"与"自我"建立对立映射。美苏被建构成资本主义自由民主体制与共产主义独裁暴政的对立，日美被建构成不公平贸易做法与互惠自由贸易的对立，中美则被建构成崛起国挑战美国霸权秩序等多种对立。

第四，恐惧的政治经济学。虽然在面对三大"对手"时美国都有建构其他叙事的可能，但最终常常是威胁叙事胜出。这在很大程度上与美国恐惧政治经济土壤有关，特别是美国军工复合体的角色。[①] 无论是二战刚刚结束之后，还是2008年金融危机之后，美国都面临着削减军事开支的巨大财政压力，军工复合体需要"恐惧"为国防预算提供合法性。20世纪80年代中后期，也就是日本在高科技行业"威胁"美国军工高科技企业时，美国军工复合体态度的转变促成了美国政府对日本高科技企业的打击和建构"日本威胁"叙事。

第五，根深蒂固的种族主义。种族主义一直是美国内政难以根除的顽疾，虽然近几十年赤裸裸的种族主义在美国主流叙事中已经失去合法性，但当出现所谓外部对手时就会时而浮现出来，或者改头换面，用于威胁建构。例如，虽然日本早在19世纪末就开始"脱亚入欧"，但是日本在文化上始终未被真正接受。当美国面临日本经济竞争时，沉淀在美国历史记忆深处的"黄祸论"等就再次泛起，用来建构美日经济竞争的不公平性以及日本经济赶超美国的"不合法性"叙事。同样，当美国霸权面对崛起中国时，美国利用"黄祸论"的刻板负面形象建构中美经济"不公平竞争"叙事。这和美国国家身份中的种族主

---

① 可参见：Paul Koistinen, *The Military-Industrial Complex: A Historical Perspective* (New York: Praeger, 1980); Chengxin Pan, *Knowledge, Desire and Power in Global Politics: Western Representations of China's Rise* (Cheltenham: Edward Elgar, 2012); Robert Uriu, *Clinton and Japan: The Impact of Revisionism on US Trade Policy* (New York: Oxford University Press, 2009).

义烙印是分不开的，对于人种和文化不同的国家，美国始终有着"非我族类"的歧视、不安和恐惧。

三、中国话语权建设的思考

当前，虽然中国的经济规模早已跃居世界第二，但是中国的话语权仍笼罩在以美国为首的西方经济霸权和话语霸权双重阴影之下，需要积极应对。本书主要对美国威胁话语建构方式进行解构，实际上是话语建构的逆过程。因此，对美国威胁话语的解构能够为中国话语权建设，尤其是应对美西方威胁话语方面，提供一些启发和帮助。本书认为，在话语建设中需要注意以下五点：

第一，"别想那只大象"认知现象与议程设定。话语权的重要表现方面之一就是议程设置能力。美国国会共和党参议员、2016年美国总统大选竞选人特德·克鲁兹（Ted Cruz）曾指出，"无论是在法律还是政治领域，我认为最根本的战斗是框定叙述的元战斗（meta-battle）"，"选择在哪里作为战斗的战场就决定了胜负"。[①] 隐喻与叙事是话语建构认知的框架，具有决定"话语战场"的功能。但是，如何将这些认知框架激活或植入人们脑海是一门技巧与艺术相结合的学问。"别想那只大象"认知现象具有重要的启发和借鉴意义。"别想那只大象"认知现象是莱考夫在《别想那只大象！：知晓你的价值观并框定辩论节奏》一书中提出的。具体而言，当一个人反复向人们说"别想那只大象"时，人们会发现自己不但不会停止想象，而且还会深陷其中。[②] 这里的"大象"就是一个认知框架，当人们试图否定它时，人们其实是在唤起这个框架。因此，框定议题的基本原则之一就是当人们试图反对另一方时，不要使用对方的语言。[③] 美国学者艾利森在提出"修昔底德陷阱"

---

① Jeffrey Toobin, "The Absolutist," *The New Yorker*, June 30, 2014, accessed February 11, 2017, http://www.newyorker.com/magazine/2014/06/30/the-absolutist-2.

② George Lakoff, *Don't Think of an Elephant!: Know Your Values and Frame the Debate* (Vermont: Chelsea Green Publishing Company, 2004).

③ Ibid., p.93.

隐喻时巧妙地运用了这一规律。他在《金融时报》《纽约时报》和《大西洋月刊》上发表的三篇文章都打着中美需要避免"修昔底德陷阱"的招牌，不知不觉地将"修昔底德陷阱"框架植入人们脑海，无论是批评者还是支持者的脑海中都有了一个"修昔底德陷阱"，并在争论中不断被强化。因此，中国应该学习借鉴这些话语认知规律来设定对外关系议程。

第二，隐喻特别是新奇隐喻的建构。正如前文所述，隐喻如同"滤镜"一样过滤着人们的认知和引导着人们的行为，一个好的隐喻起着事半功倍的作用。但是，隐喻不是孤立的，笔者发现，隐喻能够产生共鸣在很大程度上依赖于其背后互文性的话语网络。"修昔底德陷阱"隐喻能够不断蔓延，很重要的原因是原有话语中有诸如"中国崛起""美国衰落""零和游戏""权力转移"等隐喻构成的话语网络的支撑，并不断激活着"修昔底德陷阱"认知框架，构成该框架的"格式塔回路"（gestalt circuit）。① 当前，中国如何建构大众传播中抓人眼球的新奇隐喻？莱考夫提出的建构隐喻五原则很有启发意义。其一，隐喻应该突出某些特征，同时掩盖其他特征；其二，隐喻不仅要蕴涵（entail）其他概念，更要蕴涵这些概念的具体方面；其三，隐喻要赋予本体新的意义；其四，隐喻要能支持行动，为推断提供理由，并能帮助设定目标；其五，隐喻要与文化和过去的经历产生共鸣，从而自然地忽略掉它掩藏的方面。②

第三，讲好故事。如何讲好故事呢？通过对苏联、日本和中国案例的分析，笔者认为有三点值得注意。首先，好的故事都将该文化中的神话故事、历史记忆等既有叙事有机结合起来。本书发现，"长电报"将美苏关系定位成"资本主义和社会主义的对立关系"叙事能够很快被决策精英接受，很大程度上应该与十月革命后美国出现的"反共思潮"话语有关。其次，好的故事是简单的故事。那些传播最广、影响

---

① 关于"格式塔回路"，可参见：George Lakoff, "The Neural Theory of Metaphor," in Raymond Gibbs, ed., *The Cambridge Handbook of Metaphor and Thought* (Cambridge: Cambridge University Press, 2008), p.21.

② George Lakoff and Mark Johnson, "Conceptual Metaphor in Everyday Language," pp.481-482.

力最强的故事往往是简单的故事，因为故事框架最容易被人理解、记住和接受。回顾40多年的冷战史，虽然在不同时期美苏故事的具体情节有变化，但是一直保持着"长电报"确立的非常典型的"英雄"与"恶棍"的故事，即美国为捍卫自由和世界和平与安全同苏联进行斗争的故事，人物形象简单、标签化，易于记忆和判别。相比之下，"日本威胁"话语和"中国威胁"话语中的日本和中国形象则要复杂得多。值得警惕的是，"中国威胁论"中的"修昔底德陷阱"隐喻叙事有将中美关系简单化和脸谱化的趋势。最后，讲好故事不等于只讲正面的宏观叙事。对于中国，向世界人民讲好中国故事要尽量符合受众国话语生产和传播的规律。从某种意义上说，在破解美国等西方国家的"中国威胁论"时，将中国真实、立体、全面的形象传播出去，讲述一个个生动的具体故事，就可以抑制很多威胁故事的生存和传播空间。

第四，概念创新是话语权建设的核心内容。话语权建设不仅表现在量的提升方面，更重要的是能够根据人们的愿景建构新的能够被广为接受的概念。笔者发现，在"日本威胁"形成时，查默斯·约翰逊创造出一个新的"发展型国家"概念，并被广泛接受，因此日本就被美国从西方阵营中剥离。需要注意的是，这种概念创新不是闭门造车，而是要形成深厚的话语网络支撑体系。此外，深入的国别与区域研究是这种概念创新的重要源泉。无论是费正清对中国的研究，还是查默斯·约翰逊对日本的研究，都来源于其进行的国别与区域研究。

第五，"污名化"运用的启示。正如本书第四章所指出的，美国国内一直有人批评"日本威胁论者"是种族主义者。这与人们广泛使用"敲打日本"来指代"日本威胁论"有关。"敲打日本"是由日本支持的美国智库游说者有意发明和传播的，其本身具有种族主义的内涵，而这一种族主义内涵与美国反对种族主义的核心价值观是对立的。也就是说，"日本威胁"话语的命名被"污名化"了。从这个意义上讲，在破解"中国威胁论"时，除了反驳，还可以考虑如何将其逆向"污名化"，将其塑造成美国主流价值观的对立面。

四、进一步研究方向

本书主要从话语建构性的内在机制角度分析了话语如何建构威胁，不仅涵盖了三个时期美国对三个不同国家的话语构建，而且还跨越了认知语言学、政治心理学、叙事学等多个学科。考虑到本书主要的研究目的和各种主客观条件的限制，笔者只尝试分析了话语建构的一个侧面。例如，在研究时只从美国的角度单向分析了隐喻和叙事认知框架的建构作用，而没有考虑美国话语与对象国话语之间的互动影响。同时，本书主要关注了话语对于"事实"的建构作用，而在现实中，物质变化与话语实践是动态的、相互作用的过程，并非简单的单向建构。

对于威胁话语建构的研究，可以从以下五个方面推进：一是对本书提出的三个机制及其之间的关系进行更加细化的挖掘，如叙事在国家身份建构中的具体作用方式等。二是对美国建构的三大"威胁"进行更详细的对比分析，如本书只指出美国同日本、中国产生经济贸易摩擦，但对具体领域的不同并未作详细分析。三是苏联如何应对美国的"苏联威胁"话语以及日本如何应对美国的"日本威胁"话语也非常值得分析，可为中国破解"中国威胁论"提供经验。四是从美国建构"苏联威胁""日本威胁"及其采取的对苏政策、对日政策中汲取美国对华政策可能的走向。五是推进后结构主义话语与计算机辅助大数据文本分析相结合的研究，为后结构主义的论断提供令人信服的经验性依据。例如，本书在威胁话语量化分析时只进行了搭配词分析，还可以通过计算机编程对这些文本进行主题模型分析。

附 录
《外交事务》杂志文本收集情况说明

一、《外交事务》杂志的出版情况

《外交事务》杂志在本书研究的三个时期内的出版情况是：1945—1956年每年出版4期；1982—1992年每年出版5期，1993年为特殊年份，只出版了4期；2002—2013年每年出版6期。[①]

二、文本收集检索词

在参考既有文献、咨询专家意见和先导试验的基础上，确定检索词。"苏联威胁"以Soviet或Russia或Russian为检索词在EBSCO电子期刊数据库上全文检索，设定出版物为*Foreign Affairs*，每年依次检索，时间跨度为1945—1956年。"日本威胁"以Japan或Japanese或Tokyo为检索词在JSTOR电子期刊数据库上全文检索，设定出版物为*Foreign*

---

① 笔者发现，EBSCO电子期刊数据库对1982—1993年出版的《外交事务》杂志编纂成集时个别期数归入年份存在一定问题。为此，笔者将EBSCO电子期刊数据库检索结果与JSTOR电子期刊数据库和《外交事务》杂志官网进行比对，后两者更为一致。因此，本书在计算这一时期每年出版期数时以JSTOR电子期刊数据库为准，并且这段时期的文本检索和下载也以JSTOR电子期刊数据库为准。

Affairs，每年依次检索，时间跨度为1982—1993年。"中国威胁"以China或Chinese或Beijing为检索词在EBSCO电子期刊数据库上全文检索，设定出版物为 *Foreign Affairs*，每年依次检索，时间跨度为2002—2013年。

三、文本数据收集步骤

（一）文本收集的范围

本书只收集《外交事务》杂志正文部分的文章，即 Essays、Review Essay、Responses 和 Comments 等栏目的文章，不收集 Front Matter、Recent Books on International Relations、Chronology、Back Matter、Source Materials 等栏目的文章，不包含插页广告。原因有二：第一，正文是杂志的主要部分，观点表达充分；第二，本书涉及的三个时期在杂志非正文部分栏目设置有较大差异，直接影响文本分析的结果。

（二）文本命名

按照以上检索词，下载文本收集范围内的文本，所有数据文本都以年开头进行命名。

（三）文本数量确定标准

检索出的每一篇文章即保存为一个文本。需要注意的是，2002—2013年有同属一篇文章的文本被分割为若干篇。例如，关于"Which Way Is History Marching"涉及多人讨论，按照杂志目录应视为一篇文章，将其合并为一篇文章。

（四）文本保存格式

所有下载的文本均保存为 TXT 文本格式。如果是 PDF 文档，先使用相关软件（迅捷 PDF 转换器和 Ultra Document To Text Converter 2.0 软件）转化为 TXT 文本格式，然后人工修正转换中的个别错误。此外，笔者还使用了 Easy Duplicate Finder 4 软件查找重复下载的文本，并将重复文本删除。[①]

四、文本分类

（一）"主题文本"与"非主题文本"

每个时期内的所有文本记为一个语料库。"苏联正文语料库"共446个文本，"日本正文语料库"共390个文本，"中国正文语料库"共642个文本。在每个正文语料库的基础上，选择那些与各自研究对象（即"苏联""日本"和"中国"）内容极为相关的主题文本，分别组成"苏联主题语料库"（159个文本）、"日本主题语料库"（44个文本）、"中国主题语料库"（141个文本）。这样分类主要是由研究问题和研究软件的特性决定的。研究词语搭配的语料库软件在研究语义韵时主要关注检索词的附近词，而不关注全文内容是否与研究对象相关，但统计关注强度时会涉及是否是主题文本。

"主题文本"与"非主题文本"的标准是什么？"主题文本"是指那些与研究对象关系密切，或是专门讨论研究对象，或是在讨论其他问题时研究对象被反复提及的文章；"非主题文本"是指在文本中出现了研究对象，但是文本内容与研究对象相关度不大的文章。下面以"中国主题语料库"为例进行说明。首先，需要确定与主题相关的特征词。这些特征词是在征询专家意见、阅读典型文本内容的基础上确定的。其次，通过Python编程计算特征词形符（token）所占文本形符的比例。最后，所占比例在千分之七以上的文本归入"中国主题语料库"。确定千分之七为比例是文本收集小组对于阅读内容盲测与讨论的结果。需要说明的是，对于现有文献进行文本分类有两大方法：一是研究者阅读每篇文本进行主观判断，二是采用机器学习。但是，后者的参数和临界值也基本是由研究者自己确定的，因为机器学习分类的最终效果本身也要基于研究者阅读判断。

---

① 笔者发现EBSCO电子期刊数据库在检索时有个别文本是重复的。

（二）"主题文本"特征词

	特征词
苏联	Russia、Russian、Soviet、USSR、Moscow、Bolshevik、Kremlin、Tsar、Stalin、Lenin、Khrushchev、Molotov、Beria、Trotsky、Ukraine、Leningrad、Stalingrad、Minsk、Red Army、KGB
日本	Japan、Japanese、Tokyo、Canon、Fuji、Fukuda、Takeshita、Toshiba、Toyota、Yasukuni、Yasuhiro、Yokohama、Kyoto、Kaifu、Kiichi、Kawasaki、Mazda、Matsushita、Mitsubishi、Miyazawa、Nagoya、Nikon、Sumo、Osaka、Okinawa、Honda、Hitachi、Hiroshima、FSX
中国	China、Chinese、Beijing、Peking、Tiananmen、Confucian、Confucianism、PLA、dragon、panda、Shanghai、Shenzhen、Nanjing、Chengdu、Xian、Chongqing、Tianjin、Guangzhou、Taiwan、KONG、Macao、Tibet、Tibetan、Xinjiang、Uighur、Mao、Xiaoping、Zemin、Jintao、Jinping、Dalai

参考文献

中文文献

本尼迪克特. 菊与刀 [M]. 胡新梅，译. 北京：中华书局，2014.

布赞，维夫，怀尔德. 新安全论 [M]. 朱宁，译. 杭州：浙江人民出版社，2003.

陈春华，胡亚敏. 美国的"山巅之城"神话 [J]. 世界文化，2012（12）：4-7.

陈嘉明. 现代性与后现代性十五讲 [M]. 北京：北京大学出版社，2006.

陈嘉映. 语言哲学 [M]. 北京：北京大学出版社，2003.

陈晓明，杨鹏. 结构主义与后结构主义在中国 [M]. 北京：首都师范大学出版社，2001.

陈岳. "中国威胁论"与中国和平崛起：一种"层次分析"法的解读 [J]. 外交评论，2005（3）：93-99.

储昭根. 中美缘何走近新"冷战"边缘 [J]. 南风窗，2010（19）：32-34.

崔丕. 冷战转型期的美日关系：对东芝事件的历史考察 [J]. 世界历史，2010（6）：44-56.

代元. 国际关系理论批判 [M]. 秦治来，译. 杭州：浙江人民出版社，2003.

邓耀臣. 词语搭配研究中的统计方法 [J]. 大连海事大学学报（社会科学版），2003（4）：74-77.

范海虹. 苏联与美国外层空间竞争研究：1945—1969 [M]：北京：九州出版社，2014.

芬尼莫尔. 国际社会中的国家利益 [M]. 袁正清，译. 上海：上海人民出版社，2012.

富布莱特. 跛足巨人 [M]. 伍协力，译. 上海：上海人民出版社，1976.

福柯. 疯癫与文明：理性时代的疯癫史 [M]. 刘北成，杨远婴，译. 2版. 北京：生活·读书·新知三联书店，2003.

盖拉茨. 认知语言学基础 [M]. 邵军航，杨波，译. 上海：上海译文出版社，2012.

戈尔茨坦，基欧汉. 观念与外交政策：信念、制度与政治变迁 [M]. 刘东国，于军，译. 北京：北京大学出版社，2005.

韩震，董立河. 论西方历史哲学的"语言学转向" [J]. 北京大学学报（哲学社会科学版），2005（5）：49-56.

贺刚. 自传体叙述与身份进化的动力：基于欧洲化进程的视角 [J]. 世界经济与政治，2015（11）：118-138，159-160.

亨廷顿. 文明的冲突与世界秩序的重建 [M]. 周琪等，译. 北京：新华出版社，2010.

侯文富. "东芝事件"及其影响刍议 [J]. 日本学刊，2000（1）：44-54.

加迪斯. 遏制战略：战后美国国家安全政策评析 [M]. 时殷弘，李庆四，樊吉社，译. 北京：世界知识出版社，2005.

江忆恩. 中美关系的稳定性和不稳定性：回应阎学通的"假朋友"理论 [J]. 国际政治科学，2012（2）：107-132，177.

杰斯普森. 美国的中国形象：1931—1949 [M]. 姜智芹，译. 南京：江苏人民出版社，2010.

杰维斯. 国际政治中的知觉与错误知觉 [M]. 秦亚青，译. 北京：世界知识出版社，2003.

金，基欧汉，维巴．社会科学中的研究设计[M]．陈硕，译，上海：格致出版社，2014.

卡根．伯罗奔尼撒战争的爆发[M]．曾德华，译．上海：华东师范大学出版社，2014.

凯南．美国大外交：60周年增订版[M]．雷建锋，译．北京：社会科学文献出版社，2013.

拉费伯尔．美国、俄国和冷战：1945—2006[M]．牛可，翟韬，张静，译．10版．北京：世界图书出版公司，2010.

李慎之．数量优势下的恐惧：评亨廷顿第三篇关于文明冲突论的文章[J]．太平洋学报，1997（2）：3-7.

梁茂成．语料库语言学研究的两种范式：渊源、分歧及前景[J]．外语教学与研究，2012（3）：323-335，478.

梁茂成，李文中，许家金．语料库应用教程[M]．北京：外语教学与研究出版社，2010.

刘辉．索绪尔与后期维特根斯坦：继承与超越[J]．外语学刊，2009（3）：23-26.

刘润清．西方语言学流派[M]．北京：外语教学与研究出版社，2002.

刘艳茹．索绪尔与现代西方哲学的语言转向[J]．外语学刊，2007（4）：17-21.

刘永涛．话语政治：符号权力和美国对外政策[M]．上海：复旦大学出版社，2014.

刘永涛．语言与国际关系：拓展政治分析的新视角[J]．世界经济与政治，2011（7）：44-56，156-157.

摩根索．国家间政治：寻求权力与和平的斗争[M]．徐昕、郝望、李保平，译．北京：中国人民公安大学出版社，1990.

潘成鑫．国际政治中的知识、欲望与权力：中国崛起的西方叙事[M]．张旗，译．北京：社会科学文献出版社，2016.

潘亚玲．"9·11"后布什政府对"敌人"的建构[J]．外交评论，2007（1）：94-101.

秦亚青.建构主义：思想渊源、理论流派与学术理念[J].国际政治研究，2006（3）：1-23.

秦亚青.权力·制度·文化：国际关系理论与方法研究文集[M].北京：北京大学出版社，2005.

秦亚青.西方国际关系学：知识谱系与理论发展[J].外交学院学报，2003（3）：9-14.

邱越.专家：美国频繁抵近侦察监视中国南海三大建设[EB/OL].（2015-07-03）[2016-09-12].http://military.people.com.cn/n/2015/0703/c1011-27247801.html.

孙吉胜.国际关系的语言转向与建构主义理论发展研究：以语言游戏为例[J].外交评论，2007（1）：37-45.

孙吉胜.国际关系理论中的语言研究：回顾与展望[J].外交评论，2009（1）：70-84.

孙吉胜.语言、意义与国际政治：伊拉克战争解析[M].上海：上海人民出版社，2009.

孙频捷.美国对华安全认知及其驱动力：以《年度中国军力报告》为分析样本[J].中共浙江省委党校学报，2011（5）：76-83.

索绪尔.普通语言学教程[M].高名凯，译.北京：商务印书馆，1980.

托克维尔.论美国的民主：上卷[M].董果良，译.北京：商务印书馆，2009.

王帆.关于冷战起源的几种解释[J].外交学院学报，2000（2）：34-38.

王逢振.米歇尔·福柯：基本观点述评[J].外国文学，1991（5）：67-72.

王缉思，李侃如.中美战略互疑：解析与应对[M].北京：社会科学文献出版社，2013.

王明珂.反思史学与史学反思：文本与表征分析[M].上海：上海人民出版社，2016.

王沛，鲁春晓.阈下启动的心理机制初探[J].心理科学，2005（6）：

1344-1346, 1357.

王恬，李学江，唐勇. 胡锦涛主席同布什总统举行会谈 [N]. 人民日报，2006-04-21（1）.

王希. 原则与妥协：美国宪法的精神与实践 [M]. 3 版. 北京：北京大学出版社，2014.

卫乃兴. 基于语料库和语料库驱动的词语搭配研究 [J]. 当代语言学，2002（2）：101-114, 157.

卫乃兴. 语义韵研究的一般方法 [J]. 外语教学与研究，2002（4）：300-307.

维特根斯坦. 哲学研究 [M]. 陈嘉映，译. 上海：上海人民出版社，2005.

维特根斯坦. 逻辑哲学论 [M]. 贺绍甲，译. 北京：商务印书馆，1996.

沃尔兹. 国际政治理论：英文 [M]. 北京：北京大学出版社，2004.

沃格尔. 日本名列第一：对美国的教训 [M]. 谷英，张柯，柳丹，译. 北京：世界知识出版社，1980.

修昔底德. 伯罗奔尼撒战争史 [M]. 谢德风，译. 北京：商务印书馆，2009.

徐天新，沈志华. 冷战前期的大国关系：美苏争霸与亚洲大国的外交取向 [M]. 北京：世界知识出版社，2011.

阎学通，漆海霞. 中美竞争前景：假朋友而非新冷战 [J]. 国际政治科学，2012（3）：1-23, 145.

章振邦. 新编英语语法教程 [M]. 上海：上海外语教育出版社，1999.

赵杰，刘永兵. 语言·社会·权力：论布迪厄的语言社会观 [J]. 外语学刊，2013（1）：2-7.

赵汀阳，李亚丽. 新游戏需要新体系 [J]. 国际安全研究，2015（1）：4-13.

周琪. "美国例外论"与美国外交政策传统 [J]. 中国社会科学，2000（6）：83-94.

周琪. 意识形态与美国外交[M]. 上海：上海人民出版社，2006.

朱锋. "中国崛起"与"中国威胁"：美国"意象"的由来[J]. 美国研究，2005（3）：33-59.

英文文献

ACHESON D. Present at the Creation: My Years in the State Department [M]. New York: W. W. Norton & Company, 1969.

ADLER J. The Free Press versus The Slave Press: To Rule Intelligently the People Must Know the Facts [J]. Vital Speeches of the Day, 1953, 21(1): 14-16.

AIELLO T. Constructing "Godless Communism": Religion, Politics, and Popular Culture, 1954–1960 [J/OL]. The Journal of American Popular Culture, 2005, 4(1) [2015-10-10]. http://www.americanpopularculture.com/journal/articles/spring_2005/aiello.htm.

ALEXANDER A. The Soviet Threat Was a Myth [N/OL]. The Guardian, 2002-04-18 [2015-01-10]. http://www.theguardian.com/world/2002/apr/19/russia.comment.

ALEXANDER M G, BREWER M B, HERMANN R K. Images and Affect: A Functional Analysis of Out-Group Stereotypes [J]. Journal of Personality and Social Psychology, 1999, 77(1): 78-93.

ALLISON G. Obama and Xi Must Think Broadly to Avoid a Classic Trap [N/OL]. The New York Times, 2013-06-06 [2016-06-13]. http://www.nytimes.com/2013/06/07/opinion/obama-and-xi-must-think-broadly-to-avoid-a-classic-trap.html?_r=0.

ALLISON G. The Thucydides Trap: Are the U.S. and China Headed for War?[J/OL]. The Atlantic Monthly, 2015-09-24 [2016-02-13]. http://www.theatlantic.com/international/archive/2015/09/united-states-china-war-thucydides-trap/406756/.

ALLISON G. Thucydides' Trap Has Been Sprung in the Pacific [N/

OL]. Financial Times, 2012-08-21[2016-02-13]. http://www.ft.com/intl/cms/s/0/5d695b5a-ead3-11e1-984b-00144feab49a.html#axzz3nICF8uZ8.

ANDERSON B. Imagined Communities: Reflections on the Origin and Spread of Nationalism [M]. London: Verso, 2006.

ARISTOTLE. On Rhetoric: A Theory of Civic Discourse [M]. New York: Oxford University Press, 2007.

ARNOLD B. Causes and Consequences of the Trade Deficit: An Overview [EB/OL]. [2016-08-23]. https://www.cbo.gov/sites/default/files/106th-congress-1999-2000/reports/tradedef.pdf.

ASHLEY R B, WALKER R B. Introduction: Speaking the Language of Exile: Dissident Thought in International Studies [J]. International Studies Quarterly, 1990, 34(3): 259-268.

AUSTIN J L. How to Do Things with Words [M]. Oxford: Oxford University Press, 1962.

AXELROD A.The Real History of the Cold War: A New Look at the Past [M]. New York: Sterling, 2009.

BAKER P. Using Corpora in Discourse Analysis [M]. London: Continuum, 2006.

BAKER P, GABRIELATOS C, MCENERY T. Sketching Muslims: A Corpus Driven Analysis of Representations around the Word "Muslim" in the British Press 1998–2009[J]. Applied Linguistics, 2013, 34(3): 255-278.

BANERJEE S. Narratives and Interaction: A Constitutive Theory of Interaction and the Case of the All-India Muslim League [J]. European Journal of International Relations, 1998, 4(2): 178-203.

BARTHES R. Image, Music, Text [M]. London: Fontana Press, 1977.

BATSON A, et al. China Takes Aim at Dollar [N]. The Wall Street Journal, 2009-03-24 (A1).

BELAIR F. Truman Acts to Save Nations from Red Rule [N/OL]. The New York Times, 1947-03-12 [2016-04-25]. http://www.nytimes.com/learning/general/onthisday/big/0312.html.

BENNHOLD K. As China Rises, Conflict with West Rises Too [N/OL]. The New York Times, 2010-01-26 [2016-02-22]. http://www.nytimes.com/2010/01/27/business/global/27yuan.html.

BENWELL B, ELIZABETH S. Discourse and Identity [M]. Edinburgh: Edinburgh University Press, 2006.

BERGER P, LUCKMANN T. The Social Construction of Reality: A Treatise in the Sociology of Knowledge [M]. New York: Penguin Books, 1991.

BERNSTEIN R, MUNRO R. The Coming Conflict with America [J]. Foreign Affairs, 1997, 76 (2):18-32.

BLAIR D, HILLS C, JANNUZI F. U.S.-China Relations: An Affirmative Agenda, A responsible Course [EB/OL]. (2007-1-1) [2015-12-16]http://www.cfr.org/content/publications/attachments/ChinaTaskForce.pdf.

BLOMMAERT J. Discourse[M]. Cambridge: Cambridge University Press, 2005.

BOUGHER L D. The Case for Metaphor in Political Reasoning and Cognition [J]. Political Psychology, 2012, 33(1): 145-163.

BOULDING K E. National Images and International Systems [J]. Journal of Conflict Resolution, 1959, 3(2): 120-131.

BOURDIEU P. Language and Symbolic Power [M]. Cambridge: Polity Press, 1991.

BOURDIEU P. Social Space and Symbolic Power [J]. Sociological Theory, 1989, 7(1): 14-25.

BRANDON M, VIOLATO M. The Soviet Threat: How Much Is Myth? [J]. Peace Research, 1988, 20(2): 55-63.

BRUNER J. Actual Minds, Possible Worlds [M]. Cambridge: Harvard University Press, 1986.

BRUNER J. Acts of Meaning [M]. Cambridge: Harvard University Press, 1990.

BRUNER J. The Narrative Construction of Reality [J]. Critical Inquiry,

1991, 18(1): 1-21.

BUNCHER B. Acting Abstractions: Metaphors, Narrative Structures and the Eclipse of Agency [J]. European Journal of International Relations, 2014, 20(3):742-765.

BURR V. An Introduction to Social Constructionism [M]. London: Routledge, 1995.

BURSTEIN D. Yen: Japan's New Financial Empire and Its Threat to America [M]. New York: Simon & Schuster, 1988.

BUTLER J. Gender Trouble: Feminism and the Subversion of Identity [M]. New York: Routledge, 1990.

BUZAN B, WAEVER O, WILDER J. Security: A New Framework for Analysis [M]. London: Lynne Rienner, 1998.

BYLINSKY G. Where Japan Will Strike Next [J]. Fortune, 1989, 120 (7): 42-52.

CAMPBELL D. MetaBosnia: Narratives of the Bosnian War [J]. Review of International Studies, 1998, 24(2): 261-281.

CAMPBELL D. Writing Security: United States Foreign Policy and the Politics of Identity [M]. Manchester: Manchester University Press, 1992.

CASTANO E, BONASCOSSA A, GRIES P. National Images as Integrated Schemas: Subliminal Primes of Image Attributes Shape Foreign Policy Preferences [J]. Political Psychology, 2016, 37(3): 351-336.

CHA A E. China Uses Global Crisis to Assert Its Influence [N/OL]. The Washington Post, 2009-04-23 [2016-01-22]. http://www.washingtonpost. com/wp-dyn/content/article/2009/04/22/AR2009042203823.html.

CHANG G. China's Assault on the Dollar [J/OL]. Forbes, 2009-03-26 [2015-12-06]. http://www.forbes.com/2009/03/26/zhou-xiaochuan-geithner-renminbi-currency-opinions-columnists-dollar.html.

CHARLICK-PALEY T, SYLVAN D. The Use and Evolution of Stories as a Mode of Problem Representation: Soviet and French Military Officers Face the Loss of Empire [J]. Political Psychology, 2000, 21(4): 697-728.

CHI P. We Chinese Are Viewed Like Thieves and Enemies: Pun Chi Appeals to Congress to Protect the Rights of Chinese, ca. 1860 [EB/OL]. (n.d.) [2015-01-01]. http://historymatters.gmu.edu/d/6618/.

CHILTON P. Security Metaphor: Cold War Discourse from Containment to Common House [M]. New York: Peter Lang, 1996.

CHOATE P. Agents of Influence: How Japan's Lobbyists in the United States Manipulate America's Political and Economic System [M]. New York: Touchstone, 1990.

CHOATE P. Political Advantage: Japan's Campaign for America [J]. Harvard Business Review, 1990, 68(5): 87-103.

CHRONISTER A. Japan-Bashing: How Propaganda Shapes Americans' Perception of the Japanese [D]. Pennsylvania: Lehigh University, 1992.

CHURCHILL W. The Sinews of Peace [EB/OL]. (1946-03-25) [2017-01-10]. http://www.winstonchurchill.org/resources/speeches/235-1946-1963-elder-statesman/120-the-sinews-of-peace.

CIENKI A. Metaphor in the "Strict Father" and "Nurturant Parent" Cognitive Models: Theoretical Issues Raised in an Empirical Study [J]. Cognitive Linguistics, 2005, 16 (2): 279-312.

CLIFFORD C. American Relations with the Soviet Union [EB/OL]. (1946-09-24) [2016-01-12]. https://www.trumanlibrary.org/whistlestop/study_collections/coldwar/documents/pdf/4-1.pdf.

CLINTON H. America's Pacific Century [J]. Foreign Policy, 2011(189): 56-63.

CLINTON H. Hard Choices [M]. New York: Simon & Schuster, 2014.

COHEN S. Book Review: The Gula Archipelago [N/OL]. The New York Times, 1974-06-16 [2015-12-10]. https://www.nytimes.com/books/98/03/01/home/solz-gulag.html.

CONBOY K. Is Tokyo Fulfilling Lenin's Prediction? [EB/OL]. (1987-08-03) [2016-08-25]. http://www.heritage.org/trade/report/tokyo-fulfilling-lenins-prediction.

CONNOLLY W. Identity and Difference in Global Politics [M]// DER DERIAN J, SHAPIRO M. International/Intertextual Relations: Postmodern Readings of World Politics. New York: Lexington Books, 1989: 323-341.

CONNOLLY W. Identity/Difference: Democratic Negotiations of Political Paradox [M]. Ithaca: Cornell University Press, 1991.

CONRAD C. Letter of Mr. Conrad to Mr. Kennedy [EB/OL]. (1852-11-05) [2022-12-16]. https://www.govinfo.gov/content/pkg/SERIALS ET-00751_00_00-032-0034-0000/pdf/SERIALSET-00751_00_00-032-0034-0000.pdf.

CONQUEST R. The Great Terror: Stalin's Purge of the Thirties [M]. New York: The Macmillan Company, 1968.

COOPER H W. Japan's Economic Miracle: What Happed? [EB/OL]. (2001-10-01) [2016-06-14]. http://congressionalresearch.com/RL30176/document.php.

COOPER H, PERLEZ J. White House Moves to Reassure Allies with South China Sea Patrol, but Quietly [N/OL]. The New York Times, 2015-10-27 [2016-01-12]. http://www.nytimes.com/2015/10/28/world/asia/south-china-sea-uss-lassen-spratly-islands.html?_r=0.

COSTIGLIOA F. The Creation of Memory and Myth: Stalin's 1946 Election Speech and the Soviet Threat [M]// MEDHURST M, BRANDS H W. Critical on the Cold War: Linking Rhetoric and History. Texas: Texas A&M University Press, 2000: 38-54.

COUGHLIN C. Foreign-Owned Companies in the United States: Malign or Benign? [EB/OL]. (1992-05) [2016-08-23]. https://files.stlouisfed.org/files/htdocs/publications/review/92/05/Foreign_May_Jun1992.pdf.

CRAWFORD R. Reinterpreting the Japanese Economic Miracle [J]. Harvard Business Review, 1998, 76(1): 179-184.

CRICHTON M. Rising Sun [M]. New York: Ballantine Books, 1992.

CROSS C. Explanation and the Theory of Questions [J]. Erkenntnis, 1991, 34(2): 237-260.

CULLER J D. On Deconstruction: Theory and Criticism after Structuralism [M]. Ithaca: Cornell University Press, 2007.

DALLIN D. The Slave Empire within the Soviet Empire [J]. New York Times Magazine, 1951 (October 14): 182.

DANTO A. Narration and Knowledge [M]. New York: Columbia University Press, 1985.

DAVIS D, TRANI E. Distorted Mirrors: Americans and Their Relations with Russia and China in the Twentieth Century [M]. London: University of Missouri Press, 2009.

DAVIS D, TRANI E. The First Cold War: The Legacy of Woodrow Wilson in U.S.-Soviet Relations [M]. Missouri: University of Missouri Press, 2002.

DEASON G, GONZALES M H. Moral Politics in the 2008 Convention Acceptance Speeches [J]. Basic and Applied Social Psychology, 2012, 34(3): 254-268.

DENYER S. Chinese Military Sets Course to Expand Global Reach as "National Interests" Grow [N/OL].The Washington Post, 2015-5-26 [2016-01-12]. https://www.washingtonpost.com/world/asia_pacific/chinese-military-sets-course-to-expand-global-reach-as-national-interests-grow/2015/05/26/395fff14-3fb1-4056-aed0-264ffcbbcdb4_story.html.

DER DERIAN J. The (S)pace of International Relations: Simulation, Surveillance, and Speed[J]. International Studies Quarterly, 1990, 34(3): 295-310.

DER DERIAN J. On Diplomacy: A Genealogy of Western Estrangement [M]. New York: Basil Blackwell, 1987.

DER DERIAN J, SHAPIRO M. International/Intertextual Relations: Postmodern Readings of World Politics [M]. New York: Lexington Books, 1989.

DERRIDA J. Of Grammatology [M]. Baltimore: The Johns Hopkins University Press, 1997.

DERRIDA J. Positions [M]. London: Continuum, 2002.

DERRIDA J. Writing and Difference [M]. London: Routledge, 2002.

DE SAUSSURE F. Course in General Linguistics [M]. Beijing: Foreign Language Teaching and Research Press, 2001.

DIETRICH W. In the Shadow the Rising Sun: The Political Roots of American Economic Decline [M]. Pennsylvania: The Pennsylvania State University Press, 1991.

DONILON T. The United States and the Asia-Pacific in 2013[EB/OL]. (2013-03-11) [2016-09-10]. https://obamawhitehouse.archives.gov/the-press-office/2013/03/11/remarks-tom-donilon-national-security-advisor-president-united-states-an.

DOWER J. War without Mercy: Race and Power in the Pacific War [M]. New York: Pantheon Books, 1986.

DOYLE A. China Poised to Top U.S. as Biggest Cause of Modern Global Warming [N/OL]. The Huffington Post, 2015-4-13 [2016-01-12]. http://www.huffingtonpost.com/2015/04/13/china-global-warming_n_7053496.html.

DREYFUS H, RABINOW P. Foucault: Beyond Structuralism and Hermeneutics [M].Chicago: The University of Chicago Press, 1983.

DRUCKER P. Behind Japan's Success [J]. Harvard Business Review, 1981, 59(1): 83-90.

DRUCKER P. Japan and Adversarial Trade [N/OL]. The Wall Street Journal, 1986-04-01 [2016-08-18]. http://search.proquest.com/docview/398060310?accountid=150587.

DRUCKER P. The New Realities [M]. New York: Routledge, 2011.

DRUCKER P. The Frontiers of Management [M]. New York: Routledge, 2011.

DRULAK P. Motion, Container and Equilibrium: Metaphors in the Discourse about European Integration [J]. European Journal of International Relations, 2006, 12(4): 499-531.

DUFFY G. Language Games: Dialogical Analysis of INF Negotiations [J]. International Studies Quarterly, 1998, 42(2): 271-293.

DUGAN A. Americans View China Mostly Unfavorably [EB/OL]. (2014-02-20) [2015-01-10].http://www.gallup.com/poll/167498/americans-view-china-mostly-unfavorably.aspx.

DURKHEIM E. The Rules of Sociological Method and Selected Texts on Sociology and Its Method [M]. London: The Macmillan Press, 1982.

DYER G. China Flexes Its Diplomatic Muscles [N/OL]. The Financial Times, 2010-01-31 [2016-01-10]. http://www.ft.com/intl/cms/s/0/dd773774-0e8d-11df-bd79-00144feabdc0.html.

DYER G. China Becomes Third Largest Economy [N/OL]. The Financial Times, 2009-01-14 [2015-12-16]. http://www.ft.com/intl/cms/s/0/8d9337be-e245-11dd-b1dd-0000779fd2ac.html#axzz3wnsMAXNL.

ECONOMY E. Don't Break the Engagement [J]. Foreign Affairs, 2004, 83 (3): 96-109.

ECONOMY E. The Great Leap Backward? The Costs of China's Environmental Crisis [J]. Foreign Affairs, 2007, 86(5): 38-59.

EDELMAN M. Political Language and Political Reality [J]. Political Science and Politics, 1985, 18(1): 10-19.

EDELMAN M. Politics as Symbolic Action: Mass Arousal and Quiescence [M]. New York: Academic Press, 1971.

EDKINS J. Poststructuralism & International Relations: Bring the Political Back In [M]. Boulder: Lynne Rienner Publishers, 1999.

EDWARD O. The USA and the Cold War, 1945–1963 [M]. 2nd ed. London: Hodder & Stoughton, 2002.

ELVING R. How Americans View Japan [J]. CQ Weekly, 1990 (March 31): 968.

EPSTEIN C. The Power of Words in International Relations: Birth of an Anti-Whaling Discourse [M]. Cambridge: The MIT Press, 2008.

EPSTEIN C. Constructivism or the Return of Universals in International

Relations: Why Returning to Language Is Vital to Prolonging the Owl's Flight [J]. European Journal of International Relations, 2013, 19(3): 499-519.

EPSTEIN C. Who Speaks? Discourse, the Subject and the Study of Identity in International Politics [J]. European Journal of International Relations, 2011, 17(2): 327-350.

FACKLER M. Japan, Sticking with U.S., Says It Won't Join China-Led Bank [N] .The New York Times, 2015-04-01 (A6).

FALLOWS J. Containing Japan [J]. The Atlantic Monthly, 1989, 263(5): 40-54.

FALLOWS J. More Like US: Making America Great Again [M]. Boston: Houghton Mifflin Company, 1989.

FALLOWS J, JOHNSON C, PRESTOWITZ C, VAN WOLFEREN K. Beyond Japan-Bashing: The "Gang of Four" Defends the Revisionist Line [J]. U.S News & World Report, 1990, 108 (18): 54.

FARNSWORTH C. Toshiba, Norway Concern Assailed in Soviet Sale [N]. The New York Times, 1987-05-01 (D5).

FARNSWORTH C. Washington Talk: Trade Policy; Scholar Stirs Passions of Japan's Friends and Foes [N/OL]. The New York Times, 1989-03-22 [2016-06-10]. http://www.nytimes.com/1989/03/22/us/washington-talk-trade -policy-scholar-stirs-passions-of-japan-s-friends-and-foes.html.

FERRELL R. Dear Bess: Letters from Harry to Bess Truman, 1910–1959 [M]. New York: Norton, 1983.

FIERKE K M. Changing Games, Changing Strategies: Critical Investigations in Security [M]. New York: Manchester University Press, 1998.

FIERKE K M. Links across the Abyss: Language and Logic in International Relations [J]. International Studies Quarterly, 2002, 46(3): 331-354.

FIERKE K M, JORGENSEN K E. Constructing International Relations: The Next Generation [M]. New York: Routledge, 2001.

FISH E. Has China Discovered a Better Political System than Democracy? [J]. The Atlantic Monthly, 2015-10-28 [2016-04-18]. http://www.theatlantic.com/international/archive/2015/10/china-politics-communism-democracy/412663/.

FONER E. Give Me Liberty!: An American History [M]. New York: W. W. Norton & Company, 2011.

FOUCAULT M. Discipline and Punish: The Birth of Prison [M]. New York: Vintage Books, 1977.

FOUCAULT M. Language, Counter-Memory, Practice: Selected Essays and Interviews [M]. Ithaca: Cornell University Press, 1977.

FOUCAULT M. The Archaeology of Knowledge and the Discourse on Language [M]. New York: Pantheon Books, 1972.

FRANK D. Buy American: The Untold Story of Economic Nationalism [M]. Boston: Beacon Press, 1999.

FREEMAN M. History, Narrative, and Life-Span Developmental Knowledge [J]. Human Development, 1984, 27(1): 1-19.

FRIEDMAN G, LEBARD M. The Coming War with Japan [M]. New York: St. Martin's Press, 1991.

FRYE A. Frye, Alton, Our Gamble in Space: The Military Danger [J/OL]. The Atlantic Monthly, 1963-08 [2015-12-12]. http://www.theatlantic.com/past/docs/issues/63aug/frye.htm.

FUKUYAMA F. Political Order and Political Decay: From the Industrial Revolution to the Globalization of Democracy [M]. New York: Farrar Straus and Giroux, 2014.

GABRIELATOS C, BAKER P. Fleeing, Sneaking, Flooding: A Corpus Analysis of Discursive Constructions of Refugees and Asylum Seekers in the UK Press 1996–2005 [J]. Journal of English Linguistics, 2008, 36 (1): 5-38.

GADDIS L. George F. Kennan: An American Life [M]. New York: The Penguin Press, 2011.

GADDIS L. The United States and the Origins of the Cold War: 1941–1947 [M]. New York: Columbia University Press, 1972.

GADDIS L, NITZE P. NSC 68 and the Soviet Threat Reconsidered [J]. International Security, 1980, 4(4): 164-176.

GERTZ B. The China Threat: How the People's Republic Targets America [M]. Washington, D.C.: Regnery Publishing, Inc., 2000.

GIBBINS J. British Discourse on Europe: Self/Other and National Identities [D]. Birmingham: University of Birmingham, 2012.

GIBBS R. The Cambridge Handbook of Metaphor and Thought [M]. Cambridge: Cambridge University Press, 2008.

GIBNEY F. Miracle by Design: The Real Reasons behind Japan's Economic Success [M]. New York: Times Books, 1982.

GIDDENS A. Modernity and Self-Identity: Self and Society in the Late Modern Age [M]. Stanford: Stanford University Press, 1991.

GILBOY G J. The Myth behind China's Miracle [J]. Foreign Affairs, 2004, 83(4): 33-48.

GILL B, CHANG J, PALMER S. China's HIV Crisis [J]. Foreign Affairs, 2002, 81 (2): 96-110.

GILSINAN K. Is China Really that Assertive? [J/OL]. The Atlantic Monthly, 2015-10-2 [2017-01-10]. https://www.theatlantic.com/notes/2015/10/chinas-increasing-assertiveness/408661/.

GOLDGEIR J. Psychology and Security [J]. Security Studies, 1997, 6(4): 137-166.

GOODMAN N. Ways of Worldmaking [M]. Indianapolis: Hackett Publishing Company, 1978.

GORDON B. The Asian-Pacific Rim: Success at a Price [J]. Foreign Affairs, 1990, 70(1): 142-159.

GREENWALD J, BOLTE G, GOODGAME D. Friend or Foe? The FSX Becomes a Symbol of Mounting Strain between the U.S. and Japan [J]. Time, 1989, 133 (17): 44.

GRIES P H. Social Psychology and the Identity-Conflict Debate: Is a "China Threat" Inevitable? [J]. European Journal of International Relations, 2005, 11(2): 235-265.

GRIFFIN T. The Debate over International Armament Programs: Integrating Current Knowledge and the FSX Case [D]. Alabama: Air University, 1989.

GROSE P. Operation Rollback: America's Secret War behind the Iron Curtain [M]. New York: Houghton Mifflin Company, 2000.

GRUNTMAN M. Enemy Amongst Trojans: A Soviet Spy at USC [M]. Los Angeles: Figueroa Press, 2010.

GURMAN H. The Dissent Papers: The Voices of Diplomats in the Cold War and beyond [M]. New York: Columbia University Press, 2012.

HALPER S. The Beijing Consensus: Legitimizing Authoritarianism in Our Time [M]. New York: Basic Books, 2010.

HAMMACK P. Mind, Story, and Society: The Political Psychology of Narrative [M]// HANNE M, et al. Warring with Words: Narrative and Metaphor in Politics. New York: Psychology Press, 2015: 51-77.

HANNE M, et al. Warring with Words: Narrative and Metaphor in Politics [M]. New York: Psychology Press, 2015.

Hammock P, PILECKI A. Narrative as a Root Metaphor for Political Psychology [J]. Political Psychology, 2012, 33 (1): 75-103

HANSEN L. Security as Practice: Discourse Analysis and the Bosnian War [M]. London: Routledge, 2006.

HARBUTT F. The Iron Curtain: Churchill, America, and the Origins of the Cold War [M]. New York: Oxford University Press, 1986.

HARRIS C. Growing Food by Decree in Soviet Russia [J]. Foreign Affairs, 1955, 33(2): 268-281.

HARRIS H. Hearing before the Senate Armed Service Committee on Maritime Security Strategy in the Asia-Pacific Region [EB/OL]. (2015-09-17) [2016-09-12]. http://www.pacom.mil/Media/News/tabid/5693/

Article/617677/statement-before-the-senate-armed-service-committee-on-maritime-security-strate.aspx.

HARRIS R, TAYLOR T J. Landmarks in Linguistic Thought [M]. London: Routledge, 1997.

HART C. Critical Discourse Analysis and Cognitive Science: New Perspectives on Immigration Discourse [M]. New York: Palgrave Macmillan, 2010.

HAYNES S, MORRIS C. Manifest Destiny and Empire American Antebellum Expansionism [M]. Texas: Texas A&M University Press, 1997.

HEALE M. Anatomy of a Scare: Yellow Peril Politics in America, 1980–1993 [J]. Journal of American Studies, 2009, 43 (1): 19-47.

HERMAN D. Stories as a Tool for Thinking [M]// HERMAN D. Narrative Theory and the Cognitive Sciences. Chicago: The University of Chicago Press, 2003.

HERRMANN R, VOSS J F, SCHOOLER J, CIARROCHI J. Images in International Relations: An Experimental Test of Cognitive Schemata [J]. International Studies Quarterly, 1997, 41(3): 403-433 .

HERRMANN R, FISCHERKELLER M. Beyond the Enemy Image and Spiral Model: Cognitive-Strategic Research after the Cold War [J]. International Organization, 1995, 49 (3): 415-450.

HERSCHINGER E. Constructing Global Enemies: Hegemony and Identity in International Discourses on Terrorism and Drug Prohibition [M]. New York: Routledge, 2011.

HOLMER F. China Challenges Dollar Hegemony with New Infrastructure Bank [N/OL]. Forbes, 2015-04-06 [2015-12-16]. http://www.forbes.com/sites/greatspeculations/2015/04/06/chinas-infrastructure-bank-challenges-dollars-world-hegemony/.

HOMOLAR A. Rebels without a Conscience: The Evolution of the Rogue States Narrative in US Security Policy [J]. European Journal of International Relations, 2010, 17 (4): 705-727.

HOWARD P. Why Not Invade North Korea? Threats, Language Games, and U.S. Foreign Policy [J]. International Studies Quarterly, 2004, 48(4): 805-828.

HUNTINGTON S. Coping with the Lippmann Gap [J]. Foreign Affairs, 1987, 66(3): 453-477.

HUNTINGTON S. The Clash of Civilizations? [J]. Foreign Affairs, 1993, 72(3): 22-49.

HUNTINGTON S. The Erosion of American National Interests [J]. Foreign Affairs, 1997, 76(5): 28-49.

HUNTINGTON S. Why International Primacy Matters [J]. International Security, 1993, 17(4): 68-83.

INMAN B, BURTON D. Technology and Competitiveness: The New Policy Frontier [J]. Foreign Affairs, 1990, 69(2): 116-134.

IRIYE A. Mutual Images: Essays in American-Japanese Relations [M]. Cambridge: Harvard University Press, 1975.

JACOBS A. China Said to Fuel Illegal Trade in Timber [N/OL]. The New York Times, 2012-11-29 [2016-01-12].http://www.nytimes.com/2012/11/30/world/asia/china-fuels-illegal-trade-in-timber-report-finds.html.

JERDEN B. The Assertive China Narrative: Why It Is Wrong and How So Many Still Bought into It [J]. The Chinese Journal of International Politics, 2014, 7(1): 47-88.

JERVIS R. Domino Beliefs and Strategic Behavior [M]// JERVIS R, SNYDER J. Dominoes and Bandwagons: Strategic Beliefs and Great Power Competition in the Eurasian Rimland. New York: Oxford University Press, 1991: 20-50.

JOHNSON C. Japan: Who Governs? The Rise of the Developmental State [M]. New York: W. W. Norton & Company, 1995.

JOHNSON C. MITI and the Japanese Miracle: The Growth of Industrial Policy, 1925–1975 [M]. Stanford: Stanford University Press, 1982.

JOHNSON M. Metaphorical Reasoning [J]. The Southern Journal of Philosophy, 1983, 21(3): 371-389.

JOHNSON R. Improbable Dangers: U.S. Conceptions of Threat in the Cold War and after [M]. New York: St. Martin's Press, 1997.

JOHNSTON A I. Culture Realism: Strategic Culture and Grand Strategy in Chinese History [M]. New Jersey: Princeton University Press, 1995.

JONSSON C. Cognitive Dynamics and International Politics [M]. New York: St. Martin's Press, 1982.

JUDIS J. The Japanese Megaphone [J]. The New Republic, 1990, 202(4): 20-25.

JUDIS J. Trade: Economic Labels that Lie [J]. Columbia Journalism Review, 1992, 31(4): 38-39.

JUSTIN G. A Bayesian Hierarchical Topic Model for Political Texts: Measuring Expressed Agendas in Senate Press Releases [J]. Political Analysis, 2010, 18(1): 1-35.

KAGAN R, BLUMENTHAL D. China's Zero-Sum Game [N/OL]. The Washington Post, 2009-10-10[2016-01-22]. http://www.washingtonpost.com/wp-dyn/content/article/2009/11/09/AR2009110902793.html

KANT I. To Perpetual Peace: A Philosophical Sketch [M]. Indianapolis: Hackett Publishing Company, 2003.

KAPLAN B. The Geography of Chinese Power: How Far Can Beijing Reach on Land and at Sea?[J]. Foreign Affairs, 2010, 89(3): 22-41.

KARLBERG M. The Power of Discourse and the Discourse of Power: Pursuing Peace through Discourse Intervention [J]. International Journal of Peace Studies, 2005, 10(1): 1-25.

KARNOW S. Vietnam: A History [M]. New York: Viking Press, 1983.

KATZ R. The Myth of Currency Manipulation [J]. International Economy, 2015, 29(3): 40-64.

KENNAN G. Long Telegram [A/OL]. 1946-2-22 [2016-12-20]. http://

digitalarchive.wilsoncenter.org/document/116178.

KENNAN G. Memoirs: 1925–1950 [M]. Boston: Little, Brown and Company, 1967.

KENNEDY G. An Introduction to Corpus Linguistics [M]. London: Longman, 1988.

KENNEDY J. Address to Massachusetts State Legislature [A/OL]. 1961-01-09 [2015-12-20]. https://research.archives.gov/id/193879.

KENNEDY P. The Japanese "System" Has a Talent for Fueling Western Resentments [N/OL]. Los Angeles Times, 1989-7-20 [2017-02-01]. http:// articles.latimes.com/1989-07-20/local/me-4847_1_japanese- politics/2.

KERRY J. Remarks at the Sixth Round of the U.S.-China Strategic and Economic Dialogue[EB/OL].(2014-07-09) [2016-05-06]. http://www.state. gov/secretary/remarks/2014/07/228910.htm.

KHONG Y F. Analogies at War: Korea, Munich, Dien Bien Phu, and the Vietnam Decisions of 1965 [M]. Princeton: Princeton University Press, 1992.

KISSINGER H. Avoiding a U.S.-China Cold War [N/OL]. The Washington Post, 2011-01-14 [2016-08-08]. http://www.washingtonpost. com/wp-dyn/content/article/2011/01/13/AR2011011304832.html.

KISSINGER H. For the Record: Selected Statements, 1977–1980 [M]. Boston: Little, Brown and Company, 1981.

KISSINGER H. The Future of U.S.-Chinese Relations: Conflict Is a Choice, Not a Necessity [J]. Foreign Affairs, 2012, 91(2): 44-55.

KLEITMAN N. Soviet Held Guilty in Retaining Poles for Slave Labor [N]. The New York Times, 1952-04-02 (32).

KRASNER S. Trade and Conflicts and the Common Defense: The Defense: The United States and Japan [J]. Political Science Quarterly, 1986, 101(5): 787-806.

KRATOCHWIL F. Rules, Norms, and Decisions: On the Conditions of Practical and Legal Reasoning in International Relations and Domestic

Affairs [M]. New York: Cambridge University Press, 1989.

KREBS R. Narrative and the Making of US National Security [M]. Cambridge: Cambridge University Press, 2015.

KRISTEVA J. Revolution in Poetic Language [M]. New York: Columbia University Press, 1984.

KUNKEL J. America's Trade Policy towards Japan: Demanding Results [M]. New York: Routledge, 2003.

LACAN J. Écrits: A Selection [M]. London: Tavistock, 1997.

LACEY M. The Truman Presidency [M]. New York: Cambridge University Press, 1989.

LACLAU E, MOUFFE C. Hegemony and Socialist Strategy: Towards a Radical Democratic Politics[M]. New York: Verso, 1985.

LAKOFF G. Don't Think of an Elephant: Know Your Values and Frame the Debate [M]. Vermont: Chelsea Green Publishing Company, 2004.

LAKOFF G. Metaphor and War: The Metaphor System Used to Justify War in the Gulf [M]// PUTZ M. Thirty Years of Linguistic Evolution. Amsterdam: John Benjamin, 1992: 463-482.

LAKOFF G, JOHNSON M. Metaphors We Live By [M]. Chicago: The University of Chicago Press, 1980.

LAKOFF G. Moral Politics: What Conservatives Know that Liberals Don't [M]. Chicago: The University of Chicago Press, 1996.

LAKOFF G. The Metaphorical Structure of the Human Conceptual System [J]. Cognitive Science, 1980, 4(2): 195-208.

LAKOFF G. The Neural Theory of Metaphor [M]// GIBBS R. The Cambridge Handbook of Metaphor and Thought. Cambridge: Cambridge University Press, 2008: 17-38.

LAKOFF G, JOHNSON M. Conceptual Metaphor in Everyday Language [J]. The Journal of Philosophy, 1980, 77(8): 453-486.

LAMPTON D. A Tipping Point in U.S.-China Relations Is Upon Us [EB/OL]. (2015-5-6) [2016-12-20]. http://www.uscnpm.org/blog/2015/05/11/

a-tipping-point-in-u-s-china-relations-is-upon-us-part-i/.

LAU R, SCHLESINGER M. Policy Frames, Metaphorical Reasoning, and Support for Public Policies [J]. Political Psychology, 2005, 26(1): 77-114.

LEBOW R. Identity and International Relations [J]. International Relations, 2008, 22(4): 473-492.

LEFFLER M. The American Conception of National Security and the Beginnings of the Cold War, 1945–1948 [J]. The American Historical Review, 1984, 89 (2): 346-381.

LEFFLER M, WESTAD O. The Cambridge History of the Cold War: Volume 1, Origins [M]. New York: Cambridge University Press, 2010.

LERNER M. The Iron Curtain and the Great Fear [N]. The Gazette and Daily, 1946-03-14 (19).

LIPPMANN W. The Cold War: A Study in U.S. Foreign Policy [M]. New York: Harper & Brothers Publishers, 1947.

LIPSEY R. Foreign Direct Investment in the United States: Changes over Three Decades [M]// FROOT K. Foreign Direct Investment. Chicago: The University of Chicago Press, 1994: 113-172.

LYMAN S M. The "Yellow Peril" Mystique: Origins and Vicissitudes of a Racist Discourse [J]. International Journal of Politics, Culture and Society, 2000, 13(4): 683-747.

MACEACHRON D. The United States and Japan: The Bilateral Potential [J]. Foreign Affairs, 1982, 61(2): 400-415.

MACINTYRE A. After Virtue: A Study in Moral Theory [M]. Notre Dame: University of Notre Dame Press, 2007.

MANSFILED M. The U.S. and Japan: Sharing Our Destinies [J]. Foreign Affairs, 1989, 68(2):3-15.

MANSVETOV F. Russia and China in Outer Mongolia [M]. Foreign Affairs, 1945, 24(1): 143-152.

MANYIN M, et al. Pivot to the Pacific? The Obama Administration's

"Rebalancing" toward Asia [EB/OL]. (2012-3-28) [2016-02-13]. https://sgp. fas.org/crs/natsec/R42448.pdf.

MARCHETTI G. Romance and the "Yellow Peril": Race, Sex, and Discursive Strategies in Hollywood Fiction [M]. California: University of California Press, 1993.

MARKOWITZ N. The History You Aren't Supposed to Understand: "The Iron Curtain" [EB/OL]. (2007-08-29)[2016-12-26]. http://politicalaffairs.net/ the-history-you-aren-t-supposed-to-understand-the-iron-curtain/.

MATTERN J B. Why "Soft Power" Isn't So Soft: Representational Force and the Sociolinguistic Construction of Attraction in World Politics [J]. Millennium: Journal of International Studies, 2005, 33(3): 583-612.

MATTERN J B. Ordering International Politics: Identity, Crisis, and Representational Force [M]. New York: Routledge, 2005.

MAYER F. Narrative Politics: Stories and Collection Action [M]. New York: Oxford University Press, 2014.

MCCAULEY M. The Origins of the Cold War: 1941–1949 [M]. London: Pearson Education Limited, 2008.

MCCLENAHAN W. The Growth of Voluntary Export Restraints and American Foreign Economic Policy, 1956–1969 [J]. Business and Economic History, 1991, 20(2): 180-190.

MCDOUGALL W. The Promised Land, Crusader State: The American Encounter with the World since 1776 [M].Boston: Houghton Mifflin Company , 1997.

MEARSHEIMER J. Can China Rise Peacefully? [N/OL]. The National Interest, 2014-10-25[2016-01-09]. http://nationalinterest.org/commentary/ can-china-rise-peacefully-10204.

MEARSHEIMER J. China's Unpeaceful Rise [J]. Current History, 2006, 105(690): 160-162.

MEARSHEIMER J. The Tragedy of Great Power Politics [M]. New York: W. W. Norton & Company, 2001.

MELVILLE H. White Jacket; Or, the World in a Man-of-War [M]. Auckland: The Floating Press, 2011.

MENGES C. China: The Gathering Threat [M]. Nashville: Nelson Current, 2005.

MILLIKEN J. The Study of Discourse in International Relations: A Critique of Research and Methods [J]. European Journal of International Relations, 1999, 5(2): 225-254.

MINK L. Narrative Form as Cognitive Instrument [M]//ROBERTS G. The History and Narrative Reader. New York: Routledge, 2001: 211-220.

MIYOSHI M. Off Center: Power and Culture Relations between Japan and the United States [M]. Cambridge: Harvard University Press, 1991.

MOLE R. Discursive Identities/Identity Discourses and Political Power [M]// MOLE R. Discursive Constructions of Identity in European Politics. New York: Palgrave Macmillan, 2007: 1-21.

MOREHEAD J. Controlling Diversion: How Can We Convert the Toshiba-Kongsberg Controversy into a Victory for the West [J]. Northwestern Journal of International Law & Business, 1988, 9(2): 277-295.

MORGENTHAU H. Bretton Woods and International Cooperation [J]. Foreign Affairs, 1945, 23(2):182-194.

MORRIS N. Japan-Bashing: Anti-Japanism since the 1980s [M]. New York: Routledge, 2011.

MOSES J, GONZALES M. Strong Candidate, Nurturant Candidate: Moral Language in Presidential Television Advertisements [J]. Political Psychology, 2015, 36(5): 379-397.

MUNRO R. Awakening Dragon: The Real Danger in Asia Is from China [J]. Policy Review, 1992, 62: 10-16.

MYNATT C R, DOHERTY M E, TWENEY R D. Confirmation Bias in a Simulated Research Environment: An Experimental Study of Scientific Inference [J]. Quarterly Journal of Experimental Psychology, 1977, 29(1): 85-95.

NATHANSON C. The Social Construction of the Soviet Threat: A Study in the Politics of Representation [J]. Alternatives, 1988, 13(4): 443-483.

NAVARRO P, ROACH S. China's Currency Manipulation: A Policy Debate [J]. World Affairs, 2012, 175(3): 27-37.

NEFF R, MAGNUSSON P, HOSTEIN W. Rethinking Japan: The New, Harder Line toward Tokyo [J]. Business Week, 1989 (August 7): 44-52.

NEUMANN I. Self and Other in International Relations [J]. European Journal of International Relations, 1996, 12(2): 139-174.

NITZE P. The Grand Strategy of NSC-68 [M]//DREW S N. NSC-68: Forging the Strategy of Containment. Washington, D.C.: National Defense University, 1994: 7-16.

NYMALM M. Debates on Economic Policies towards Japan (1985–1995) and China (1995–2008) in the United States [D]. Kiel: Christian-Albrechts-Universität zu Kiel, 2015.

OBAMA B. Remarks by President Obama to the Australian Parliament [EB/OL].(2011-11-17)[2016-02-13]. https://obamawhitehouse.archives.gov/the-press-office/2011/11/17/remarks-president-obama-australian-parliament.

OHMAE K. Beyond the Myths: Moving toward Greater Understanding in U.S.-Japan Business Relations [J]. Vital Speeches of the Day, 1982, 48(18): 555-557.

ONUF N. World of Our Making: Rules and Rule in Social Theory and International Relations [M]. Columbia: University of South Carolina Press, 1989.

ORGANSKI A F, KUGLER J. The War Ledger [M]. Chicago: The University of Chicago Press, 1980.

PAN C. The "China Threat" in American Self-Imagination: The Discursive Construction of Other as Power Politics [J]. Alternatives: Global, Local, Political, 2004, 29(3): 305-331.

PARIS R. Kosovo and the Metaphor War [J]. Political Science

Quarterly, 2002, 117(3): 423-450.

PATRICK H, ROSOVSKY H. Asia's New Giant: How the Japanese Economy Works [M]. Washington, D.C.: Brooking Institution, 1976.

PATTERSON M, MONROE K. Narrative in Political Science [J]. Annual Review of Political Science, 1998(1): 315-331.

PAUL C. Analysing Political Discourse [M]. New York: Routledge, 2004.

PEARSON R. Confusion Is Operative Word in U.S. Policy toward Japan [N]. The New York Times, 1989-03-20 (A1).

PEARSON R. Diplomats at Japan's Embassy Worry about Anti-Tokyo Sentiment in U.S. [N]. The New York Times, 1989-11-24 (A12).

PERLEZ J. U.S. Opposing China's Answer to World Bank [N]. The New York Times, 2014-10-10 (A1).

PIEL G. The West Is Best [J]. Foreign Affairs, 1993, 72(4): 25-26.

PILLSBURY M. The Hundred-Year Marathon: China's Secret Strategy to Replace America as the Global Superpower [M]. New York: Henry Holt and Company, 2015.

POLKINGHORNE D. Narrative Knowing and the Human Sciences [M]. Albany: State University of New York Press, 1988.

POWELL B. A New Cold War, Yes. But It's with China, Not Russia [N/OL]. Newsweek, 2015-05-20[2016-12-20].http://europe.newsweek.com/us-china-cold-war-327551?rm=eu.

PRESTOWITZ C. Trading Places: How We Allowed Japan to Take the Lead [M]. New York: Basic Books, 1988.

PUNTER D. Metaphor [M]. New York: Routledge, 2007.

RAMSDEN J. Mr. Churchill Goes to Fulton [M]// MULLER J. Churchill's "Iron Curtain" Speech Fifty Year Later. Columbia: University of Missouri Press, 1999: 15-48.

RASKY S. U.S.-Japan Tensions over Trade Said to Imperil Security [N]. The New York Times, 1987-08-07 (A11).

REISCHAUER E. The Postwar "Miracle" [J]. The Wilson Quarterly, 1977, 1(4): 54-60.

REYNOLDS D. From World War to Cold War: Churchill, Roosevelt, and the International History of the 1940s [M]. New York: Oxford University Press, 2006.

RICE C. Promoting the National Interest [J]. Foreign Affairs, 2000, 79(1): 45-62.

RICOEUR P. The Rule of Metaphor [M]. London: Routledge, 2003.

RIELLY J. Public Opinion: The Pulse of the '90s [J]. Foreign Policy, 1991(82): 79-96.

RINGMAR E. Identity, Interests and Action [M]. Cambridge: Cambridge University Press, 1996.

RINGMAR E. Inter-Textual Relations: The Quarrel over the Iraq War as a Conflict between Narrative Types [J]. Cooperation and Conflict, 2006, 41(4): 403-421.

ROACH S. Japan Then, China Now [N/OL]. Project Syndicate, 2019-05-27[2022-10-01]. https://www.project-syndicate.org/commentary/for-america-china-is-the-new-japan-by-stephen-s-roach-2019-05.

ROOSEVELT F. Annual Message to Congress on the State of the Union [EB/OL].(1941-01-06)[2015-12-27]. http://www.fdrlibrary.marist.edu/pdfs/fftext.pdf.

ROPER C. Trade Secret Theft, Industrial Espionage and the China Threat [M]. New York: CRC Press, 2014.

RORTY R. Contingency, Irony, and Solidarity [M]. Cambridge: Cambridge University Press, 1989.

RORTY R. The Linguistic Turn: Recent Essays in Philosophical Method [M]. Chicago: The University of Chicago Press, 1967.

ROSENBLATT R. Toshiba: Soviets Already Had Technology: French Submarine Equipment Found in USSR, Company Claims [N/OL]. Los Angeles Times, 1987-09-10 [2016-07-18]. http://articles.latimes.com/1987-

09-10/business/fi-6976_1_toshiba-machine.

ROUSSEAU D. Identifying Threats and Threatening Identities: The Social Construction of Realism and Liberalism [M]. California: Stanford University Press, 2006.

RUSSELL G, BOLTE G. Trade-Off: A Dangerous U.S.-Japan Confrontation [J]. Time, 129(15): 28-36.

RUSSETT B, ONEAL J. Triangulating Peace: Democracy, Interdependence, and International Organization [M]. New York: Norton, 2001.

SAID E. Orientalism [M]. London: Penguin, 1977.

SAITO N T. Model Minority, Yellow Peril: Functions of Foreignness in the Construction of Asian American Legal Identity [J]. Asian American Law Journal, 1997, 4(7): 71-95.

SANDMEYER E C. The Anti-Chinese Movement in California [M]. Urbana: University of Illinois Press, 1973.

SANGER D. Wider Sale to Soviet Disclosed [N]. The New York Times, 1987-10-23 (D1).

SARBIN T. Embodiment and the Narrative Structure of Emotional Life [J]. Narrative Inquiry, 2001, 11(1): 217-225.

SARBIN T. Narrative Psychology: The Storied Nature of Human Conduct [M]. New York: Praeger, 1986.

SCHAFER M. Images and policy preferences [J]. Political Psychology, 1997, 18(4): 813-829.

SCHAEFER R. Encyclopedia of Race, Ethnicity, and Society [M]. London: SAGE Publications, 2008.

SCHMOOKLER A. An Overview of Japan's Economic Success: Its Sources and Its Implications [J]. The Journal of East Asian Affairs, 1983, 3(2): 356-377.

SCIOLINO E. Agencies at Odds on Japan's Role in Fighter Plan [N/OL]. The New York Times, 1989-02-15[2016-08-06].http://www.nytimes.

com/1989/02/15/world/agencies-at-odds-on-japan-s-role-in-fighter-plan. html.

SEARLE J. Speech Acts: An Essay in the Philosophy of Language [M]. New York: Cambridge University Press, 1969.

SEGAL A. Digital Dragon: High-Technology Enterprises in China [M]. Ithaca: Cornell University Press, 2002.

SENN M, ELHARDT C. Bourdieu and the Bomb: Power, Language, and the Doxic Battle over the Value of Nuclear Weapons [J]. European Journal of International Relations, 2014, 20(2): 316-340.

SHAPIRO M J. Language and Political Understanding: The Politics of Discursive Practices [M]. New Haven: Yale University Press, 1981.

SHEPHERD L. A User's Guide: Analyzing Security as Discourse [J]. International Studies Review, 2006, 8(4): 656-658.

SHINJI O. Battle over the FSX Fighter: Who Won? [J]. Japan Quarterly, 1988, 35(2): 139-145.

SHINODA T. Is Japan "Buying" U.S. Politics [J]. Harvard Business Review, 1990, 68(6): 187-192.

SILVERSTEIN B. Enemy Images: The Psychology of U.S. Attitudes and Cognitions regarding the Soviet Union [J]. American Psychologist, 1989, 44(6): 903-913.

SINCLAIR J. Corpus, Concordance, Collocation [M]. Oxford: Oxford University Press, 1991.

SINGER M. The Concept of Evil [J]. Philosophy, 2004, 79(308): 185-214.

SJÖSTEDT R. Talking Threats: The Social Construction of National Security in Russia and the United States [D]. Uppsala: Uppsala University, 2010.

SLINGERLAND E, BLANCHARD E, BOYD-JUDSON L. Collision with China: Conceptual Metaphor Analysis, Somatic Marking, and the EP-3 Incident [J]. International Studies Quarterly, 2007, 51(1): 53-77.

SMITH J. Film Criticism, the Cold War, and the Blacklist: Reading the Hollywood Reds [M]. Los Angeles: University of California Press, 2014.

SMITH L. Fear and Loathing of Japan [J]. Fortune, 1990, 121(5): 50-60.

SNAEVARR S. Metaphor, Narratives, Emotions: Their Interplay and Impact [M]. Amsterdam: Rodopi, 2010.

SNOWDEN E. Through Bolshevik Russia [M]. New York: Cassell and Company, Ltd., 1920.

SOMERS M. The Narrative Constitution of Identity: A Relational and Network Approach [J]. Theory and Society, 1994, 23(4): 605-649.

SPERO J, HART J. The Politics of International Economic Relations [M]. Boston: Wadsworth, Cengage Learning, 2010.

STAATS A W, STAATS C K. Attitudes Established by Classical Conditioning [J]. Journal of Abnormal and Social Psychology, 1958, 57(1): 37-40.

STEIN J. Building Politics into Psychology: The Misperception of Threat [J]. Political Psychology, 1988, 9(2): 245-271.

STONE P. Japan Surges Ahead: The Story of an Economic Miracle [M]. New York: Praeger, 1969.

STRANG L. Germany between East and West [J]. Foreign Affairs, 1955, 33(3):

STUBBS M. Text and Corpus Analysis [M]. Oxford: Blackwell, 1996.

SUNG Y. The Emergence of Greater China: The Economic Integration of Mainland China, Taiwan, and Hong Kong [M]. New York: Palgrave Macmillan, 2005.

SWAINE M. Perceptions of an Assertive China [EB/OL]. (2010-05-03) [2016-02-21]. http://carnegieendowment.org/files/CLM32MS1.pdf.

SWAINE M. The Real Challenge in the Pacific [J]. Foreign Affairs, 2015, 94(3): 145-153.

TABB W. Japanese System: Cultural Economy and Economic

Transformation [M]. New York: Oxford University Press, 1995.

TAJFE H. Social Identity and Intergroup Relations [M]. Cambridge: Cambridge University Press, 1982.

TAJFEL H, TURNER J C. The Social Identity Theory of Intergroup Behavior [M]// WORCHEL S, AUSTIN W G. Psychology of Intergroup Relations. Chicago: Nelson-Hall, 1986: 7–24.

TANENHAUS S. The World: From Vietnam to Iraq; The Rise and Fall and Rise of the Domino Theory [N/OL]. The New York Times, 2003-03-23 [2016-04-14]. http://www.nytimes.com/2003/03/23/weekinreview/the-world-from-vietnam-to-iraq-the-rise-and-fall-and-rise-of-the-domino-theory.html.

TAYLOR C. Sources of the Self: The Making of the Modern Identity [M]. Cambridge: Harvard University Press, 1989.

TAYLOR M. The Reality of the Soviet Threat [J]. Proceedings of the Academy of Political Science, 1978, 33(1): 168-178.

THIBODEAU P, BORODITSKY L. Metaphors We Think with: The Role of Metaphor in Reasoning [J]. PLOS ONE, 2011, 6(2): 1-11.

THOMPSON J B. Editor's Introduction [M]// BOURDIEU P. Language and Symbolic Power. Cambridge: Polity Press, 1991.

TODOROV T. The Conquest of America: The Question of the Other [M]. London: HarperCollins Publishers, 1984.

TOLCHIN M. "Japan-Bashing" Becomes a Trade Bill Issue [N]. The New York Times, 1998-02-28 (5).

TRAHAIR R, MILLER, R. Encyclopedia of Cold War Espionage, Spies, and Secret Operations [M]. New York: Enigma Books, 2009.

TRUMAN H. Recommendations for Assistance to Greece and Turkey [A/OL]. 1947-03-12 [2016-01-12].http://www.trumanlibrary.org/whistlestop/study_collections/doctrine/large/documents/pdfs/5-9.pdf.

TRUMAN H. The President's Special Conference with the Association of Radio News Analysts [A/OL]. 1947-05-13 [2016-01-20]. http://www.

trumanlibrary.org/publicpapers /index.php?pid=2155.

TUATHAIL GÓ. "Pearl Harbor without Bombs": A Critical Geopolitics of the US-Japan "FSX" Debate [J]. Environment and Planning A: Economy and Space, 1992, 24(7): 975-994.

TURNER M. The Literary Mind [M]. New York: Oxford University Press, 1996.

TURNER O. "Threatening" China and US Security: The International Politics of Identity [J]. Review of International Studies, 2013, 39(4): 903-924.

URIU R. Clinton and Japan: The Impact of Revision on US Trade Policy [M]. New York: Oxford University Press, 2009.

VAN DIJK T. Introduction: Levels and Dimensions of Discourse Analysis [M]// VAN KIJK T. Handbook of Discourse Analysis, Vol. 2: Dimensions of Discourse. Utah: Academic Press, 1985: 1-11.

VAN HAM P. Western Doctrines on East-West Trade: Theory, History and Policy [M]. London: Macmillan Academic and Professional, Ltd., 1992.

VAN WOLFEREN K. The Enigma of Japanese Power: People and Politics in a Stateless Nation [M]. New York: Alfred A. Knopf, 1989.

VAN WOLFEREN K. The Japan Problem [J]. Foreign Affairs, 1986, 65(2): 288-303.

VAN WOLFEREN K. An Economic Pearl Harbor? [N]. The New York Times, 1991-12-02 (A17).

VOGEL E. Japan as Number One: Lessons for America [M]. Cambridge: Harvard University Press, 1979.

VOGEL E. Pax Nipponica? [J]. Foreign Affairs, 1986, 64(4): 752-767.

VOLKAN V. The Need to Have Enemies and Allies: A Developmental Approach [J].Political Psychology, 1985, 6(2): 219-247.

WAEVER O. European Security Identities [J]. Journal of Common Market Studies, 1996, 34(1):103-132.

WALKER R B. Realism, Change, and International Political Theory [J].

International Studies Quarterly, 1987, 31(1): 65-86.

WALLERSTEIN I. The Modern World System: Capitalist Agriculture and the Origins of the European World-Economy in the Sixteenth Century [M]. New York: Academic Press, 1974.

WALT S. The Origins of Alliances [M]. Ithaca: Cornell University Press, 1987.

WALT S. The Myth of American Exceptionalism [J]. Foreign Policy, 2011(189): 72-75.

WALTZ K. Theory of International Politics [M]. London: Addison-Wesley Publishing Company, 1979.

WATT N, LEWIS P, BRANIGAN T. US Anger at Britain Joining Chinese-Led Investment Bank AIIB [N/OL].The Guardian, 2015-03-13 [2016-09-12]. http://www.theguardian.com/us-news/2015/mar/13/white-house-pointedly-asks-uk-to-use-its-voice-as-part-of-chinese-led-bank.

WAYNE M. China's Economic Rise: History, Trends, Challenges, and Implications for the United States [EB/OL]. (2015-10-21) [2016-01-16]. https://www.hsdl.org/?view&did=788069.

WEIDENBAUM M. Japan Bashing and Foreign Trade [J]. Society, 1986, 23(4): 42-46.

WENDT A. Anarchy Is What States Make of It: The Social Construction of Power Politics [J]. International Organization, 1992, 46(2): 391-425.

WENDT A. Social Theory of International Politics [M]. New York: Cambridge University Press, 1999.

WERTSCH J. The Narrative Organization of Collective Memory [J]. Ethos, 2008, 36(1): 120-135.

WHITE H. The Value of Narrativity in the Representation of Reality [J]. Critical Inquiry, 1980, 7(1): 5-27.

WHITE H. Tropics of Discourse: Essays in Cultural Criticism [M]. Baltimore: The Johns Hopkins University Press, 1978.

WITHAM L. A City Upon a Hill: How Sermons Changed the Course of

American History [M]. New York: HarperCollins Publishers, 2007.

WOLF I. The Congressional Agenda for Japan [J]. Cornell International Law Journal, 1989, 22(3): 491-505.

WOLFOWITZ P. U.S.-Japan Relations: Dangers and Opportunities, Myths and Realities [EB/OL]. (1985)[2017-01-12]. https://catalog.hathitrust. org/Record/100755527.

WOMERSLEY D. Liberty and American Experience in the Eighteenth Century [M]. Indianapolis: Liberty Fund, 2006.

WRIGHT P. Iron Curtain: From Stage to Cold War [M]. New York: Oxford University Press, 2007.

WU W. The Yellow Peril: Chinese-Americans in American Fiction 1850–1940 [M]. Connecticut: Archon Books, 1982.

X. The Sources of Soviet Conduct [J]. Foreign Affairs, 1947, 25(4): 566-582.

YASUBA Y. Review of MITI and the Japanese Miracle: The Growth of Industrial Policy, 1925–1975 [J]. The Journal of Economic History, 1983, 43(2): 520-521.

YERGIN D. Shattered Peace: The Origins of the Cold War and the National Security State [M]. Boston: Houghton Mifflin Company, 1977.

ZHENG B. China's "Peaceful Rise" to Great-Power Status [J]. Foreign Affairs, 2005, 84(5): 18-24.

ZOELLICK R. Whither China: From Membership to Responsibility?[A/ OL]. 2005-09-21[2016-12-20]. http://2001-2009.state.gov/s/d/former/ zoellick/rem/53682.htm.

后　记

　　本书是由我的博士论文修改而成，大体保持了论文的原貌。未做重大修改并不是因为懒惰，主要是因为它代表了我在那个阶段的思考，立此存照，一些不足之处正可以勉励自己进步。再者，如果文字总是跟随时事来回修改，甚至变换自己的观点，表面上看起来确实有可能唬住人，但是对于真正的专业读者来说，我猜一定能看出这不过是为应景搭的幌子罢了。谈了这些之后，仍要声明一下，我还是做了一定程度的修改。实际上，在修改博士论文用来公开发表的过程中，我又有了新的思考，并改进了一些表述，这些进步都反映在本书中。当然，也有一些想改而没有改的内容，特别是第六章中个别案例的文本收集时期问题。目前来看，其中一个时间段可能不是最好的选择。但受一些客观条件的制约，无法替换更新。我只能宽慰自己，毕竟是基于2014年初博士论文开题答辩时的研究设计，而且等20年之后，可能对于后来人，现在认为合适的时段也不是最佳的。因此，最终这部分选择保持不变。

　　虽然修改书稿的过程多少会有这样或那样的不如意，但是自己的书就要出版了，心情自然是激动的。看到自己的书出版就如同看到自家孩子出生，外人看到那一刻可能没觉得多么好看，甚至有点丑，但是作者自己总会想出各种理由来说服别人相信这"孩子"的可爱。对此，我也不能免俗。

　　最后，我要向为本书能够顺利出版的所有人表示感谢。第一，由衷感谢我的导师袁正清教授。没有袁老师的指导和督促，这本书可能还只停留在概念上。第二，非常感谢我的家人。家人是我能够撰写论文并最终修改成书的坚强后盾，没有他们的支持和付出，我是没有精力完成这些工作的。第三，特别感谢孙吉胜教授和世界知识出版社。孙老师的研究一直是我必读的内容，她也是我论文答辩委员会的主席，还将我介绍给世界知识出版社。第四，感谢我的工作单位中央财经大学。感恩中央财经大学为我提供良好的工作和学习环境，感谢这些年遇到那么多聪颖而又上进的学生，激励着我前行，也特别感谢"中央财经大学中央高校基本科研业务费专项资金"给予本书的出版资助。最后，感谢所有在我撰写论文和修改书稿过程中提供帮助的人，感谢所有在我学习、工作和生活中给予关心和支持的人，感谢一路走来经历的各种人和事！

傅　强

2023 年春节